大学生体育与健康教程

主　编　张海利　郭敏进　廖勇胜

副主编　刘承军　张　坦　孙　涛

参　编　张　龙　苏建臣　黄　莉

毛小平　张广斌

電子工業出版社

Publishing House of Electronics Industry

北京•BEIJING

内 容 简 介

本教程由三篇共十七章构成。第一篇为大学体育理论，包括体育与健康的认知、体育锻炼的科学方法、运动与营养、体适能与卫生保健。第二篇为基础体育运动，包括田径运动、篮球运动、排球运动、足球运动、乒乓球运动、羽毛球运动、网球运动、游泳运动、休闲运动。第三篇为体育运动与艺术，包括体育欣赏，健美操，瑜伽运动，体育舞蹈、街舞、排舞与交谊舞。

本教程是在习近平新时代中国特色社会主义思想下编写的，是在教育部大力提倡教育教学改革的背景下编写的。本教程内容新颖，符合当代普通大学生对体育的需求。本教程内容全面，不仅包括对体育锻炼的认知，而且提出了体育锻炼的科学方法，也对比较常用的运动项目进行了介绍。

本教程的读者对象为新时代普通大学生，可作为本科、专科、高职高专学校公共体育课的教材，可全面提升学生对体育健康的认知和体育水平，也为学校的体育文化建设服务，但不建议供体育相关专业学生使用。

图书在版编目（CIP）数据

大学生体育与健康教程 / 张海利，郭敏进，廖勇胜主编. —北京：电子工业出版社，2021.8

ISBN 978-7-121-41784-9

Ⅰ. ①大… Ⅱ. ①张… ②郭… ③廖… Ⅲ. ①体育－高等学校－教材②健康教育－高等学校－教材 Ⅳ.①G807.4 ②G647.9

中国版本图书馆 CIP 数据核字（2021）第 159924 号

责任编辑：王晓庆　　　特约编辑：田学清
印　　刷：中煤（北京）印务有限公司
装　　订：中煤（北京）印务有限公司
出版发行：电子工业出版社
　　　　　北京市海淀区万寿路 173 信箱　　　邮编：100036
开　　本：787×1092　1/16　印张：16.5　字数：443.5 千字
版　　次：2021 年 8 月第 1 版
印　　次：2022 年 8 月第 3 次印刷
定　　价：49.80 元

凡所购买电子工业出版社图书有缺损问题，请向购买书店调换。若书店售缺，请与本社发行部联系，联系及邮购电话：（010）88254888，88258888。

质量投诉请发邮件至 zlts@phei.com.cn，盗版侵权举报请发邮件至 dbqq@phei.com.cn。

本书咨询联系方式：（010）88254113，wangxq@phei.com.cn。

编 委 会

主　编：张海利　郭敏进　廖勇胜

副主编：刘承军　张　坦　孙　涛

编　委：张　龙　苏建臣　黄　莉

毛小平　张广斌　欧志渊

罗　全　盛朝晖　王东海

张龙华

前　言

人才成就未来，教育成就梦想。人才和人力是国家最大的资源，今天培养的人才将是实现第二个百年奋斗目标的主力军。教育必须承担起实现中华民族伟大复兴的历史使命，毫不动摇地坚持中国特色社会主义教育发展道路，不断深化对中国特色社会主义教育发展规律的认识，树立科学的教育发展观、质量观、人才观，以更加奋发有为的精神状态和踏石留印、抓铁有痕的工作作风，勇于实践，善于创新，不断实现改革新突破，迈上发展新台阶。为了牢固树立健康第一的思想，坚持促进学生身心健康、体魄强健、意志坚强的体育发展战略主题思想，学校体育与卫生健康教育也应该在战略主题思想的指导下与时俱进、科学发展。

大学生每天的学习、生活比较单调，且会面临一定的压力，而进行体育活动可以缓解压力，丰富生活，提高生活质量；体育锻炼可锤炼人的意志品质，培养勇敢顽强的拼搏精神；体育能有效地培养大学生的团结协作精神和竞争意识，因为很多时候体育活动是集体进行的；体育使诚信、公正得到强化，激发荣誉感，从而鼓舞人心；体育锻炼的过程是参与者的交流过程，是增进友谊的过程，是大学生接受教育的过程，是提高综合素质的过程。因此，大学生应该树立良好的体育意识。

本教程来源于"湖南省教育科学规划课题研究成果"（XJK20BTW003），共三篇、十七章。张海利编写第一章和第四章，廖勇胜编写第二章，郭敏进编写第三章，孙涛编写第五章，张广斌编写第六章，王东海编写第七章，罗全编写第八章，黄莉编写第九章，张坦编写第十章，欧志渊编写第十一章，刘承军编写第十二章，张龙华编写第十三章，苏建臣编写第十四章，毛小平编写第十五章，张龙编写第十六章，盛朝晖编写第十七章。

在编写过程中，编者参阅了国内部分高校的相关教材，借鉴了一些专家学者的研究成果、文献资料。在此表示由衷的感谢！

由于时间仓促，本教程疏漏及不足之处难免，恳请读者给予批评指正。

编　者

目　　录

第一篇　大学体育理论

第二篇　基础体育运动

第一篇　大学体育理论

第一章　体育与健康的认知

导论

“体育”是大家经常提到但又不是很容易搞清楚的一个概念。不同的学者对体育的概念有不同的解释，但总体来说，体育的概念有广义和狭义之分。新时代大学生应该对体育的基本概念有初步的了解和认识。

学习目标

1. 了解体育的概念与分类。
2. 知道终身体育与学校体育的关系。
3. 理解奥林匹克运动的相关知识。

第一节　体育与健康的基本知识

一、体育的概念

（一）体育概念演变的历史脉络

体育的历史可以追溯到原始社会。公元前 5 世纪，古希腊就有竞技和体操等术语。到 18 世纪中叶以后，由于资本主义生产关系在西欧一些国家的确立，体育也随着近代教育制度的建立而发展起来。17—18 世纪，西方的学校教育中有了打猎、游泳、爬山、赛跑、跳跃等活动，只是尚无统一的名称。

卢梭在《爱弥尔》一书中使用“体育”一词来描述对爱弥尔进行身体的养护、培养和训练等身体教育过程。到 19 世纪，德国形成了新的体操体系，建立起“体育是以身体活动为手段的教育”这一新的概念。于是，在相当长的一段时间里，“体操”和“体育”两个词并存，相互混用。

（二）体育概念的广义和狭义之分

“体育”一词的含义有一个演化过程。刚传入我国时，体育指对身体的教育，是作为教育的一部分出现的，是维持和发展身体各种活动的一种教育过程，与国际上理解的体育是一致的。但随着社会的进步和体育事业的不断发展，其目的和内容都大大超出了原来体育的范畴，体育的概念也出现了广义与狭义之分。体育的广义概念，一般指体育运动，其中包括体育教育、竞技运动和身体锻炼三个方面；体育的狭义概念，一般指体育教育。

二、体育的功能

体育的功能是指体育以其自身特点作用于社会所能产生的良好影响和效益。随着人类文明的不断进步和社会的快速发展，体育的功能也呈现多样化趋势。从总体上讲，体育的功能主要包括五个方面，即健身功能、教育功能、娱乐功能、政治功能和经济功能等。

（一）健身功能

体育的健身功能是指体育运动对于增强体质、促进健康、延缓衰老，以及调适和保持心理健康等方面的作用。体育的健身功能主要表现在以下四个方面。

1. 提高人体各器官系统功能

体育运动能够使人体新陈代谢旺盛、血液循环加速，从而使消化系统、血液循环系统等的功能都能够得到改善和提高。而长期的体育运动必然使呼吸系统产生适应性变化，从而使呼吸系统的功能得到提高。

2. 提高神经系统灵活性和人体运动能力

在进行体育运动时，肢体的运动是在神经系统的支配下由各器官和系统的相互协调而完成的。因此，长期进行体育活动的人的神经系统的感知能力和大脑的分析判断能力会得到不断提高，从而使神经系统的灵活性得到不断提高。

3. 延缓衰老，提高寿命

运动具有延缓衰老的作用。在正常的状态下，运动会刺激大脑分泌脑啡——这种物质使人感到愉快，且不易疲倦。在适当的运动的过程中，脑啡使人的情绪及身体得到放松，从而使睡眠质量获得改善。实验数据显示，参与运动者与不运动者相比较，二者器官功能前后相差 15 年；而在寿命方面，前者寿命要长 5～10 年，甚至 12 年。

4. 调适和保持心理健康

流行病学研究证明，人们通过适当的体育活动能够改善焦虑状态，提高心理健康水平。体育运动对心理健康影响的主要标志之一就是情绪状态。相关研究认为，有规律地从事中等强度的运动，每次运动 20～30 分钟，有利于锻炼者情绪的改善。有些研究人员发现，运动可减少情绪上的负担，甚至能减轻因精神压力的偶发事件而造成的心理负担。

（二）教育功能

体育的教育功能是指体育在培养人的身心全面发展过程中的作用。在教育的过程中，体育是较为有效的重要手段之一。体育的教育功能主要表现在以下几个方面。

1. 培养勇于克服困难、超越自我的意志

人们在进行体育运动时，特别是在运动训练过程中，要克服许多由体育运动产生的困难，从而体验到很多在正常条件下不可能获得的身体感受。强筋骨、强意志、调感情是体育的特殊功效。

2. 培养竞争意识和团结协作精神

体育竞赛能有效地培养人们的竞争意识和团结协作精神。人类社会充满着竞争，需要团结协作精神。在体育竞赛，特别是集体项目中，一个人要想取得胜利，既要有力争胜利的顽强竞争意识，又要懂得与队友的团结协作——这种“模拟社会”的功能是体育运动所独有的。

3. 教导社会规范，促进人的社会化

人不仅具有自然属性，还具有社会属性。随着人的成长，在家庭教育、学校教育、社会教育的作用下，人的自然属性逐渐被社会属性所替代，这个过程就是人的社会化过程。这种个体约束、控制自我行为的能力，能够提高个体适应社会行为规范、约束自我行为的能力，使个体成为遵守社会道德规范的一员。

（三）娱乐功能

体育的娱乐功能是指体育活动让人产生快乐体验和愉悦心情的作用。体育因其自身的特点，在促进人的健康愉悦的生活方面发挥着积极的作用。体育的娱乐功能主要表现在以下两个方面。

1. 增强人自身美的享受

体育活动不仅给人以强健的身体，还给人以美的享受，使人消除学习、工作和劳动带来的精神紧张、大脑疲劳和情绪紊乱。例如，我们在学习几小时后，去跑跑步、做做操、活动活动身体，就会感到精神振奋、愉悦；当我们漂亮地躲过对手的堵截、封盖而上篮投中时，我们就会感到说不出的高兴。

2. 舒缓心情，体验人类与自然的和谐共生

体育活动的娱乐性和趣味性能够使人摆脱平时紧张工作、繁重压力所带来的不良情绪，达到愉悦自我、获得快乐的目的。在一些极限运动中，人体要承受较大的痛苦和压力，正是这些痛苦和压力才让人更强烈地体验到征服自然、超越自我的喜悦和快感。这种对自我、对环境的征服，是一种自我能力的实现。

（四）政治功能

体育的政治功能是指体育对社会团体和国家的安定团结、发展进步、繁荣昌盛的积极作用。体育的政治功能一方面指体育能够为政治服务，另一方面指体育受到政治的制约和影响。体育的政治功能主要表现在两个方面。

1. 振奋民族精神，提升国家威望

随着竞技体育的发展，竞技场被称为“没有炮火的金牌争夺战场”。当今，金牌在某种意

义上是国家的力量、地位、政治、经济、精神状态的标志。

2. 促进国家之间关系，增进友谊

体育可以促进各国人民相互了解，体育已成为国家之间重要的交往手段。通过比赛，各国人民可以互相学习和交流，有效增强国家之间的相互理解。运动员曾被称为“穿着运动衣的外交家”“和平的使者”和“外交先行官”。

（五）经济功能

体育作为人类的一种社会实践活动，它的发展与社会的发展保持着一致的基本节奏，与人类的经济活动有着最根本的因果关系。在社会发展的进程中，体育发展必须为经济建设服务，经济建设也要依靠体育事业的发展。

1. 学校体育的经济功能

现代体育，尤其是学校体育的广泛、深入地开展可为未来经济增长培养数量庞大、质量一流的劳动力。

此外，培育深厚的体育文化氛围则是学校体育对促进经济发展的间接潜在的作用。

2. 社会体育的经济功能

现代体育的社会体育内容为体育打开了全民参与的大门，为经济的增长提供了广泛的消费基础。体育用品品种繁多，市场规模日益扩大，家庭的体育开支（如体育用品的购买），占日常生活开支的份额逐渐增加。体育本业市场的繁荣为国民经济做出了巨大的贡献。

3. 竞技体育的经济功能

竞技体育的重要表现形式和载体就是规模不等的各项体育赛事，由此可以产生多项经济活动。

三、体育的分类

根据不同的分类标准，体育的类别也有所不同。按照体育的属性，体育可以分为健身体育、竞技体育、休闲体育；按照实施体育的场所，体育可以分为家庭体育、学校体育、社区体育；按照体育参与者的职业，体育可以分为农民体育、工人体育、军人体育、知识分子体育等；按照参加者的年龄，体育可以分为婴幼儿体育、青少年体育、中老年体育；按照体育发展的年代，体育可以分为古代体育、近代体育、现代体育和当代体育。

四、健康的相关知识

（一）健康的概念

健康是指一个人在身体、精神和社会关系等方面都处于良好的状态。健康包括两个方面的内容：一是主要脏器无疾病，身体形态发育良好，体形均匀，人体各系统具有良好的生理功能，有较强的身体活动能力和劳动能力，这是对健康最基本的要求；二是对疾病的抵抗能力较强，能够适应环境变化、各种生理刺激及致病因素对身体的作用。健康是人的基本权利，健康是人的第一财富。

（二）健康生活八要素

1. 营养

饮食营养要均衡，不但要吃多种谷物，还要适量吃新鲜水果和蔬菜，注意少油、低盐、无糖，控制主食量。

2. 锻炼

坚持安全适量的有氧运动，如每天可走路 2～3 千米。

3. 水分

每天要喝足够而清洁的水，利用冷、热水来调节身体的不适。

4. 阳光

多在户外运动，多接受阳光的照射，当然要注意防晒。

5. 节制

节制欲望和不良嗜好，如不吸烟、不喝酒。

6. 空气

健康生活要特别注意多出去走走，多到大自然中呼吸新鲜空气。

7. 休息

生活中要劳逸结合，保持良好的休息习惯和有规律的睡眠。

8. 信念

相信科学的指导，建立信心，保持乐观平和的心态。

（三）健康六忌

1. 身体疲劳时不可硬熬

疲劳是身体需要恢复体力和精力的正常反应，也是身体所具有的一种自动控制信号和警告。如果不按警告立即采取措施，人体就会积劳成疾。所以，如果一个人感觉有周身乏力、肌肉酸痛、头昏眼花、思维迟钝、精神不振、心悸、呼吸加快等症状，就不要再硬熬下去。具体来讲，应注意劳逸结合，不宜熬夜，不宜做突击性的工作；思想要放松，胸怀要宽广，心情要舒畅，不要因一些琐事而烦恼，不要过多计较个人得失，应尽快采取保健措施，消除身心疲劳。

2. 身体患病时不可硬熬

身体成熟后，人的大脑、心脏、肝肾等重要器官的生理功能会随着年龄的增长在不知不觉中衰退，细胞的免疫力、再生能力和机体的内分泌功能也会随之减弱。如果对头痛、发热、咳嗽、乏力、腰酸、腿痛、便血等不适症状不重视，拖延耽误，终将酿成重症。因此，当身体患病时，应早些到医院诊治，尽快恢复身体健康，切忌病体硬熬。

3. 如厕时不可硬熬

大便硬憋可造成习惯性便秘、痔疮、肛裂、脱肛，甚至还可诱发更加严重的疾病。憋尿会引起下腹胀痛难忍，甚至引起尿路感染和肾炎的发生。因此，要养成定期大便和有了尿意就立即小便的良好习惯。

4. 起居上不可硬熬

每当晚上感到头昏思睡时也不要硬撑，不可强用浓咖啡、浓茶去刺激神经，以免出现神经衰弱、高血压、冠心病等。

5. 口渴时不可硬熬

水是人体最需要的物质，因此，人们必须养成定时饮水的习惯（每天饮水6～8杯为宜）。渴是人体缺水的信号，表示体内细胞处于脱水状态，如果硬熬下去就会影响健康。

6. 肚子饿时不可硬熬

不要随便推迟进食时间，否则可能出现腹痛、严重低血糖、手脚酸软、头昏眼花，甚至昏迷、休克。经常不按时进食易引起溃疡、胃炎、消化不良等疾病。

（四）亚健康状态

亚健康状态是介于健康状态和疾病状态之间的一种游离状态。例如，经过适当的休息与调理就可以纠正与克服疲劳、失眠的状态可视为健康，但若长期处于疲劳、失眠状态就可视为亚健康。

对此，有人专门罗列出30种亚健康的症状供人们自我检测。如果存在6项及以上症状，则可视为亚健康状态。

（1）精神焦虑，紧张不安；（2）忧郁孤独，自卑郁闷；（3）注意力分散，思维肤浅；（4）遇事激动，无事自烦；（5）健忘多疑，熟人忘名；（6）兴趣变淡，欲望骤减；（7）懒于交际，情绪低落；（8）常感疲劳，眼胀头昏；（9）精力下降，动作迟缓；（10）头昏脑涨，不易复原；（11）久站头晕，眼花目眩；（12）肢体酥软，力不从愿；（13）体重减轻，体虚力弱；（14）不易入眠，多梦易醒；（15）晨不愿起，昼常打盹；（16）局部麻木，手脚易冷；（17）掌腋多汗，舌燥口干；（18）自感低烧，夜常盗汗；（19）腰酸背痛，此起彼安；（20）舌生白苔，口臭自生；（21）口舌溃疡，反复发生；（22）味觉不灵，食欲不振；（23）反酸嗳气，消化不良；（24）便稀便秘，腹部饱胀；（25）易患感冒，唇起疱疹；（26）鼻塞流涕，咽喉疼痛；（27）憋气气急，呼吸紧迫；（28）胸痛胸闷，心区压感；（29）心悸心慌，心律不齐；（30）耳鸣耳背，晕车晕船。

（五）不健康现象

其实，大部分疾病在发作前都有一些报警信号，依据这些信号对照自己的身体状况，会对早期发现身体的疾病有一定的益处。易被忽视的10个身体变化如下。

（1）小便增多、常上厕所、晚上口渴，或小便频繁，尤其是夜尿增多、尿液滴沥不尽。要小心是否得了糖尿病或前列腺疾病。（2）上楼梯或斜坡时就气喘、心慌，经常感到胸闷、胸痛。要小心是否得了高血压、脑动脉硬化症等疾病。（3）常为一点小事发火，焦躁不安，时常头晕。要小心是否得了高血压、脑动脉硬化症等疾病。（4）咳嗽痰多，时而痰中带有血丝。要小心是否得了支气管扩张、肺结核等肺部疾病。（5）食欲不振，吃一点油腻或不易消化的食物就感到上腹部闷胀不适，大便也没有规律。要小心是否得了胃肠疾病或肝胆疾病。（6）酒量明显变小，稍喝几口便发困、不舒服，第二天还晕乎乎的。要小心是否得了肝脏疾病或动脉硬化。（7）胃部不适，常有隐痛、反酸等症状。要小心是否得了慢性胃溃疡或其他胃部疾病。（8）变得健忘起来，有时反复做同一件事。要小心是否得了脑动脉硬化症、脑梗死等疾病。（9）早晨起来时关节发硬，并伴有刺痛，活动或按压关节时有疼痛感。要小心是否得了风湿性骨关节病。（10）脸部眼睑和下肢常水肿，血压高，多伴有头痛，腰酸背痛。要小心是否得了肾脏疾病。

第二节　终身体育与学校体育

一、终身体育的概念与全民健身

终身体育是指一个人终身进行身体锻炼和接受体育教育。终身体育是依据人体生长发育变化的规律和身体锻炼的健身作用，随着现代社会的发展而发展的。人体功能活动规律要求人们身体锻炼必须持之以恒、循序渐进，从而保证身体健康的稳定与发展。

国务院颁布实施的《全民健身计划纲要》中明确提出“要对学生进行终身体育的教育，培养学生体育锻炼的意识、技能与习惯”。时至今日，全民健身活动在我国取得了巨大成就，中国特色的全民健身体系已初步建成，体育健身与健康意识为广大人民群众所接受、认可并予以践行。全民健身活动是终身体育的实现途径。其中，学校体育起到了重要作用。

二、终身体育与学校体育的关系

学校体育是终身体育的基础。学校体育中的学生处在6～22岁年龄段——从学龄儿童进入青春发育期的关键时期。这个时期，身体生长发育得如何，直接影响着人的一生。如果少年时期身体发育得不好，如脊柱侧弯、驼背、呼吸功能差等，那么成年以后往往无法弥补，成为终身的缺陷。所以，学校体育在终身体育的体系中起着承上启下的作用。那么，学校体育如何为终身体育奠定基础呢？

（一）打好身体基础

青少年时期，正是打好身体基础的“黄金时期”。从人体自身的发展来看，这一时期具有特别重要的意义。如果在这一时期里没有得到应有的锻炼，那么到了成年以后再进行锻炼，虽然也有效果，但由于基础未打好，往往事倍功半。我们要放眼未来，为终身体育打好基础，为将来从事的社会主义建设事业做好准备。

（二）掌握体育的知识、技术、技能，学会自主学习、自主锻炼、自我评价

体育的知识、技术、技能，是科学锻炼身体的手段和方法。对增进身心健康、增强体质，不仅具有近期（在校期间）的效果，而且具有长远（走向社会以后）的影响。这就需要培养学生自主学习、自主锻炼、自我评价的能力，以适应和协调不断变化的情况，取得预期的锻炼效果。

（三）培养兴趣爱好，养成锻炼习惯

兴趣爱好是积极参加体育活动的驱动力。初中之前的学生，往往以满足心理需求为主要倾向，表现为以直接兴趣为主，即体育活动本身所引起的兴趣，如喜欢游戏和球类活动等。高中学生由于对体育锻炼的目的性更明确，间接兴趣逐步成为主要倾向，即对体育活动的结果发生兴趣。高中学生要在提高认识的基础上，努力培养间接兴趣爱好，并逐步养成锻炼的习惯。

第三节　奥林匹克运动知识

一、古代奥林匹克运动

（一）古代奥运会的起源

奥林匹克竞技来源于古希腊早期氏族部落民主时期的首领选举仪式和祭礼竞技。在经历了一个漫长的过程后，在公元前 776 年举行了首届奥林匹克运动会（简称奥运会），并定为每 4 年在夏天召开一次。古代奥运会的产生与希腊当时社会的政治、经济、文化和宗教有着密切的关系。奴隶社会的希腊，战争不断，为了取胜，各个城邦都利用体育锻炼来培养身强力壮的武士。体育运动就在这种情况下发展起来，逐渐形成了有组织的运动竞赛，为奥运会的产生打下了基础。

古希腊人民厌恶连年不断的城邦战争，渴望和平，希望在奥运会举办期间以神的名义实行休战，以达到减少战争、摆脱灾难的目的。

由此可见，奥运会虽然是在战争背景和祭礼形式中产生的，但它又表达了人们对和平的向往。这种互相矛盾又互相制约的关系使奥运会产生并延续下去。

（二）古代奥运会的仪式和盛况

古代奥运会的组织工作由奥林匹亚所在地伊利斯城邦负责。通常在一年前就推选出奥运会的组织者和裁判官。他们的主要任务是审查竞技者的资格、指导竞技者赛前的集中训练、组织竞技并兼任裁判、宣布获胜者的名字并为其加冕。裁判官均由身世高贵、名声卓著的贵族或宗教首领担任。

古代奥运会最初只有赛跑一个比赛项目，后来陆续增加了往返跑、武装跑、五项运动、摔跤、拳击、赛车和赛马等项目。非正式比赛项目还有火炬赛跑、传令兵比赛、艺术比赛和吹笛赛，偶尔举行的还有举重、拔河、掷盾和接力赛等。各项目的比赛均只取第一名，获胜者享有英雄般的荣誉和地位，因此竞争十分激烈。

（三）古代奥运会的衰落

公元前 5 世纪，古希腊奴隶社会进入了鼎盛期，但随后不久，内部战争不断、社会矛盾加剧。公元前 5 世纪末，伯罗奔尼撒战争使希腊奴隶制开始走向衰败，这也是古代奥运会由兴到衰的转折点。战争使经济萧条、社会风气不好，运动竞技失去了原来的意义，逐渐成为人们追求财富的手段。运动会上出现了营私舞弊、损人利己的不良倾向，奥运会的崇高理想被扭曲。

二、现代奥林匹克运动

（一）现代奥运会的诞生

随着竞技运动在欧洲和全世界的传播与发展，世界体育发展迫切需要一个统一的思想体系、组织体系和实践操作体系。于是，在伟大的现代奥林匹克先驱顾拜旦的发起和领导下，现代奥林匹克运动诞生了，开辟了世界现代体育发展的新纪元。

（二）第一届奥运会的举行

1894 年 6 月，经过巴黎国际体育会议协商，历史名城雅典赢得了首届现代奥运会的主办权。在 1896 年 4 月 6 日至 15 日，经过国际奥委会的艰苦努力，第一届现代奥运会终于在希腊雅典胜利举行。这是近现代世界体育发展史上的划时代事件和里程碑，标志着近现代体育以竞技运动形式进入了全球化时代和更高的发展层次。

1896 年 4 月 6 日下午，第一届现代奥运会开幕式在雅典体育场隆重举行。国际奥委会主席维凯拉斯和秘书长顾拜旦出席开幕式，约 8 万名观众观看了开幕式。希腊国王乔治一世宣布第一届奥运会开幕并致辞。来自 14 个国家的 241 名运动员参加了田径、游泳等 9 个项目的比赛。最壮观的场面出现在马拉松比赛中，当时只有 13 万人的雅典竟有 10 万余人夹道为运动员喝彩，尤其当希腊运动员路易斯获得冠军后，全希腊为之沸腾。

第一届奥运会获得了圆满成功，以顾拜旦为代表的国际奥委会和希腊人民为现代奥林匹克运动的产生做出了不可磨灭的贡献。

（三）现代奥林匹克运动的发展

现代奥林匹克运动自 1894 年国际奥委会成立至今，经历了一个多世纪的历程。其发展可分为以下几个阶段。

1. 奥林匹克运动的初创时期

从 1894 年到 1914 年，现代体育运动项目仅在少数欧洲国家有所开展，世界范围的体育竞赛活动很少举行。奥林匹克运动尚处于摸索阶段。奥运会也还未形成一定的模式，存在诸多问题，如项目设置稳定性差、场地设施简陋、财政困难、会期不固定、裁判员执法不公，以及参赛资格缺乏明确规定等。

2. 奥林匹克运动的形成时期

奥运会于 1920 年重新举行。国际奥委会在实践中意识到奥运会规范化的重要性，整个奥运会的基本框架、运行机制等在这一时期基本形成。具体表现如下：比赛项目的设置逐渐趋向合理；比赛设施进一步完善；会期基本固定；申办、举办程序基本确立，并基本解决了有关运动员的参赛资格问题。先进的技术开始应用到比赛中去，如电子计时器、终点摄影仪、自动打印机、闭路电视转播等。自 1928 年起，女子田径项目纳入正式比赛，这一重要变化推动了奥林匹克运动的普及，增强了奥林匹克运动的号召力。还有一个重要发展是有了冬季奥运会，它使奥林匹克运动的覆盖面大大增加。

3. 奥林匹克运动的发展时期

一方面，1946—1980 年，世界政治格局形成了东、西方两大政治集团对峙的局面，这对奥林匹克运动的发展产生了重大影响。另一方面，战后各国经济振兴和科技发展促进了奥林匹克运动的发展。

4. 奥林匹克运动的改革时期

进入 20 世纪 80 年代，在萨马兰奇的领导下，针对奥林匹克运动所面临的各种问题进行了大规模的变革。过去的那种“独立性”原则已不适应新时期的需要。人们对奥林匹克运动的要求不只限于 4 年一度的奥运会——奥林匹克运动已涉及更加广阔的领域。国际奥委会在文化教育、科学技术方面更加注重奥林匹克思想的传播，通过一系列活动，如举办奥林匹克艺术节、建立博物馆、举办“奥林匹克日”纪念活动、定期召开奥林匹克科技大会等，进行了很好的宣传。

三、奥林匹克运动思想体系

奥林匹克运动历经百余年而愈加蓬勃兴旺，其重要原因之一就是它在发展过程中逐渐形成了以奥林匹克主义为核心的思想体系，使奥林匹克运动有了一个比较坚实的思想基础，使各种奥林匹克活动有了明确的指导方针。从某种意义上讲，奥林匹克运动思想体系构成了这一运动的灵魂，这一运动的一切活动都是由奥林匹克运动思想体系衍生出来的，一切特征也都是基于奥林匹克运动思想体系而逐渐具备的。

奥林匹克运动思想体系包括奥林匹克主义、奥林匹克精神、奥林匹克理想及其宗旨和格言等，它们都属于一个统一的范畴，包含在《奥林匹克宪章》中。

四、奥林匹克运动组织机构

奥林匹克运动组织机构包括国际奥委会、国家（地区）奥委会、国际单项体育联合会、奥运会组织委员会。

（一）国际奥委会

国际奥委会的全称是国际奥林匹克委员会，按照《奥林匹克宪章》领导奥林匹克运动，负责体育运动和运动竞赛的协调、组织和发展，保证奥运会正常进行。它是一个国际性的、非政府的、非营利性的组织。国际奥委会的机构有国际奥委会全会、执行委员会、设立在瑞士洛桑的总部和专门委员会。

（二）国家（地区）奥委会

国家（地区）奥委会负责在本国家（地区）内开展包括组队参加奥运会在内的各种活动。中国奥林匹克委员会简称“中国奥委会”，是以推动奥林匹克运动和发展体育运动为宗旨的全国性体育组织。它的任务和职能是促进奥林匹克项目在中国广泛开展；组织中国奥委会代表团参加国际奥委会主办的夏季、冬季奥运会，并提供必要的经费和运动器材；协助其他全国性体育组织举办体育竞赛和运动会。

（三）国际单项体育联合会

国际单项体育联合会有 35 个单项体育联合会，负责各种技术性事务，如组织比赛、制定竞赛规则等。中华全国体育总会所属的 36 个单项协会中，除了有这 35 个项目的单项协会，还有中国武术协会。

（四）奥运会组织委员会

奥运会组织委员会是奥运会主办城市所在国的国家奥委会和主办城市共同成立的本届奥运会组织委员会，具体负责本届奥运会的各项筹备工作，并具有法人资格。

五、奥林匹克文化与高等教育

奥林匹克运动发展到今天，已经不仅仅是一般意义上的单纯的体育活动了。它把体育所赋予的内涵加以提炼、总结和升华，归纳出“奥林匹克主义、奥林匹克精神”等丰富的文化内涵。之前，我国广大青年对奥林匹克运动缺乏了解和理解。但是，随着北京奥运会的成功举办，高校掀起了奥林匹克运动的热潮。奥林匹克运动以前所未有的速度得到传播和发展，并以其丰富的文化内涵对高校校园体育文化产生了深远的影响。

（一）奥林匹克文化内涵

体育运动与文化活动相融合，形成了奥林匹克文化。现代奥林匹克文化主要体现在：象征着世界和平、民族团结的五环标志；象征人类追求光明、理想、不断奋斗进取的圣火传递；展示世界人类文明的恢宏庄严、激情洋溢的开闭幕式表演；运动员、裁判员的庄严宣誓，等等。

历时一千多年的古代奥运史和历时一百多年的现代奥运史，有着十分丰富的教育内容，是人类精神文明的宝贵遗产，是对大学生进行身心教育的生动素材，也是大学生乐于接受的教育内容。奥林匹克文化作为当代世界主体性教育文化，因为它的教育性、可参与性和观赏性，在社会文化体系中占有独特的地位。

（二）高校校园体育文化与奥林匹克文化的传播关系

奥林匹克文化是指奥林匹克运动的全部思想和活动内容。校园体育文化是指在学校这一特定的范围里，人们在历史实践过程中所创造的体育精神财富和物质财富的总和，是现代教育与现代学校体育教育两个文化体系交叉产生的一种独特的文化现象。奥林匹克文化全球化传播与发展、奥林匹克文化的教育性，正成为高校体育中传承世界体育文化的重要内容。因此，在高校中对大学生进行奥林匹克文化教育，有利于培养新时代的人才，促进高校校园体育文化的创新性发展。同时，高校体育的发展也在客观上促进了奥林匹克文化的全球化传播和多样化发展。

（三）奥林匹克文化对高校校园体育文化的影响

1. 促进高校校园体育文化的创造性发展

奥林匹克运动是国际性的体育运动，也是一种国际性的独特文化现象。在这样一种文化氛围里，人们跨越文化上的障碍，欣赏和借鉴别国文化，进而促进文化的世界性交流与交融。随着奥林匹克运动的普及，奥林匹克文化在高校体育中广泛传播，广大青年将加强对奥林匹克运动的了解和理解。高校校园体育文化活动中的每一个成员既是高校校园体育文化的传播者和接受者，又是高校校园体育文化的创造者。校园体育文化的重要意义就在于受教育者的主动参与，并在其中开展创造性活动。因此，奥林匹克文化对高校校园体育文化的创造性发展有着重要的意义。

2. 增强高校校园体育文化的教育功能

奥林匹克文化的宗旨指出，通过没有任何歧视、具有奥林匹克精神的体育活动来教育青年，从而为建立一个和平的、更加美好的世界做出贡献。教育性是校园体育文化固有的特征。校园首先是教育场所，高校校园体育活动的开展不仅是为了拿名次，而且是为了培养学生良好的体育意识和体育习惯，强壮他们的体魄，健全他们的身心，实现综合素质的全面提高。奥林匹克运动的文化教育功能在于传播世界优秀文化，对青年一代进行道德及社会规范方面的教育，且具有其他方式所不可替代的独特功效。奥林匹克文化与高校校园体育文化的目标是一致的，在一定程度上增强了高校校园体育文化的教育功能。

3. 促进高校校园体育文化的民族性

奥运会在不同国家举办有不同的文化特色，从开幕式到闭幕式、从体育比赛到艺术活动等均如此。奥运会根植于民族文化的土壤之中，吸纳了许多民族传统的体育项目，如美国篮球、巴西足球、日本柔道、韩国跆拳道等。民族体育带有强烈的民族文化气息，在很大程度上成为本地区和国家的象征。高校校园体育文化是民族体育文化在高校的反映，具有民族特征，它不仅体现了体育活动的特殊性和竞技性，也反映了时代的体育精神和主题。

思考

1．体育的功能包括什么？
2．怎样打好学生终身体育的基础？
3．奥林匹克运动组织结构包括什么？

第二章　体育锻炼的科学方法

导论

体育锻炼是现代生活方式中增强体质、保持身体健康的积极手段之一，每个人都应养成良好的体育锻炼习惯。运动是良医，运动要科学。科学的体育锻炼要求锻炼者应当遵循运动健身的基本原则、了解体育锻炼的常识与误区、制订科学的运动健身方案、合理安排准备活动与放松活动。

学习目标

1. 了解体育锻炼的功能。
2. 掌握体育锻炼的原则与方法。
3. 掌握运动健身常用方案。
4. 了解热身与放松的意义与作用。

第一节　体育锻炼的功能

一、体育锻炼的健身功能

体育以身体运动为基本表现形式，通过体育锻炼给予各器官、系统以一定强度和量的刺激，使身体在形态结构、生理功能等方面发生一系列适应性反应，由此达到强身健体的目的。体育锻炼的健身功能主要表现在以下几个方面。

（一）养成正确身体姿态，促进身体生长发育

实践证明，体育锻炼对形成正确的身体姿势、促进人的生长发育具有重要作用。参加体育活动，可以促进人的各器官系统的生长发育，尤其对青少年的生长发育有着重要的作用。

（二）增强身体功能

体育锻炼对增强身体功能起着重要的作用。参加体育锻炼使人的能量代谢产物增加，新陈代谢旺盛，从而使机体的各个器官系统（如神经系统、呼吸系统、消化系统、血液循环系统等）的功能得到改善和增强。

（三）提高基本活动能力和身体素质

人的基本活动能力包括走、跑、跳、投、攀登、爬越等，而体育锻炼能够有效地提高人的基本活动能力。同时，体育锻炼对发展人的五大身体素质（速度、力量、耐力、灵敏和柔韧）也有着重要的促进作用。

（四）增强对外界环境的适应能力

外界环境包括自然环境和社会环境。自然环境对人的生命和健康有一定的影响，人体必须随时调节自身和器官系统的功能以适应自然环境，使人体的内外环境能够保持相对的平衡。美国心理学家 Bandura 于 1986 年提出“交互决定论”观点，个体行为和社会环境之间相互影响，是综合性人类行为理论之一。国内陈善平等学者提出社会环境因素包括参与机会、社会支持、锻炼氛围、社会约束、制度约束、锻炼条件等。

二、体育锻炼的教育功能

（一）促进智力发展

体育锻炼可以促进人的智力发展，促进人的神经系统的发育。人在参加体育锻炼时，视觉、听觉、触觉、平衡觉、本体感觉等多种感觉器官都会参与，从而刺激大脑的细胞并提高大脑的供氧量，有利于促进大脑的思维活动，使人头脑清醒、思维敏捷，对培养和训练记忆能力、诱导想象力和提高创造力具有重要作用。

（二）形成良好的社会风气，培养人的优良品德

体育锻炼对人的心理发展有着重要作用。其公平、公正、规则意识和尊重、合作、民主、竞争等观念对营造良好的社会风气起着重要作用，对培养遵纪守法、遵守社会规范的合格社会公民起到促进作用。

（三）培养审美情趣和体育精神

体育锻炼可以使人的体魄健美、身材匀称、姿态优雅、动作矫健。运动中的形体美、动作美、节奏美、服饰美及行为举止美都会给人以强烈的美感体验，使人得到美的享受。因此，体育锻炼可以培养人鉴赏美、表现美和创造美的能力，这是其他学科无法替代的对审美情趣的培养作用。

体育精神为现代人所追求。体育精神是通过体育锻炼而形成并集中体现人类的力量、智慧与进取心等最积极意识的总和。体育精神不仅包括人类挑战自然、征服自然的精神，也包括人类向自身挑战的精神。体育尤其是竞技体育以最直接、最不加掩饰的竞争方式呼唤人的本质力量。

三、体育锻炼的娱乐功能

（一）成为休闲娱乐方式的核心内容

网球、高尔夫球、羽毛球、台球、体育舞蹈等是国内外群众体育锻炼的热门项目，是人们休闲娱乐方式的重要内容。在体育锻炼中自由地宣泄，感受和体验发自内心的愉悦和畅快的运动方式，这对人体的健康起着促进作用。与其他任何一类社会文化娱乐和休闲方式相比，体育运动具有最广泛的社会适应性。适宜的体育锻炼不仅有利于机体健康，也有益于心理健康。因此，体育锻炼已成为现代人休闲娱乐方式的核心内容。

（二）丰富人们的精神生活

一方面，人们可以通过参加体育锻炼调节感情、丰富业余文化生活、缓解压力、消除脑力劳动的疲劳；另一方面，通过对体育比赛和表演的观看和欣赏，人们会得到心理上的满足和精神上的享受，扩大社会交往并获得自我展现的机会。除此之外，体育锻炼还会影响人们的体育态度甚至人生态度，促进个体从“生物人”向“社会人”的转化。

四、体育锻炼的促进功能

体育文化是社会文化的重要组成部分，可以丰富社会文化的内容。在体育文化的传播中，体育锻炼的基本知识、基本技术和科学锻炼身体方法的不断丰富和发展，使体育文化的内容得以传递和延续，如奥林匹克文化的传播及与各国文化的融合等。此外，体育对社会经济有着重要影响。体育产业可以促进国民经济的增长，为社会提供更高素质的劳动力及工作岗位等。

第二节　体育锻炼的原则与方法

一、体育锻炼的原则

进行体育锻炼一定要讲求科学性，要遵循以下几个基本原则。

（一）适宜运动负荷原则

适宜运动负荷原则是指在体育锻炼中，运动负荷的安排要合理，既能满足增强体质的需要，又符合身体的实际承受能力。运动负荷掌握的准确程度决定体育锻炼的效果。运动负荷过小，身体功能处于常态工作范围，不能引起机体的效能反应，不能起到强壮身体的作用；运动负荷过大，组织器官的活动超过承受的极限，身体则受到伤害，产生事与愿违的后果。只有适量运动，使运动负荷处于有效价值之间，体育锻炼才能产生积极效用，体质才会逐步增强。

（二）循序渐进原则

循序渐进原则是指体育锻炼的内容方法、技术难度和运动负荷等应按由小到大、由浅入深的合理顺序安排。学习体育锻炼的知识必须遵循由易到难的认知规律，提高锻炼技术必须遵循由泛化、分化到自动化的动作技能形成规律，增强身体功能和身体素质需要经过“刺激—适应—再刺激—再适应”的连续过程。因此，循序渐进、逐步提高是必要的。

（三）差异性原则

差异性原则是指体育锻炼要结合锻炼者的年龄、性别、体质状况、锻炼目的，以及不同地区、不同气候特点、不同时期的特点来安排，做到因人、因时、因地制宜，以保证体育锻炼科学合理地进行。体育锻炼的客观条件是千差万别的：不同地区的自然条件差异很大；同一个地区也存在着体育设施设备条件的差异；个体差异普遍存在，不同年龄、性别、健康状况及生理、心理和锻炼需求等方面都存在差异。因此，强调体育锻炼的针对性和从实际出发是非常必要的。

（四）全面发展原则

全面发展原则是指体育锻炼必须追求身心和谐发展，使身体形态、功能、身体素质及心理素质等方面得到全面协调的发展。人体是由局部构成的一个整体，各局部均按“用进废退”的规律发展，体育锻炼能促进新陈代谢，使身体各系统、组织、器官和谐发展，达到身体相对的完善和完美。

在体育锻炼时，要注意活动内容的多样性和身体功能的全面提高。身心的全面发展，要从适应环境、抵御疾病能力，改善身体形态、提高身体功能，陶冶心情、丰富文化生活等方面着眼。体育锻炼的内容、方法要尽可能考虑身体的全面发展，一般以一些功效大、能引起较浓兴趣的运动项目为主，以其他项目为辅进行全面锻炼。注意全身的活动，不要限于局部。在全面锻炼的基础上，有目的、有意识地加强专业且实用的体育锻炼。

二、体育锻炼的方法

（一）重复锻炼法

在体育锻炼的过程中，多次重复同一个练习，两次（组）练习间安排充分的休息，从而增加负荷的锻炼方法，叫作重复锻炼法。此方法的关键是在完成一次（组）练习后，间歇时间应当充分，这样可以有效提高锻炼者的无氧、有氧混合代谢能力，提高各种技术应用的熟练性与机体的耐久性。重复次数不同，对身体的作用就不同，重复次数越多，身体对运动反应的负荷量就越大。如果重复次数持续增加，则可能使身体承受的负荷超过极限，乃至破坏身体的正常状态而造成损害。运用重复锻炼法的关键是掌握好负荷的有效价值（最有锻炼价值负荷量下的心率），并据此调节重复的次数。通常认为，普通大学生的负荷心率在 130～170 次/分较为适宜。

（二）间歇锻炼法

在体育锻炼的过程中，对多次锻炼时的间歇时间做出严格规定，使机体处于不完全恢复状态下，反复进行锻炼的方法，叫作间歇锻炼法。此方法的关键是严格控制间歇时间，使机体处于不完全恢复状态，要求每次练习的负荷时间较长、负荷强度适中。此方法可使锻炼者的心脏功能明显增强。调节负荷强度，可使机体功能产生与锻炼项目相匹配的适应性变化，提高有氧代谢能力，增强体质。同重复锻炼法一样，间歇时间也要依据负荷的有效价值去调节。一般来说，当负荷反应（心率）指标低于有效价值标准时应缩短间歇时间；反之，则可延长间歇时间。实践中，一般心率在 130 次/分左右就应再次开始锻炼。间歇时不要静止休息，而应边活动边休息，如慢速走步、放松手脚、伸伸腰或做深而慢的呼吸等。

（三）连续锻炼法

在体育锻炼的过程中，为了保持有价值的负荷量而不间断地连续进行运动的方法，叫作连续锻炼法。此方法要求负荷强度较低、负荷时间较长、无间断地连续进行运动。从增强体质出发，需要间歇就停一会儿，需要连续就接二连三地进行下去。所以不能仅讲究间歇，还要讲究连续。连续、间歇、重复都是在整个锻炼过程中实现的。连续、间歇、重复各因素各有其独特的作用。连续的作用在于持续保持负荷量不下降，维持在一定的水平上，使身体充分地受到体育锻炼的作用。连续锻炼时间的长短，同样要根据负荷价值有效范围来确定。通常认为，在140次/分左右的心率下连续锻炼20～30分钟便可使机体的各个部位都长时间地获得充分的血液和氧的供应，从而有效地发展有氧代谢能力和耐力素质。

（四）循环锻炼法

循环锻炼法是指在练习前设立几个不同的练习点（或称作业站），练习者按照既定顺序和路线依次完成每个练习点的练习任务。具体来讲，一个练习点上的练习一经完成，练习者就迅速转移到下一个练习点，下一个练习者依次跟上。练习者完成了各个练习点上的练习就算完成了一次循环。循环锻炼法的结构因素有每点的练习内容、每点的运动负荷、练习点的安排顺序、练习点之间的间歇、每个循环之间的间歇、练习的点数与循环练习的组数。循环锻炼法对技术的要求不高，各项目都采用轻度的负荷练习，连起来简单有趣。因此，循环锻炼法可以有效地调动不同层次和水平的练习者的运动情绪和积极性；可以合理地增大锻炼过程的密度；可以随时根据情况加以调整，做到区别对待；可以防止身体局部负担过重，延缓疲劳的产生，交替刺激不同的体位，有利于综合锻炼，从而达到身体全面发展的效果。大学生在进行体育锻炼时，既要发展四肢，也要发展躯干；既要运动胸背部，又要运动腰腹部；既要追求形态的健美，也要注意功能、素质的全面发展。因此，必须科学地搭配运动项目。根据已有的经验，一般选择6～12个已被锻炼者掌握的简单易行的项目为宜。

第三节　运动健身方案的制订

运动健身方案一般由运动方式、运动强度、运动时间、运动频率、运动量和运动进程六部分组成。

一、运动方式

不同的人对相同运动健身方案的反应不同，取得的健身效果也不同。因此，在执行运动健身方案时，要充分考虑锻炼者的个性特征，使运动方式更有针对性。

运动方式是锻炼者采用的具体健身手段和健身方法，即具体的运动项目。不同的运动方式具有不同的健身效果。

在选择运动方式时，要充分考虑到可能影响体育锻炼效果的各种因素，科学、合理地选择运动项目。

（一）根据年龄状况

不同年龄的人，选择的运动方式往往不同。青少年适合做一些趣味性强的集体项目和对抗性运动，如健美操、球类运动、力量训练等。

（二）根据健身目的

锻炼者在选择运动方式时，要考虑其健身效果是否与自身的健身目的一致，要根据运动健身的目的确定运动方式。若要增加体力、活动量，可以选择任何喜欢的运动方式；若想健美，则应当选择力量训练和纵跳等运动方式。

（三）根据兴趣爱好

锻炼者在选择运动方式时，应当尽量选择自己感兴趣的，否则很难长期坚持。例如，有氧运动是提高心肺功能的最有效方法，但如果对健步走、慢跑等运动没有兴趣，那么选择游泳、爬山等运动方式，可以达到同样的健身效果。

有时候兴趣爱好要服从于健身目的，如高血压病患者最有效的运动方式是健步走。因此，以降低和控制血压为主要目的的锻炼者，即使对健步走没有兴趣，也要选择这种运动方式，可以在运动中慢慢培养兴趣。

（四）根据动作难度

在刚参加体育锻炼时，应当尽量选择一些动作技术相对简单、对运动技能要求不高的运动项目。当身体功能和身体素质逐渐提高后，再选择一些技术难度高的运动项目。青少年在刚参加体育锻炼时，可以先选择慢跑、健美操、游泳等运动项目；当运动能力提高以后，再选择足球、篮球等动作技术难度较大的运动项目。

二、运动强度

运动强度是制订运动健身方案中最重要的内容。运动强度过小，达不到对身体的刺激强度，没有明显的健身效果；运动强度过大，不仅对身体无益，还可能造成运动伤害。

运动强度可根据运动对机体的刺激强度和身体对运动的反应程度来确定。心率是评定运动强度的简易指标。以有氧运动为例，根据运动中的心率变化可将有氧运动分为小强度有氧运动、中等强度有氧运动和大强度有氧运动。

小强度有氧运动：运动对身体的刺激强度较小，运动中心率一般不超过 100 次/分，如散步等。

中等强度有氧运动：运动对身体的刺激强度适宜，运动中心率一般在 100～140 次/分，如健步走、慢跑、自行车运动、太极拳等，主要通过消耗糖原和脂肪供能。中等强度以上的有氧运动效果较佳。

大强度有氧运动：这主要指一些强度相对较大的长时间耐力运动，运动中最大心率超过 140 次/分，如跑步、快节奏的健身操和快速登山、爬楼梯等。篮球、足球等球类运动中既有大强度有氧运动，又有中等强度有氧运动。

（一）用心率控制运动强度

运动强度越大，心脏和身体对运动刺激反应就越明显，心率也就越快。一般常用最大心率百分数和运动中的实际心率控制运动强度。

最大心率是指人体在运动过程中所能达到的最快心搏频率，用“次/分”表示。测定最大心率的方法有直接测定法和间接推测法。直接测定法是采用跑台或功率自行车测试，逐渐增加运动负荷至最大负荷，记录运动结束时或运动过程中的最快心搏频率，即为最大心率。采用直接测定法测定的最大心率可以客观地反映人体在运动时的最大心率，具有个性特点。如果有条件，锻炼者应该到专门机构中采用直接测定法测定最大心率。

人体的最大心率与年龄有关，随着年龄增加，最大心率逐渐降低。据此，采用下列公式可以间接推算最大心率。

最大心率＝220－年龄

在用心率控制运动强度时，要考虑年龄、体质状况、锻炼习惯和运动方式等多种因素。以有氧运动为例，一般采用 60%～80%最大心率范围进行中等强度有氧运动；对于具有一定运动习惯、身体功能较好的人，也可以采用 70%～80%最大心率范围进行大强度有氧运动；而对于初次参加体育锻炼或身体功能较差的人，可采用 50%～60%最大心率范围进行中小强度有氧运动。

例如，一个有运动习惯的 20 岁男性大学生，运动能力测试表明其身体状况较好，在进行有氧运动时，可采用下列方式推算其在运动中的心率范围，控制运动强度。计算过程为：最大心率＝220－年龄＝220－20＝200。

由于身体状况较好，且有运动习惯，推荐他进行 60%～80%最大心率范围的中等强度有氧运动。

计算运动中的心率控制范围：200×（60%～80%）＝120～160。因此，他运动中的心率应控制在 120～160 次/分。

在体育锻炼过程中，有两种方法监测运动中的心率：一是采用心率测试表监测运动过程中的心率变化；二是测出运动中或运动结束后 10 秒的桡动脉或颈动脉脉搏数，乘以 6，即为运动中的心率。例如，在慢跑后即刻测定的 10 秒脉搏数为 20 次，乘以 6，等于 120 次，表示慢跑运动中的心率为 120 次/分。

（二）用主观体力感觉控制运动强度

在人体运动过程中，身体主观感觉与心率和运动强度有密切关系，因此，可以根据主观体力感觉控制运动强度。博格先生通过大量实验证实了运动过程中心率、最大摄氧量、能量消耗、呼吸频率、肌肉疲劳程度与主观体力感觉之间的关系，并建立了主观体力感觉等级表，以综合反映包括生理变化和心理变化在内的主观体力感觉，用于评定运动强度。

（三）力量练习时的运动强度控制

在进行力量练习时，一般常用负荷重量作为评定运动强度的指标。负荷重量越大，运动强度也就越大。例如，一个人卧推的最大负荷重量为 40 千克，那么 40 千克就是他卧推的最大负荷重量，20 千克则是他的卧推小负荷重量。按照这样的划分方法，可把力量训练强度分为最大强度力量练习、大强度力量练习、中等强度力量练习和小强度力量练习。

不同负荷重量对提高肌肉力量的效果不同，每种负荷重量的重复次数、练习组数、组与组之间的间歇时间也不同。一般来讲，负荷重量越大，重复次数越少，组与组之间的间歇时间越长。

1. 最大强度力量练习

采用最大负荷重量，相当于 1～5RM，每种负荷重量的重复次数不超过 5 次，每个部位的最大强度力量练习重复 3 组，组与组的间歇时间为 2～3 分钟，主要是发展最大肌肉力量。

2. 大强度力量练习

采用大负荷重量，相当于 6～10RM，每种负荷重量的重复次数为 6～10 次，每个部位重复 2～3 组，组与组的间歇时间为 1～2 分钟，主要是发展肌肉力量。

3. 中等强度力量练习

采用 11～20RM 负荷重量，每种负荷重量的重复次数为 10～20 次，每个部位重复 3 组，组与组的间歇时间为 1 分钟，主要是增加肌肉体积、粗壮肌肉。

4. 小强度力量练习

一般采用 20 RM 以上负荷重量，每种负荷重量重复 20 次以上，每个部位重复两组，组与组的间歇时间为 1 分钟，主要是发展肌肉耐力。

三、运动时间

运动时间是指每次进行体育锻炼的持续时间。运动时间和运动强度决定了一次体育锻炼的总运动量。只有达到一定的总运动量，才能取得明显的健身效果。

在进行中小强度运动时，需要足够长的运动时间；而在进行大强度运动时，运动时间相对较短。在进行体育锻炼的初期，运动时间可较短，经过一段时间的体育锻炼对运动产生适应后，可以延长运动时间。

运动时间也与选择的运动项目有关。在进行持续性有氧运动时，运动时间可以长一些；在进行力量、速度运动时，运动时间可以短一些。此外，在进行一些球类运动项目时，如网球、羽毛球、门球等，由于运动中有一定的间歇时间，因此，运动时间可以长一些，但有效运动时间最好不要超过 1 小时。

四、运动频率

运动频率是指每周参加体育锻炼的次数。从运动生理学角度分析，每周只进行 1 天的体育锻炼，虽然会使身体功能有所改善，但健身效果不能持续积累；而且由于间隔时间较长，每次锻炼后都有比较明显的肌肉酸痛症状和疲劳感，对增强体质的作用不大。每周进行 2 天体育锻炼，可以提高身体功能或保持已经获得的运动效果。每周进行 3 天或 3 天以上的体育锻炼，健身效果明显；而当养成运动习惯后，采取同样的运动方式和运动强度也没有明显的疲劳感。建议大学生每天运动 1 小时。

研究发现，在进行一段时间的体育锻炼后，由于某些原因中止了体育锻炼，已有的健身效果会逐渐消失。健身效果的消失速度大约相当于获得效果的 1/3，因此。体育锻炼要持之以恒。

五、运动量

运动量是由运动频率、运动强度、运动时间（持续时间）和运动类型共同决定的，即训练的 FITT。每周的运动量可以用来评价运动量是否达到了促进健康体适能的推荐量。

计步器是一种促进体力活动的有效工具（现在手机大多数都有此功能），并且可以通过每天行走的步数来估算运动量。人们经常提到“每天步行 10 000 步”，但是每天步行 5400～7900 步就已满足推荐量了。为了达到每天 5400～7900 步的目标，人们可以考虑使用以下方法估算总运动量。

（1）以 100 步/分的速度步行大约相当于中等强度的运动。

（2）每天以中等强度步行 30 分钟，相当于每天走 3000～4000 步。

如果锻炼者的目的是通过运动来管理体重，那么他需要走得更多。以维持正常体重为目的的男性锻炼者可能需要每天步行 11 000～12 000 步，女性需要 8000～12 000 步。使用计步器估算运动量存在潜在的误差，因此最明智的做法是将“步/分”与目前推荐的运动时间（持续时间）结合使用，如以 150 步/分的速度每次步行 30 分钟，或以此速度每周步行 150 分钟。

六、运动进程

运动进程取决于锻炼者的健康状况、健康体适能、训练反应和运动计划的目的。专业人员在实施运动计划时，可以通过增加运动处方的 FITT 原则中锻炼者可以耐受的一项或几项来达到目的。在运动计划的开始阶段，建议逐渐增加运动时间（持续时间）。推荐给一般成年人的较合理的进度是在计划开始的 4～6 周中，每 1～2 周将每次锻炼的时间延长 5～10 分钟。当锻炼者规律锻炼至少 1 个月之后，在接下来的 4～8 个月里，逐渐增加 FITT 中的各项，直到达到推荐的数量和质量。锻炼时，应该遵照循序渐进的原则，避免大幅度增加 FITT 中的某一项，这样可以将肌肉酸痛、运动损伤、过度疲劳的发生及过度锻炼的长期风险降到最低。若因运动量增加而产生了不良反应（如运动后的呼吸急促、疲劳和肌肉酸痛），锻炼者无法耐受调整后的运动计划，应降低运动量。

第四节 热身与放松活动

一次完整的运动健身活动至少应包括准备活动、基本活动和放松活动三部分内容。

一、准备活动

（一）准备活动的意义和作用

在进行体育锻炼前做好充分的准备活动，对于锻炼者来说是非常重要的。准备活动的意义和作用，是身体从安静状态进入运动状态的一个过程。有些人对准备活动的生理作用不了解，不重视也不愿意做体育锻炼前的准备活动，这往往影响到体育锻炼的效果，甚至引起各种运动损伤的发生。

准备活动是人们在运动或比赛前所做的各种热身活动，其目的主要是使人体由相对的安静状态逐步转入紧张的工作状态，使中枢神经系统逐渐兴奋起来，并通过大脑皮质传至躯体各部神经和自主神经，再由躯体各部神经和自主神经支配身体各部位、各器官参与运动。肌肉运动是受躯体性运动神经支配的，人体的“最高司令部”大脑皮质发出的命令（兴奋）直接传到脊髓前角细胞，命令运动神经纤维支配肌肉运动。

人的运动器官可以迅速地从安静状态进入剧烈的运动状态，也就是说一下子就可以跑出去。但是，人虽很快地跑出去了，但身体内必须有一定能量来适应这一疾跑，如需大量氧气和营养物质的供应。而身体里新陈代谢产生的废物还必须尽快地排泄出去，这对心脏、肺等内脏器官就提出了更高的要求——这些内脏器官必须尽力工作才能满足运动器官的需要。然而，运动不能一下子把内脏器官的功能全部动员起来，便出现了运动器官和内脏器官之间不相适应的矛盾，人则会产生不适感。因此，若想克服内脏功能的惰性，必须做准备活动，这样才能充分发挥出人体的运动能力。在进行正式运动之前做一些准备活动，还能够提高各个神经功能中枢

（也包括内脏的功能中枢）的兴奋性，使身体能预先克服内脏的功能惰性，为正式运动创造有利条件，缩小运动功能和内脏功能之间的差距，使身体能力最大限度地发挥出来。

（二）怎样进行准备活动

准备活动的时间一般为 5～10 分钟，主要包括两方面内容：进行适量的有氧运动，如快走、慢跑等，使身体各器官系统"预热"，提前进入工作状态（有氧运动可以提高肌肉温度，降低肌肉、韧带黏滞性），提高工作效率；进行各种牵拉练习，增加关节活动度，提高肌肉、韧带等软组织弹性，预防肌肉损伤。

在准备活动阶段进行的牵拉练习应以动力性牵拉为主，牵拉部位要与进行运动健身活动的肌肉关节部位相一致。当开始牵拉时，动作要缓慢，幅度要小，之后逐渐增加牵拉幅度。

在进行中等强度以上的有氧运动前，都要进行充分的准备活动，而在进行小强度有氧运动时，如步行等，则没有必要进行固定模式的准备活动。在进行力量练习前，除进行小强度有氧运动和牵拉练习外，还要做一些小负荷的力量练习，作为专项准备活动的内容。

二、基本活动

基本活动是体育锻炼过程中的主体环节与核心。体育锻炼的效果主要体现在基本活动部分。基本活动时间长于准备活动和放松活动，一般为 30 分钟。运动项目、个体差异、运动环境、身体状况、性别、运动基础等是影响基本活动的主要因素。在基本活动过程中，要设计好运动的内容、强度、次数、密度及总体运动量。

三、放松活动

（一）放松活动的意义和作用

运动过后的"冷却"，如同运动之前的"预热"一样不可忽视，放松活动能够收到运动的功效。在现实生活中，有的人在进行剧烈运动之后不做放松运动就离开了，这样的运动不完整，也不科学。运动后马上静止不动会让高速运转的神经、肌肉得不到缓冲，这时候激素水平、血压等都没降下来，对心脑血管健康不利。而运动后做放松活动会让人体各个部位逐渐适应从运动到停止运动这一变化，保护身体健康。

放松活动是指在体育锻炼后所采用的一系列放松练习和运动后按摩等恢复手段，其目的是消除疲劳、恢复体能、提高锻炼效果。

放松活动可以促使机体迅速偿还"氧债"。运动需要大量的氧气供代谢使用，机体在代谢过程中会产生大量废气（如二氧化碳）随呼吸排出体外。由于运动剧烈，机体往往一时供应不上氧气，这就使机体欠下"氧债"，体内二氧化碳也不能及时排出体外。如果在剧烈运动结束后做一些放松活动，使呼吸保持一定强度，就可以及时吸入氧气，呼出二氧化碳，保持机体酸碱平衡，迅速消除疲劳。

放松活动可以促进血液循环，使机体和内脏比较一致地恢复到安静状态。如果运动后立即停止肌肉活动，四肢就无法利用肌肉的收缩将血液送回心脏，而这时心脏仍跳动很快并继续将血液送向四肢，这种不平衡会造成两方面的结果：一方面四肢特别是腿部瘀血；另一方面脑部和其他脏器因回心血量减少而无法获得足够的血液，这时，轻者出现头晕、乏力，重者出现晕厥。因此，在进行剧烈运动后，做好放松活动是保证机体和内脏运动平衡的重要措施。

（二）怎样进行放松活动

放松活动的内容是多种多样的，包括慢跑、走步、徒手操、韵律活动、深呼吸等。放松活动主要以静态拉牵和按摩放松活动为主。在激烈运动之后应进行小范围的动态放松。例如，做几分钟慢跑、做一些放松动作、自我拍打一下肢体、调整一下呼吸，使身体由剧烈的运动状态逐渐恢复到安静状态，适应心肺功能的需要。尤其是在参加赛跑、滑冰、轮滑、自行车等运动后做腿部屈伸和呼吸等动作，以使淤积于下肢的血液很快地流回心脏，防止脑缺血的发生。常用的放松方式有以下几种。

1. 大腿部位的放松

左右分别单足站立，静力拉伸肌肉至最大限度时静止 20～30 秒；当坐姿压腿至最大限度时静止 20 秒左右；双手揉搓大腿，站立抖动和放松大腿。

2. 跟腱及小腿部位放松

拉压左右脚跟腱（注意：开始用力轻一些，弧度小一些），慢慢加大力量，当拉至最大限度时静止 20～30 秒，然后双手揉搓、抖动放松小腿。

3. 大小臂、手腕放松

在右（左）手牵拉手臂肌肉至最大限度时静止 20～30 秒，之后，做同侧臂抖动放松站立，左右手交换揉搓、抖动前臂、手腕。

4. 腰背负荷量较大的肌肉部位的放松

屈伸放松腰背并敲打腰背部负荷量较大的肌肉部位。

5. 上下肢全身放松活动

上下肢全身放松抖动、揉搓。

思考

1．体育锻炼的健身功能体现在哪几个方面？
2．体育锻炼的娱乐功能体现在哪几个方面？
3．体育锻炼的教育功能体现在哪几个方面？
4．体育锻炼的原则是什么？
5．体育锻炼的方法有哪些？

第三章　运动与营养

导论

营养是人们进行运动的重要物质基础。人体的各种生理活动和体力活动，乃至人体生命的存在，都离不开营养。随着科学的发展，健身人群不仅可以用科学的营养方法和合理的膳食来保持身体健康和良好的体能，而且能够对体重进行控制和管理。

学习目标

1. 了解平衡膳食的重要性。
2. 了解运动中常见的营养处方。
3. 学会正确、合理地控制体重。

第一节　营养素

营养素是指能在体内消化吸收、供给热能、构成机体组织和调节生理功能，为身体进行正常物质代谢所必需的物质。人体所需要的营养素有蛋白质、脂肪、碳水化合物、维生素、无机盐、膳食纤维和水这七类。

一、蛋白质

（一）生理作用

1. 构成人体组织与修补人体组织，促进生长发育

蛋白质是构成人体组织和细胞的主要材料，骨骼、大脑、神经、皮肤、肌肉、内脏和血液，甚至指甲、头发都是以蛋白质为主要构成成分的。对身体的发育成长、成长后衰老组织的更新、损伤后组织的新生修补，蛋白质都起着重要的作用。蛋白质占人体重量的 18%，平均每天约有 3%的蛋白质被更新，所以人每天需要摄取一定的蛋白质，尤其生长发育期、疾病恢复期和手术后需要摄取更多的蛋白质。

2. 构成功能物质

人体有许多具有重要生理作用的物质也是以蛋白质为主要组成成分或由蛋白质提供必需的原料的。例如，对代谢过程起催化作用和调节作用的酶和激素、承担氧运输和贮存的血红蛋白及肌红蛋白、维持渗透压的血浆蛋白、发挥免疫作用的抗体蛋白、血液中具有缓冲作用的缓冲碱，以及进行肌肉收缩的肌纤凝蛋白和构成机体支架的胶原蛋白等。所以，蛋白质是生命存在的形式，也是生命活动的物质基础。

3. 增强机体抵抗力，构成抗体

机体抵抗力的强弱取决于抵抗疾病的抗体的多少，而抗体的生成与蛋白质有密切关系。例如近年被誉为抑制病毒的法宝和抗癌“生力军”的干扰素，就是一种糖和蛋白质的复合物。

4. 调节渗透压

正常人的血浆与组织之间的水不停地交换，并保持着平衡。之所以能平衡，有赖于血浆中电解质总量和胶体蛋白浓度；当组织液与血浆的电解质浓度相等时，两者间水分的分布就取决于血浆中白蛋白的浓度。若膳食中长期缺乏蛋白质，血浆蛋白的含量便降低，血液内的水分便会过多地渗入周围组织，造成营养不良性水肿。

5. 供给热能

虽然蛋白质在体内的主要功能并非供给热能，但陈旧的或已破损的组织细胞的蛋白质也会不断分解释放能量。另外，每天从食物中摄入的蛋白质在不符合人体需要或者数量过多时，也将被氧化分解而释放能量。所以，蛋白质也可以供给部分热量。每克蛋白质在体内氧化时可产生 16.7 千焦的热量，人体每日所需热量的 5%～10%来自蛋白质。

6. 增强神经系统功能

神经传导、信息加工及思维活动都与蛋白质有关。蛋白质可以明显地影响大脑皮质的兴奋和抑制过程。在婴幼儿大脑发育时期，蛋白质供给不足会使脑细胞数量减少，进而影响智力发育。

（二）供给量与来源

一个人一天需要补充多少蛋白质，应根据年龄、性别、劳动强度和健康状况来定。一般成年人每天每千克体重需要 1～1.5 克蛋白质；正在生长发育的青少年、孕妇、哺乳期妇女每天每千克体重需要 1.5～3 克蛋白质；患病者可根据病情做相应增减。但是，仅考虑蛋白质的“量”是不够全面的，还须注意蛋白质的营养价值（质量）。

人体所需蛋白质一般来源于动物性食物和植物性食物。动物性食物常指瘦肉、鱼类、奶类和蛋类等，属于优质蛋白质，其营养价值一般高于植物性食物，所以一般认为动物性食物营养更高。植物性食物常指米、面、大豆、蔬菜等。除大豆、芝麻、葵花子等是优质蛋白质外，其余均不属于优质蛋白质。

二、脂肪

（一）生理作用

1. 供给热能并维持体温

脂肪是供热的营养素。1 克脂肪在体内氧化可产生 38 千焦热量。脂肪被吸收后，一部分被消耗，另一部分则贮存于体内——当机体代谢需要时可释放能量。皮下脂肪还能使体内温度不易外散，有助于维持体温。

2. 构成组织细胞

脂肪（主要是磷脂和胆固醇等）是构成脑和神经组织的主要成分。组织细胞的各种膜——细胞膜、细胞器膜等，都是由脂类物质与蛋白质结合而成的。

3. 促进脂溶性维生素的吸收

脂溶性维生素 A、维生素 D、维生素 E 和维生素 K 等不溶于水，它们只有在溶于脂肪后才能被吸收和利用。因此，摄取脂肪就能使食物中的脂溶性维生素溶解于脂肪中，并一起被吸收。

4. 供给必需脂肪酸

人体所需的必需脂肪酸主要靠膳食提供。

5. 促进食欲，增加香味

用油脂烹调的食物因其特有的香味可促进人们的食欲。

6. 增加饱腹感

脂肪在胃中滞留的时间较长——约 3.5 小时。延迟胃的排空有助于控制饥饿感，这是因为脂肪进入十二指肠能刺激产生肠抑胃素。

7. 防护作用

分布于腹腔、皮下、肌纤维间的脂肪有保护脏器、组织及关节的作用。

（二）供给量与来源

成年人脂肪的供给量一般每天应占总热量的 20%～25%。在寒冷条件下，脂肪的供给量可适当增加；在炎热环境下，脂肪供给量应适当减少；重体力劳动者为避免食物体积过大，可适当提高脂肪供给量。考虑到脂肪酸对人体健康的影响，脂肪供给不仅要考虑量，还要考虑质，即不饱和脂肪酸应多一些，饱和脂肪酸应少一些。

脂肪按其食物来源可分为动物性脂肪和植物性脂肪。

动物性脂肪是指由动物体内分离出来的脂肪，主要含有饱和脂肪酸。饱和脂肪酸的熔点较高，一般呈固态，容易凝固、沉淀在血管壁上，可导致动脉硬化。动物性脂肪中有较多的胆固醇。虽然胆固醇在人体内有重要的生理作用，但中老年人血液中胆固醇过高则容易患动脉硬化、高血压等疾病，因此中老年人应少吃动物性脂肪。供给机体动物性脂肪的食物主要有猪油、奶油和蛋黄油等。

植物性脂肪主要含有不饱和脂肪酸，熔点都比较低，在室温下呈液态，不容易凝固、沉淀在血管壁上。植物性脂肪不含胆固醇，而含有豆固醇、谷固醇等植物固醇。植物固醇不但不能被人体吸收，还能阻止人体吸收胆固醇。供给机体植物性脂肪的食物有花生、大豆、芝麻和菜籽等油料作物榨取的油类。植物性脂肪中的橄榄油、花生油和菜籽油，其单不饱和脂肪酸、多不饱和脂肪酸和饱和脂肪酸的含量接近，长期食用对动脉硬化无明显影响。此外，蛋黄，瘦肉，以及动物的脑、肝及肾等内脏含丰富的磷脂，但也含有较多的胆固醇。

三、碳水化合物

（一）生理作用

1. 供给热能

碳水化合物由碳、氢和氧三种元素组成，由于它所含的氢、氧的比例为二比一，和水一样，故称为碳水化合物。食物中的碳水化合物分成两类：人可以吸收利用的有效碳水化合物（如单糖、双糖、多糖）和人不能消化的无效碳水化合物（如纤维素），是人体必需的物质。碳水化合物是一切生物体维持生命活动所需能量的主要来源。1 克糖在体内氧化可产生 17 千焦热量，每日膳食中热量供给量的 60%～70%来自糖类。糖类在供能上有许多优点，比脂肪和蛋白质更容易消化、吸收，产热快，耗氧少，而且在无氧的情况下也可分解供能。

2. 保护肝脏

除了供给热量，碳水化合物还有保护肝脏及解毒的作用。当肝糖原含量高时，生成的葡萄糖醛酸对四氯化碳、酒精等有较强的解毒能力。另外，碳水化合物对各种细菌引起的毒血症也有较强的抵抗力。从这个角度来讲，摄入足量的糖，使肝脏合成充足的糖原，可保护肝脏免受有害因素的损害，并保持肝脏的正常解毒功能。

3. 构成组织

碳水化合物存在于一切细胞中，其含量占 2%～10%，如构成细胞膜的糖蛋白、构成结缔组织的黏蛋白。另外，糖和磷酸、碱基组成的核糖核酸和脱氧核糖核酸是构成细胞质和细胞核的重要成分。

4. 抗生酮

当碳水化合物供给不足时，脂肪氧化不全，可产生过量的酮体。酮体是酸性物质，在体内积存过多可引起酸中毒。只有在一定量的碳水化合物存在时，脂肪氧化才能彻底，且不产生过量的酮体，因为脂肪在体内代谢产生的乙酰基必须与草酰乙酸结合，进入三羧酸循环中才能被彻底氧化，而草酰乙酸的形成是葡萄糖在体内氧化的结果。所以，碳水化合物有抗生酮的作用。

5. 维持中枢神经的功能

大脑的能量代谢极强，其重量仅为体重的 2%，而能量消耗却占全身基础代谢的 25%。脑组织无能量储备，全靠血糖供给能量，每天需要 100～120 克葡萄糖，糖是大脑的唯一能源物质。只有血糖水平正常才能保证大脑的功能。当血糖含量下降到正常值以下时，脑组织因供能物质不足可发生头晕、昏厥等低血糖症状。

6. 节省蛋白质

碳水化合物有利于机体的氮储留。蛋白质以氨基酸的形式被吸收，并在机体内合成组织蛋白质或其他代谢产物，这些过程均需能量。例如，摄入蛋白质并同时摄入糖类可增加三磷酸腺苷的形成，有利于氨基酸的活化及蛋白质合成，使氮在体内储留增加。因此，供给充足的碳水化合物可以节省蛋白质作为能源的消耗。

（二）供给量与来源

碳水化合物的主要生理功能是供给热量，因此，一个人一天需要多少碳水化合物应根据人体每天需要的热量而定。而人体每天碳水化合物的需要与年龄、性别、生活方式、健康状况和劳动强度等密切相关。在同样的生活、劳动条件下，由于年龄、性别等不同，所需要的热量也有所差别。

从年龄来说，按每千克体重计算，正在生长发育的儿童和青少年需要的热量比成年人要多，人过中年后所需热量相应减少一些。成年人的热量供给标准是以年龄 18～40 岁体重分别为 53 千克（女子）、63 千克（男子）为基础，随年龄的增长而递减。例如，40～49 岁减少 5%，50～59 岁减少 10%，60～69 岁减少 20%，70 岁及以上减少 30%。

按照我国人民的膳食习惯，每天应摄入的碳水化合物以占总热量 60%～70%为宜。例如，供给热能 12 552 千焦，其中碳水化合物应占 7531～8159 千焦，即 450～488 克为宜。

糖的来源很广，各种粮食、根茎类食物等都含有大量的淀粉和少量的单糖和双糖，蔬菜和水果除含有少量单糖外，还含有纤维素和果胶。此外，蔗糖是最常见的食用糖。近年来的研究成果表明，肥胖、糖尿病、心血管疾病等都与蔗糖摄入过多有关。因此，蔗糖的摄入不应超过总热量的 10%。

四、维生素

维生素是维持人体正常代谢和功能所必需的一种营养素，其化学本质均为低分子有机化合物。人体不能合成维生素，必须从食物中获得。维生素不能为人体提供热能，也不是人体的构成物质。虽然人体对维生素需要量很少，但因其各有重要的生理功能，故当人体中某种维生素缺乏或不足时，就会引起代谢紊乱及出现相应症状，称之为维生素缺乏症。

在维生素的化学结构未阐明之前，维生素的名称一般是按发现的先后，在维生素之后加上 A、B、C、D 等字母标志来命名的，如维生素 A、维生素 B、维生素 C、维生素 D 等。此外，当初发现时以为是一种，其后发现是几种混合存在，于是在字母右下方注以“1、2、3”等加以区别。但这种命名系统正逐渐被基于它们的本质或生理功能的命名所取代，如硫胺素、抗癞皮病维生素、生育酚和抗坏血酸等。

维生素的种类繁多，结构各异，生理功能也各不相同，通常按其溶解性质分为脂溶性维生素和水溶性维生素两大类。脂溶性维生素包括维生素 A、维生素 D、维生素 E 和维生素 K，只溶于有机溶剂而不溶于水，在食物中常与脂类一起，在吸收过程中与脂类相伴进行。脂溶性维生素可贮存于脂肪组织和肝脏中，故过量可引起中毒。水溶性维生素有 B 族维生素（维生素 B_1、维生素 B_2、维生素 PP、维生素 B_6、维生素 B_{12}、泛酸、叶酸及生物素）和维生素 C 等，易溶于水，如在食物清洗、加工、烹调过程中处理不当易损失，在体内仅有少量贮存，易排出体外。

五、无机盐

无机盐又称矿物质。人体内含有的各种元素，除碳、氢、氧、氮主要以有机化合物的形式存在外，其余各种元素统称为无机盐。人体内无机盐的种类很多，约占体重的 5%，是构成人体组织和调节生理功能的重要物质。其中含量较多的钙、镁、钾、钠、磷、硫和氯 7 种元素称为常量元素。其他如铁、碘、氟、硒等 14 种含量较少的元素称为微量元素。

无机盐在体内不能合成，只能通过食物来补充。人体每天有一定量的矿物质通过各种途径排出体外，因而必须从食物中得到补充。无机盐在食物中分布很广，一般都能满足人体需要。其中较易发生缺乏的为钙、铁、碘、锌和硒。

无机盐是构成人体最基本的物质，也是各种元素在体内生化代谢的表现。无机盐的主要功能可概括为以下几个方面。

（一）构成骨骼和牙齿的主要成分

钙、磷是骨骼和牙齿中必不可少的成分；镁也是组成骨骼的成分；氟在体内的需要量虽然不大，但也是骨骼和牙齿中不可缺少的成分。

（二）构成软组织的重要成分

铁是合成血红蛋白、肌红蛋白、细胞色素和其他酶系统的主要成分，也是肌肉、肝、脾和骨髓的组成成分，如果缺乏，则携氧能力减小。

（三）调节生理功能

钠、钾共同维持体内正常的渗透压、酸碱平衡及体内水分的保留。碘是合成甲状腺激素的主要成分，可调节和控制人体的基础代谢，促进体内的氧化作用。钙是维持所有细胞正常功能的物质，如心脏的正常搏动、肌肉神经兴奋的正常传导和适宜性的维持，都必须有一定量的钙离子存在，如果血钙浓度下降，则神经肌肉的兴奋性增高。

（四）参与免疫功能

现代研究结果认为，锌、锡、铁、铜、锗等元素与机体免疫水平有密切关系。例如，锌有激活胸腺素、增强免疫反应和细胞功能的作用，缺锌会使胸腺明显萎缩，细胞数量减少，功能降低，细胞免疫力减退；硒有促进体内抗体形成的作用。

（五）维持组织的正常兴奋性

神经肌肉的兴奋性与某些离子浓度和比例有关。Na^+、K^+浓度升高可提高神经肌肉的兴奋性，Ca^+、Mg^+浓度升高则可降低神经肌肉的兴奋性。心肌细胞的兴奋性升高与Na^+、Ca^+浓度升高有关，而K^+、Mg^+浓度升高，心肌细胞的兴奋性会降低。

（六）保护人体细胞不发生癌变

近年来研究发现，癌症患者体内存在微量元素平衡失调的现象，如肺癌与锌、硒低而铬、镍高有关；肝癌与锰、铁、钡低而铜高有关。硒具有调节癌细胞的增殖、分化的作用，可抑制体内癌细胞的浸润、转移，以延缓癌症的复发。铜元素可直接杀伤癌细胞，又可抑制癌细胞DNA 的合成，并能促进癌细胞的诱导分化。近年来，科学家发现，锗能促进产生抗癌因子，能诱导分泌白细胞介素-3 和干扰素，刺激机体的抗癌防御功能，抑制肿瘤的生长和扩散。

（七）延缓机体衰老过程

人体的过氧化是细胞破坏导致衰老的主要原因，而锌、硒、铜、锰等元素具有清除导致细胞老化的过氧化物质，锰、铜、锌还是超氧化物歧化酶的重要成分，这种酶能破坏自由基，发挥抗衰老作用。硒的主要功能是增加谷胱甘肽过氧化物酶的活性，从而达到延缓衰老的目的。

六、膳食纤维

膳食纤维是一类多聚物的混合体，是不被人体肠道消化吸收的植物成分，包括纤维素、半纤维素、木质素、果胶、黏液和树胶等。它们虽不能被人体消化和吸收，却是人体必需的营养素之一，有利于营养物质的消化、吸收，具有预防多种疾病的作用。

（一）生理作用

1. 产生饱腹感

膳食纤维进入消化道后，在胃内吸水膨胀，产生饱腹感，延缓胃的排空速度，从而降低小肠对营养素吸收的速度，可以抑制多食并抗饥饿，有助于糖尿病患者和肥胖者成功地控制饮食量。

2. 降低血脂的作用

膳食纤维进入人体后能与胆汁酸、胆固醇等结合成不被人体吸收的复合物，因此，其能阻断胆固醇和胆汁酸的肠肝循环，减少肠道对胆固醇的吸收，从而促进胆汁酸和胆固醇随粪便排出，降低血胆固醇水平，有助于预防冠心病和胆石症的发生。此外，膳食纤维还具有结合锌的能力，从而降低锌、铜比值，对心血管系统有保护作用。

3. 降糖作用

膳食纤维在进入胃肠道后如同海绵一样吸水膨胀成凝胶状，从而增加食物的黏滞性，延缓食物中葡萄糖的吸收。另外，膳食纤维还可增加胰岛素的敏感性，减轻胰岛素抵抗，增加胰岛素的降糖作用。

4. 清除肠道内“垃圾”和毒素的作用

结肠癌和直肠癌发病率与膳食纤维摄入量呈负相关。膳食纤维在肠道内好像“清道夫”一样，不断地清除肠道内的“垃圾”和毒素，将有害物质排出体外。具体来讲，就是膳食纤维可减少某些致病因子对大肠的刺激，同时减少大便的滞留时间，减少有害物质的吸收和降低其对肠黏膜的损伤。

膳食纤维还可改良肠道菌群，使有用的细菌增加，从而减少某些致癌物的产生和活化，降低肠癌的发病率。

5. 降低龋齿和牙周病的发病率

高膳食纤维增加了咀嚼时间，刺激了唾液的分泌，这就增加了缓冲酸的时间，并有利于口腔和牙齿的清洁。再者，在咀嚼富含纤维素的食物时，纤维素对牙齿和牙龈组织反复摩擦，能按摩牙龈组织，加强血液循环，维护组织健全。此外，纤维素还能清除牙面的糖、蛋白质，可减少龋齿的发生。

6. 利于消化，防止便秘

膳食纤维不经消化就进入大肠，因为纤维素、果胶有强吸附水的能力，故能使粪便变软、体积增大，从而刺激肠蠕动，有助于排便。

（二）供给量与来源

正常成年人每日膳食纤维供给量为10～15克。膳食纤维的来源是植物性食物，包括谷类、豆类、蔬菜、水果、薯类、菌类和藻类等。

膳食纤维虽然有益于人体健康，但也不宜过多。一方面，膳食纤维在减少一些有害物质吸收的同时，也会减少一些营养素的吸收；另一方面，膳食纤维对消化道有刺激作用，会加重胃肠溃疡患者的症状。

七、水

（一）生理作用

1. 机体的重要成分

水占成年人体重的1/3。血液、淋巴和脑脊液含水量在90%以上，肌肉、神经、内脏、细胞和结缔组织含水量为60%～80%，脂肪组织和骨骼含水量在30%以下。

2. 参与物质代谢过程

水是良好的溶剂，能使物质溶解，加速化学反应。物质的消化、吸收、生物氧化及排泄都需要水的参与，否则不能正常进行。

3. 调节体温

水的比热高，使血液在流经体表部位时不会因环境温度的差异导致血液温度发生大的改变，有利于体温保持稳定。此外，排汗有利于人体在炎热季节或环境温度较高时，通过蒸发散热来维持正常的体温。

4. 体内物质的运输

水的流动性大，水在体内形成体液，人体通过体液循环运输物质。

5. 保持腺体的正常分泌，起到润滑的作用

各种腺体分泌的是液体，若缺乏水，会影响其分泌。这些液体作为关节、肌肉和脏器的润滑剂，维护其正常功能，如泪液防止眼球干燥、关节液可减少运动时关节处的摩擦。

（二）供给量与来源

体内的水分必须保持恒定。在正常情况下，体内水分的出入量是平衡的。体内不储存多余的水分，但也不能缺水。水分多余即排出，若缺少却不及时补充，就会影响正常的生理功能。

一个健康的成年人，一天通过排尿、体表蒸发等途径排出的水分为2000～2500毫升，因此，需摄入同样的水量（包括饮水1300毫升、食物水900毫升、代谢中产生的水300毫升等）。

一个人的需水量还受气候、工作性质等的影响。天热及进行体力工作排汗较多时，需水量较高。能量消耗与需水量成正比，多消耗4.18千焦热量需水1毫升。

第二节 平衡膳食

一、平衡膳食原则

平衡膳食又称健康膳食，是指膳食中所含营养素种类齐全、数量充足、比例适当，既与人体的需要保持平衡，又不会导致热量摄入过多。平衡膳食的目的是促进人体正常生长发育，确保各组织器官和功能的正常活动，提高人体对疾病的抵抗力，进而提高各组织器官的工作效率，延长寿命。

现代医学研究证明，人类各种疾病的发生几乎或多或少都与人体内营养平衡失调有关。所以，人体营养平衡是至关重要的。尤其是当今科学日益发展，化肥、农药广泛使用，食物添加剂在食品加工中广泛应用，高科技生物食品不断开发，保健食品的种类越来越多，而且食品的加工越来越细，导致人类面临着营养失调日趋严重的状况，平衡膳食的意义显得尤为重要。平衡膳食的原则如下所示。

（一）各种营养素的供给平衡

各种营养素能够给人体供给足够的热能，满足生理、生活、劳动的需要。供给充足的蛋白质，全面平衡人体的 8 种氨基酸，以满足机体的生长发育、组织修补和更新的需要；供给各种无机盐，以满足构成机体组织和调节生理功能的需要；供给足够的维生素，以满足调节生理功能，维持正常新陈代谢，增进机体健康的需要；供给适量的膳食纤维，以维持正常的排泄及预防某些疾病的需要。同时，要保持摄入与消耗的平衡。现代社会，人们摄入热量过多是普遍存在的问题。因此，在膳食中应注意少油、少糖和限量。

蛋白质、脂肪和糖是人体的三大能源物质，在膳食中含量最多，它们在人体代谢过程中关系密切，其中最主要的是糖和脂肪对蛋白质的节约作用，即足够的糖和脂肪可减少蛋白质作为能源而消耗。但蛋白质供给量不足，单纯提高糖和脂肪的供给量，也不能维持正常的平衡状态。所以，只有蛋白质的供给量达到最低需要的量以上，糖和脂肪才能充分发挥它们对蛋白质的节约作用。也只有糖和脂肪达到最低需要的量以上，蛋白质才能发挥作用。此外，热量摄入应与性别、年龄、劳动强度及生理需要相匹配，摄入与消耗呈动态平衡。

（二）氨基酸平衡

食物中蛋白质所含的色氨酸、苯丙氨酸、赖氨酸、苏氨酸、蛋氨酸、亮氨酸、异亮氨酸和缬氨酸为人体所必需的 8 种氨基酸，应种类齐全、数量充足、比例适当，而且还应有一定比例的非必需氨基酸。一般来说，必需氨基酸和非必需氨基酸的比例应为 4∶6。一般在肉、蛋、奶等动物性食品和豆类食品中氨基酸含量充足、比例适当，故肉、蛋、奶和豆类食品的营养价值较高，而粮谷等植物性食品中则常有几种氨基酸缺乏，故其营养价值较低。因此，做到动植物食品的合理搭配，实现食物氨基酸互补，达到比例适当，可提高食物蛋白质的利用率和营养价值。

（三）脂肪酸平衡

脂肪可来自动物性食品、粮食、坚果及食用油等多种食品。脂肪主要由甘油和脂肪酸组成。脂肪酸可分为饱和脂肪酸、多不饱和脂肪酸和单不饱和脂肪酸。所以平衡膳食除了维持脂肪的比例，还应维持饱和脂肪酸与不饱和脂肪酸的平衡。膳食中饱和脂肪酸在动物性脂肪（如猪油、牛油和奶油等）中含量较高，过多摄入可导致高血脂、动脉粥样硬化等，故应控制其摄入量。而多不饱和脂肪酸一般在植物性脂肪（如豆油、葵花子油、芝麻油和花生油等）中的含量较高。其中有的多不饱和脂肪酸如亚油酸，是人体不能合成而必须由食物提供的必需脂肪酸。因此，应尽量控制动物性脂肪的摄入量，适当增加植物性脂肪的摄入量。当然，植物性脂肪的摄入也不是多多益善，因为多不饱和脂肪酸在体内氧化易产生过氧化物，具有促进衰老的作用。所以，食用油脂应适量，一般以食用油脂加上其他食物脂肪不超过总热能的 25%为宜。在这个前提下尽量多采用植物油作为烹调用油，其用量一般应至少占全日用油量的一半。

（四）酸碱平衡

在正常情况下，血液酸碱处于平衡状态。含磷、硫和氯等非金属元素较多的食品，在机体内经代谢后可生成酸根，称为酸性食品（如米、面粉、肉、鱼、蛋等）；而含钠、钾、镁、钙等金属元素较多的食品，则在体内氧化，产生带阳离子的碱性氧化物，称为碱性食品（如大多数蔬菜、水果、黄豆等）。膳食中酸性食品和碱性食品应搭配适当，否则一旦超过机体缓冲系统的代偿能力，就会导致酸碱失衡。摄入过多酸性食品可使血液偏酸性，严重时可导致酸中毒。

（五）维生素平衡

脂溶性维生素摄入过多，在体内易造成蓄积，引起中毒，在食用强化食品或口服鱼肝油丸等制剂时应该注意。在我国居民膳食结构中，维生素 A、维生素 D 膳食来源不充分，应注意动物肝脏等食品的摄入。水溶性维生素在人体内储备少，且在烹调加工及贮存过程中易损失、破坏，因而易发生供给不足的问题，应注意膳食补充。维生素 B_2、烟酸等还参与人体内生物氧化过程，同能量代谢有关，因此，在热量摄入增加时也应相应增加这几种维生素的供给量。各种维生素之间也存在互相影响的情况，如维生素 B_1、维生素 B_2 可促进维生素 C 的合成；维生素 B_1 与维生素 B_2 之间也存在相互影响的问题，缺乏维生素 B_1 会影响维生素 B_2 在体内的利用；维生素 E 能促进维生素 C 在肝脏内的存储；缺乏生物素会引起泛酸的缺乏等。

（六）无机盐平衡

膳食中过多的磷酸盐可与食物中的钙结合，使膳食中的钙溶解度降低，影响钙的吸收率。因此，只有膳食中钙、磷的比例适当，才有利于两者的消化吸收。成年人膳食中钙、磷之比为 1∶1.5，儿童为 1∶1。

过量的铜、钙和亚铁离子可抑制锌的吸收。铁与铜在造血过程中起协同作用，铜是合成血红蛋白的催化剂，缺铜也一样会导致贫血。

此外，膳食中膳食纤维过多或脂肪过高或蛋白质缺乏也会影响钙的吸收；食物中过多的草酸、植酸能与某些元素结合生成难溶性物质，可影响钙、铁、锌等的吸收。

二、平衡膳食制度

平衡膳食制度，即合理地安排一日的餐次、两餐的间隔时间、每餐的数量与质量，使进餐与日常作息制度及生理状况相适应，与消化规律相协调，从而提高对食物的消化、吸收和利用程度，提高劳动者的工作效率，并有利于人体健康。

（一）平衡膳食制度的重要性

每个人日常作息时间的不同，决定了其一天内不同时间对热量和营养素的要求也不同。所以根据食用者的具体情况，规定适合其生理需要的膳食制度是很重要的。一旦膳食制度确定，食用者形成相对固定的膳食习惯，就形成了条件反射。只要接近或到了进餐时间，机体就会产生良好的食欲，并预先分泌消化液，保证食物的充分消化、吸收和利用。如果膳食制度不合理，（如一日餐次过多或过少，各餐间隔时间过长或过短）就会影响食欲或造成消化系统功能紊乱，不利于健康。

平衡膳食制度的原则如下。

（1）食用者在吃饭前不产生强烈的饥饿感但有正常的食欲。

（2）所摄取的营养素能被机体充分地消化、吸收和利用。

（3）能满足食用者生理和劳动的需要，保证健康的生活和工作。

（4）尽量适应食用者的工作制度，以利于生产、工作和学习。

（二）平衡膳食制度的要求

1. 两餐的间隔时间

两餐的间隔时间要适宜，间隔时间过长可引起明显的饥饿感甚至胃痛、血糖下降，工作能力也随之下降，长期的长时间空腹还可导致胃炎或胃溃疡。间隔时间太短则无良好的食欲，会使进食和消化液分泌减少，影响食物的消化与吸收。通常，两餐间隔以 4～5 小时为宜，一日进食四餐比三餐好。按我国居民的作息习惯，一日进食三餐，两餐间隔 5～6 小时，也是比较合理的。

2. 食物的分配

一日食物的分配应与作息时间相适应。中国民间流传“早餐要吃好，中餐要吃饱，晚餐要吃少”，西方国家流传“早餐吃得像皇帝，中餐吃得像伯爵，晚餐吃得像乞丐”，都生动浅显地揭示了这个道理。三餐热量的合理分配如下。

（1）早餐热量占全天总摄入量的 30%，以含蛋白质、脂肪的食物为主，辅以含维生素的食物，以满足上午工作的需要。我国部分地区的早餐以白粥加咸菜为主，热量分配偏低，有的仅占全日总热量的 10%～15%，这与上午 4～5 小时的工作消耗不相适应。而西式早餐以牛奶、面包为主，辅以煎鸡蛋、新鲜水果或鲜榨果汁，含较高的热量和维生素，值得我们借鉴。

（2）午餐热量占全天总摄入量的 40%，糖、蛋白质和脂肪的供给均应增加。因为中餐在三餐中有承上启下的作用——既要补偿饭前的热量消耗，又要储备饭后工作的需要，所以在全天各餐中应占热量比例最多。

（3）晚餐热量占全天总摄入量的 30%，应多供给含糖多的食物及谷类、蔬菜等易消化的食物，而富含蛋白质、脂肪的食物应少吃。因蛋白质和脂肪提供热量多，且较难消化，晚餐后的热量消耗又大大降低，易使热量积累而致肥胖，同时影响睡眠。

三、居民平衡膳食指南

近年来，我国居民的膳食状况明显改善，儿童及青少年平均身高增加，营养不良患病率下降。同时，我国居民膳食结构及生活方式也发生了重要变化，与之相关的慢性非传染性疾病，如肥胖、高血压、糖尿病和血脂异常等的患病率增加，这些疾病已成为威胁国民健康的突出问题。

为给居民提供最根本、准确的平衡膳食信息，指导居民营养合理、保持健康，由国家卫生计生委疾控局发布了《中国居民膳食指南（2016 版）》（以下简称《指南》）。

《指南》以最新的科学证据为基础，论述了当前我国居民的营养需要及膳食中存在的主要问题，建议了实践平衡膳食获取合理营养的行动方案，对广大居民具有普遍指导意义。

《指南》由一般人群膳食指南、特定人群膳食指南和中国居民平衡膳食实践三部分组成。同时推出了中国居民膳食宝塔（2016）、中国居民平衡膳食餐盘（2016）和儿童平衡膳食算盘等三个可视化图形，指导大众在日常生活中进行具体实践。这里只介绍一般人群膳食指南和平衡膳食宝塔。

（一）一般人群膳食指南

1. 食物多样，谷类为主

每天的膳食应包括谷薯类、蔬菜水果类、畜禽鱼蛋奶类和大豆坚果类等食物。平均每天摄入 12 种以上食物，每周 25 种以上。每天摄入谷薯类食物 250～400 克，其中全谷物和杂豆类 50～150 克，薯类 50～100 克。

食物多样、谷类为主是平衡膳食模式的重要特征。

2. 吃动平衡，健康体重

各年龄段人群都应天天运动、保持健康体重。食不过量，控制总能量摄入，保持能量平衡。坚持日常身体活动，每周至少进行 5 天中等强度身体活动，累计 150 分钟以上；主动身体活动最好每天 6000 步；减少久坐时间，每小时起来动一动。

3. 多吃蔬果、奶类、大豆

蔬菜水果是平衡膳食的重要组成部分，奶类富含钙，大豆富含优质蛋白质。餐餐有蔬菜，保证每天摄入 300～500 克蔬菜，深色蔬菜应占 1/20；天天吃水果，保证每天摄入 200～350 克新鲜水果，不能以果汁代替鲜果；吃各种各样的奶制品，相当于每天摄入 300 克液态奶；经常吃豆制品，适量吃坚果。

4. 适量吃鱼、畜禽肉、蛋

鱼、畜禽肉、蛋的摄入要适量，平均每天摄入总量为 120～200 克。每周吃鱼 280～525 克、畜禽肉 280～525 克、蛋类 280～350 克。优先选择鱼和禽，吃鸡蛋不弃蛋黄，少吃肥肉、烟熏和腌制肉制品。

5. 少盐少油，控糖限酒

培养清淡的饮食习惯，少吃高盐和油炸食品。成年人每天摄入的食盐不超过 6 克，烹调油 25～30 克。控制糖的摄入量，每天摄入不超过 50 克，最好控制在 25 克以下。每日反式脂肪酸的摄入量不超过 2 克。

足量饮水，成年人每天 7～8 杯（1500～1700 毫升），提倡饮用白开水和茶水；不喝或少喝含糖饮料。少年儿童、孕妇、哺乳期妇女不应饮酒。成年人如饮酒，男性一天饮用酒的酒精量不超过 25 克，女性不超过 15 克。

6. 杜绝浪费，兴新食尚

珍惜食物，按需备餐，提倡分餐不浪费。选择新鲜卫生的食物和适宜的烹调方式。食物制备生熟分开、熟食二次加热要热透。学会阅读食品标签，合理选择食品。多回家吃饭，享受食物和亲情。传承优良文化，兴饮食文明新风。

（二）平衡膳食宝塔

中国居民平衡膳食宝塔是根据《指南》的核心内容，结合中国居民膳食的实际状况，把平衡膳食的原则转化成各类食物的重量，便于人们在日常生活中实行。

1. 平衡膳食宝塔说明

（1）膳食宝塔结构。

平衡膳食宝塔共分五层，包含人们每天应吃的主要食物种类。平衡膳食宝塔各层位置和面积不同，这在一定程度上反映出各类食物在膳食中的地位和应占的比重。新的平衡膳食宝塔图增加了水和身体活动的形象，强调足量饮水和增加身体活动的重要性。

（2）膳食宝塔建议的食物量。

平衡膳食宝塔建议的各类食物的摄入量都是指食物可食部分的生重。各类食物的重量不是指某一种具体食物的重量，而是一类食物的总量。

2. 平衡膳食宝塔的应用

（1）确定适合自己的能量水平。

平衡膳食宝塔建议的每人每日各类食物适宜摄入量范围适用于一般健康成年人，在实际应用时要根据年龄、性别、身高、体重、劳动强度和季节等情况适当调整。

（2）根据自己的能量水平确定食物需要。

平衡膳食宝塔建议的每人每日各类食物适宜摄入量范围适用于一般健康成年人，按照 7 个能量水平分别建议了 10 类食物的摄入量，应用时要根据自身的能量需要进行选择。

（3）食物同类互换，调配丰富多彩的膳食。

应用平衡膳食宝塔可把营养与美味结合起来，按照同类互换、多种多样的原则调配一日三餐。

（4）要因地制宜地充分利用当地资源。

我国幅员辽阔，各地的饮食习惯及物产不尽相同，只有因地制宜地充分利用当地资源才能有效地应用平衡膳食宝塔。

（5）要养成习惯，长期坚持。

膳食对健康的影响是长期的。应用平衡膳食宝塔需要养成习惯，并坚持不懈，这样才能充分体现其对健康的重大促进作用。

第三节　体育运动与营养补充

一、运动前的营养

（一）运动前的食物选择

运动前应以高糖类、低脂肪的食物为主，如面包、米饭、面条和水果等，这些食物容易消化，又能提供糖类作为运动时的能量来源。如果运动时间为60～90分钟，可以选择升糖指数较低的食物，如水果、脱脂牛奶、米饭和豆类，这些食物缓慢地被消化成糖类，能够长时间地供应糖类给运动中的肌肉使用。如果运动时间少于60分钟，可以选择升糖指数较高的食物，如面包、运动饮料等，这些食物可以很快被消化并迅速地提供糖类。

高纤维的食物比较容易造成肚子不舒服，因为它们需要比较长的时间才能被消化。有些高纤维的食物也富含糖类，如全麦面包、高纤饼干和某些高纤饮料等，如果食用这些食物后在运动中感觉不舒服，就应该避免在运动前吃这些食物。

（二）运动前的最佳进食时间

进食的时机根据运动时间的变化和食物的种类而有所不同，原则是吃进去的食物可以在运动过程中提供充足的营养和能量，而又不至于造成运动过程中出现肠胃不适。

身体震动比较大的运动，如打篮球、跑步等，对胃内的食物通常比较敏感，少量的食物可能就会令人感到不舒服。这就需要在运动前更早的时候进食，或是减少对食物的摄取，以减轻症状。一般而言，身体震动比较小的运动，如骑自行车和游泳，一般不会受到胃中食物的影响，对于进食的时间和食物的选择有较大的弹性。

1. 上午8时的运动

前一天的晚餐和夜宵必须富含糖类，喝充足的水。经过一夜，肝脏中肝糖的含量已经降低，而在运动前补充糖类可以提高运动能力。在运动前的90～120分钟应吃少量的早餐（如面包加果酱或水果），而避免食用含脂肪多的食物（如包子、油饼），因为这些食物不容易消化，会在胃中停留比较长的时间，也无法提供足够的糖类。若是习惯吃丰盛的早餐，就需要在运动前2～3小时进食，这样机体才有足够的时间消化。如果无法早起，在运动前10～20分钟也可以用运动饮料或是一两片面包补充前一天晚上消耗的肝糖。

2. 上午10时的运动

前一天晚餐必须富含糖类，喝充足的水。在当天7时左右吃丰盛而高糖类的早餐，3小时的时间足够消化这些食物，这样既补充了肝糖，又不会造成肠胃不适，但是应该避免油腻的食物。

3. 午间 12 时的运动

前一天晚餐必须富含糖类，喝充足的水，当天吃丰盛、高糖类的早餐。若是 8 时吃早餐，在 11 时左右可以再吃少量的高糖类点心，如面包、果汁或水果；若是 9 时吃早餐，运动前 10～30 分钟可以再补充一些运动饮料。

4. 下午 4 时的运动

前一天晚餐必须富含糖类，喝充足的水。当天早上 8 时吃丰盛的早餐，中午 12 时吃高糖类的午餐，下午 3 时吃少量高糖类的点心，同时在一天中必须摄取充足的水分。也可以从早上开始每 1～2 小时喝一大杯果汁，补充并维持体内肝糖的含量，运动前 20～30 分钟再以运动饮料做最后的补充。

5. 晚间 8 时的运动

当天吃丰盛而富含糖类的早餐和午餐，下午 5 时吃丰盛而富含糖类的晚餐，或是下午 6 时吃少量但是高糖类的晚餐，避免吃高脂肪的食物，如油炸食物、肥肉等。运动前 20～30 分钟喝 200～300 毫升运动饮料或果汁。在一天中都要摄取充足的水。

二、运动后的营养

（一）糖类的补充

糖原是运动时的主要能量来源之一，存在于肌肉和肝脏中。肌肉中的糖原只能供给肌肉细胞使用，而肝脏中的糖原可以葡萄糖的形式释放到血液中，供给肌肉及身体其他器官所用。体内糖原存量不足以应付运动后所需，是造成疲劳、运动能力降低、无法持续运动的原因之一。运动后体内的糖原存量显著降低，若是没有补充糖原，下次运动时的表现会受到糖原不足的影响。

研究显示，在运动后的 2 小时内，身体合成糖原的效率最高，2 小时后则恢复到平常的水平。因此，如果在运动后迅速补充糖类，就可以利用这段自然的高效率时段迅速地补充体内消耗的糖原。如果下次运动是在此次运动后的 10～12 小时，这段高效率时段则特别重要，因为如果错过这个时段，即使在后续的时间吃进了足够的糖类，身体也可能没有足够的时间完全补充消耗的糖原，使得体内的糖原存量一次比一次低，运动后身体越来越容易疲劳。若是下一次运动在此次运动后的 24～48 小时，即使错过这段时间，接下来只要着重于摄取高糖类的食物，仍然有足够的时间补充所有消耗掉的糖原。

建议在运动后的 15～30 分钟之内进食 50～100 克的糖类（大约每千克体重需要补充 1 克糖类），然后每两小时再补充 50～100 克糖类。正餐及其他运动期间的饮食也应该以摄取富含糖类的食物为主。

（二）肌肉和组织的营养恢复

即使是没有身体接触的运动也会造成肌肉纤维和结缔组织的伤害，而身体接触性的运动，如篮球、足球等会造成更多的肌肉损伤。运动后迅速地补充蛋白质有助于修复受伤的肌肉和组织，受伤的肌肉合成和储存糖原的效率也会提高，因此身体接触性运动或是比赛后受伤的运动员，需要补充更多的糖类，更需要把握运动后两小时的高效率时段有效地补充体内消耗掉的糖原。

三、运动与水

（一）补充水分的必要性

激烈的运动使身体大量流汗，体内液体流失，电解质也随汗液流失。例如，夏季 4 小时的长跑训练平均出汗量可达 3000 毫升。我国马拉松运动员在比赛时的总出汗量为 4000 毫升，平均占体重的 4.9%。若运动前和运动中不补充水分，而运动中又大量出汗，就很容易发生脱水现象。体内缺水主要表现在尿量和体液减少。大约占体重 1%的水分流失会使运动时的体温和心率明显上升。脱水量约占体重的 2%为轻度脱水，主要是细胞外液减少，身体会丧失调节的能力，若没有补充流汗所失去的水分，体温可能会持续上升，进而导致体力丧失。若脱水量占体重的 4%～6%，则肌肉力量及耐力减少，同时引起热痉挛，令长时间活动的能力下降 20%～30%，亦会影响体内无氧代谢的供能过程。脱水对心血管方面的影响，亦会使得血容量下降和血液渗透压升高。低血容量则会导致心排血量下降、排尿量减少、体温升高、血液黏稠度增加及中暑危险增加。若脱水量占体重的 6%以上，则有严重热痉挛、热衰竭、中暑、昏迷甚至死亡的可能。这些数据说明，排汗提高了散热能力，但水分及电解质的流失应立即补充。所以，必须防止或降低脱水程度，而立即补充水分就能改善运动能力。

（二）补充水分的原则和途径

运动中水分的补充应以保持水分的平衡为原则。调整体内水及电解质平衡的唯一途径是喝水或饮料。由于体液是低渗透液，相比之下，运动期间补充水分比补充电解质更重要。在热环境下，正常人不自觉的脱水量为每小时 275 毫升。长时间进行耐力锻炼的人在热环境下的脱水时间拖得越长，对运动能力的影响就越严重，因此，在脱水之前就应补充水分。千万不要等到口渴才喝水，因为当口渴时身体已处于脱水状态了。在持续时间短的运动中，不必特别在饮料中补充电解质，因为运动中补充电解质会提高由运动引起的高渗透程度。

（三）运动不同阶段的补水方法

1. 运动前的正确补水方法

运动饮料主要用来为训练和比赛过程中的运动员补充能量、水分、电解质及维生素等，以预防运动员在高强度运动下消耗能量过多而引起低血糖现象，并用以维持身体在大量出汗的情况下体内水分和电解质的平衡，防止体内电解质的流失而引起的运动能力降低、心律不齐或肌肉抽筋等现象。研究指出，同等渗透压运动饮料比较适宜，其在体内吸收十分迅速，而且能使运动员有效地保持运动功能。

在较长的运动过程中，每小时流汗量可能达 2000～4000 毫升，由于缺水将使身体失去散热能力，所以在耐力性运动前的两小时最好饮用 600 毫升左右的水（可分两次喝）。

2. 运动中的正确补水方法

大部分研究者认为，在运动及比赛期间每隔 15～20 分钟补充 200～300 毫升的水是较为适当的方法。

3. 运动后的正确补水方法

在运动后的恢复期补充水分和运动前的准备同样重要，即使在运动员休息时正常地补充水分，体内水分依然会以汗水的形式大量流失；而肌肉糖原浓度可能也会降低一些，身体会感到虚弱、衰竭，此时正是恢复过程开始的时候。研究表明，运动后愈早开始恢复愈好，此时正确补充水分有助于体力的恢复。可添加葡萄糖聚合物及麦芽糊精（其为容易消化的复合碳水化合物），以增加糖类补充肌肉糖原含量，促使恢复期缩短。

思考

1．人体所需要的营养素有哪几类？
2．运动后如何进行营养补充？
3．平衡膳食原则有哪些？

第四章　体适能与卫生保健

导论

体育锻炼能够增强体质，使身体发育水平、健康水平、对疾病的抵抗能力及对缺氧、高温、寒冷等外界环境的适应能力得到不同程度的提升。体育锻炼有其客观规律。人们只有熟悉和掌握这些客观规律，并将其应用到实际锻炼中，才能达到增强体质的目的。也就是说，只有在遵循体育科学规律的前提下，坚持长期的、不间断的锻炼，体质才能得到改善和增强。

学习目标

1. 了解健康体适能的含义。
2. 知道提高健康体适能的主要方法。
3. 了解运动中的生理反应与处理。
4. 了解运动损伤与处理。

第一节　健康体适能概述

一、体适能概述

（一）体适能的定义

体适能是从体育学角度评价健康的一个综合性指标，是指机体执行自身功能的能力，也是机体适应环境（包括自然环境和心理环境）的一种能力。理想的体适能状态是指机体能够精力充沛地从事日常工作，有余力享受休闲的娱乐生活，并能抵抗因运动不足而引发的疾病和应付突发的紧急状况。

（二）体适能的分类

体适能除与日常生活、工作有关外，它和运动技能也有密切关系。体适能根据对象和个人的需求不同，可分为与运动技能相关的体适能和与健康相关的体适能，即运动体适能（本书不重点介绍）和健康体适能。

二、健康体适能

健康体适能偏重于身体的健康状态，是促进健康、预防疾病和增进工作效率的身体要素，主要包括心肺耐力、肌肉力量、肌肉耐力、柔韧性和身体成分五项要素。

（1）心肺耐力是指心脏、肺和血液循环系统将维持生命所需的氧气有效地输送至全身，供肌肉组织进行新陈代谢活动，并产生能量的能力。人体心肺耐力可通过长时间的有氧耐力运动得到改善，它是五项要素中最重要的一项。

（2）肌肉力量是指肌肉一次收缩所产生的最大力量。人体肌群只有得到均衡的发展，才能满足（适应）日常工作与生活的需要。若肌肉力量不足，不但动作效率低，而且易产生肌肉疲劳，甚至会导致运动损伤的发生。同时，还会导致人们形成不良的身体姿势，进而引起身体局部病痛。通过经常性的抗阻力练习可有效地提高人体肌肉力量。肌肉力量和肌肉耐力统称为肌肉适能。

（3）肌肉耐力是指肌肉反复地收缩或维持某一固定用力状态的持久能力。肌肉耐力和肌肉力量既各自独立，又互有联系。家务劳动、步行、上楼梯等，均需要良好的肌肉耐力，它是享受休闲与居家生活的重要基础。

（4）柔韧性是指人体关节的活动幅度。如果具备良好的柔韧性，身体就可以比较灵活地做扭转、回旋、弯曲等动作。柔韧性差，易造成肌肉拉伤、关节扭伤等运动损伤。不明原因的腰背疼痛，常与身体某些肌群的柔韧性差有关。持续10～30秒的缓慢静态伸展活动是提高柔韧性的较好方法之一。

（5）身体成分是指体内各种成分的含量（如肌肉、骨骼、脂肪、水和矿物质等），常用体内各种物质的组成和比例表示。身体成分是反映人体内部结构比例特征的指标。身体成分的测量可分直接测量法和间接测量法。

① 直接测量法主要用于尸体解剖分析人体脂肪含量。活体脂肪成分只能通过间接测量法测量。

② 间接测量法主要有水下称重法、电阻抗法、超声波法和皮褶厚度法。目前，高科技发展普及的先进国家已经采用CT法、磁共振法等进行身体成分的测量。在进行群体测量时，水下称重法的有效性和可靠性较高，常作为效标用来检验其他身体成分间接测量方法的有效性。

第二节　提高健康体适能的主要方法

一、心肺耐力及其锻炼方法

（一）心肺耐力的定义

心肺耐力是健康体适能中最重要的成分之一，它反映了由心脏、肺、血管和血液组成的呼吸与血液循环系统向肌肉运送氧气和能量物质，维持机体从事运动的能力。拥有良好心肺耐力的人通常也具有较好的运动耐力和有氧运动能力。

（二）提高心肺耐力的锻炼方法

1. 有氧运动形式

有氧运动是指人体需氧量和摄氧量达到动态平衡的运动。在做有氧运动时，体内较少产生乳酸堆积，心率和呼吸保持在较为稳定的状态，因而有氧运动持续运动时间长、安全性高、脂肪消耗多，有利于改善心血管系统的功能。

2. 有氧练习的方法

（1）综合练习。

综合练习是由几种不同的锻炼内容所组成的，如第一天是跑步、第二天为游泳、第三天骑自行车。综合练习的一个优点是能避免长期进行同一种练习的枯燥感，并且可以防止身体局部的过度疲劳。

（2）持续练习。

持续练习是指长时间、长距离、慢节奏的中等强度的练习，是最受欢迎的心肺锻炼方法之一。一次锻炼时间可持续 40～60 分钟。

（3）间歇练习。

间歇练习是指重复进行练习，且练习的强度、持续时间、运动量和间歇时间较固定的锻炼方法。练习内容不同，练习持续的时间也会不同，一般为 1～5 分钟。每次练习后有一个休息期，休息期的时间与练习时间相等或稍长于练习时间。与持续练习相比，间歇练习能使学生完成更大的运动量，且锻炼的方式可以有所变化。

（4）法特莱克练习。

法特莱克练习是一种与间歇练习相似的长距离跑的锻炼方式，但练习时间与休息时间的比例不固定。法特莱克练习的锻炼地点比较随意，可以减少枯燥感。

3. 有氧练习的有效练习强度和频率

健身效果与有氧练习的频率、强度和每次练习的持续时间有关。因此，在进行有氧练习时，练习者要科学地控制练习强度和频率。

二、肌肉适能及其锻炼方法

（一）肌肉适能的概念

肌肉适能是指机体依靠肌肉收缩克服或对抗阻力以维持身体姿势和运动的能力，通常表现为肌肉力量、肌肉耐力和肌肉功率等方面。肌肉力量与肌肉耐力是健康体适能的组成部分，而肌肉功率则与运动技能密切相关。

肌肉力量，又称最大肌肉力量或者绝对肌肉力量，通常以等张、等长或者等速运动条件下肌肉收缩克服或对抗阻力和做功功率的大小表示。

肌肉耐力，通常以静态运动负荷持续时间、动态等张收缩次数或者动态等速运动的功率等表示。

肌肉功率，又称快速力量，特指肌肉在短时间内快速发挥其收缩力量的能力。爆发力是肌肉功率的常见表现形式和评价指标。

这里主要介绍增强肌肉力量的措施与方法。

（二）增强肌肉力量的措施与方法

负重抗阻练习是增强肌肉力量的基本手段，通过长期的渐增阻力的力量练习就可以发展肌肉力量。不论练习者的性别和年龄差异，只要每周进行适当的力量练习，都可以增加肌肉组织含量，提高肌肉力量，促进健康。

根据肌肉收缩的类型，力量练习可分为等张练习、等长练习和等动练习。

1. 等张练习

肌肉以等张收缩的形式进行负重或不负重的动力性抗阻练习，称为等张练习或动力性练习。等张练习是最常用的力量练习法。等张练习能有效地发展动力性力量，改善神经肌肉的协调性。其不足之处是在整个动作过程中不能保证肌肉每一次收缩的负荷都相等，容易造成在某些关节运动角度上肌肉负荷不足。因此，只能按照力量最弱的关节运动角度来安排负荷，这样在整个练习中往往负荷偏小。

2. 等长练习

等长练习与等张练习主要有两个方面的区别：一是等长力量的发展是高度特异性的，如果采用等长练习来发展某一特定动作的力量，可在动作的所有范围内的某几点上进行不同的等长练习，而等张练习在整个动作的关节范围内的肌肉力量都能得到发展；二是大强度等长练习由于血液循环条件不良和憋气等因素的影响，大脑血流量减少，容易引起头晕眼花、引发隐性心脏病发作等不良反应。

3. 等动练习

等动练习，运动训练方法之一，指在特制的等动练习器上进行训练的方法。训练时，动作的速度不变（已被器械固定），器械所产生的阻力与练习者所用的力量成正比，因而能保证在动作的整个振幅中有最大的肌肉负荷量。等动练习有利于力量和速度的全面增长，已在举重、游泳运动中广泛使用。

三、柔韧性及其锻炼方法

（一）对柔韧性的认识

柔韧性是健康体适能的一个重要组成部分。它是指身体各关节的活动幅度，以及关节周围的韧带、肌腱、肌肉、皮肤和其他组织的弹性和伸展能力。

柔韧性特指一个特定关节的一系列可能活动的范围，而且可能与一个关节（如膝关节）或一连串的关节（如脊柱关节）有关。

（二）发展柔韧性的方法与要求

1. 发展柔韧性的方法

发展柔韧性的目的是提高关节周围的肌肉、肌腱、韧带等软组织的伸展性。伸展能力的提高主要是“力”的拉伸作用的结果。这种“力”表现在动作上可分为两种，即主动动作和被动动作，而主动柔韧性练习和被动柔韧性练习都可以分为动力性练习和静力性练习。肌肉伸展方法有三种：主动或被动的静态伸展法、主动或被动的弹性伸展法、本体感受神经肌肉伸展法。

（1）主动或被动的静态伸展法。

主动或被动的静态伸展法是一种行之有效且比较流行的肌肉伸展方法，它是缓慢地将肌肉、肌腱、韧带拉伸到有一定酸、胀、痛感觉的位置，并维持此姿势一定时间。关于在酸、胀、痛的感觉位置停留的最佳时间，目前尚无定论，一般认为10～30秒是一个理想的时间，每块肌肉的伸展应连续重复4～6次。

这种肌肉伸展方法可以较好地控制拉伸时所使用的力量，比较安全，尤其适合于活动少或未经训练的人。它可减少和消除超过关节伸展能力的危险性，避免拉伤，而且由于拉伸缓慢而不会引起牵张反射。

（2）主动或被动的弹性伸展法。

主动或被动的弹性伸展法是指有节奏的、速度较快的、幅度逐渐加大的多次重复一个动作的拉伸方法。主动的弹性伸展是靠自己的力量拉伸，被动的弹性伸展是靠同伴的帮助或负重借助外力的拉伸。在利用主动或被动的动力性伸展法进行练习时，所用的力量应与被拉伸的关节的可能伸展力相适应。如果大于肌肉组织的可伸展能力，肌肉或韧带就会被拉伤。在运用该方法时用力不宜过猛，幅度一定要由小到大，先做几次小幅度的预备拉伸，再逐渐加大幅度，从而避免拉伤。

（3）本体感受神经肌肉伸展法（PNF法）。

本体感受神经肌肉伸展法原先用于对各种神经肌肉瘫痪病人的治疗，直到近年来才被当作正常人改善肌肉柔韧性的伸展方法来使用。现在流行许多不同的本体感受神经肌肉伸展法，包括“慢速伸展—保持—放松法”“收缩—放松法”“保持—放松法”三种。这些方法都包含收缩肌和拮抗肌的支持收缩和放松（如一个10秒推的过程紧接着一个10秒放松的过程）。

以伸展股后肌群为例，“慢速伸展—保持—放松法”有以下几个步骤：仰卧，膝关节伸直，脚踝成90°，同伴帮助推一腿，弯曲髋关节至有轻微酸痛感；此时开始收缩股后肌群以抵抗同伴的推力，在持续10秒以后，放松股后肌群而收缩股四头肌（收缩肌）；同伴再加力帮助伸展股后肌群（拮抗肌），放松过程持续10秒。此时，从这个关节的新角度开始，再一次对抗同伴的推力，这样的过程至少重复三次。

“收缩—放松法”和“保持—放松法”是“慢速伸展—保持—放松法”的变化。在“收缩—放松法”中，股后肌群等张收缩，因此，事实上腿在被推的过程中朝推力的反方向移动；而在“保持—放松法”中，股后肌群做等长收缩。在放松阶段中，这两种方法都包括股后肌群和股四头肌的放松，股后肌群被动伸展。

以上三种方法都可有效地改善身体柔韧性，但主动或被动的弹性伸展法容易引起肌肉酸痛，也存在着肌肉被拉伤的危险，所以很少采用。然而，我们在实际的体育锻炼中都要做弹性伸展，并通过它来提高练习效果，主动或被动的弹性伸展法比较适合经常锻炼的人和运动员。主动或被动的静态伸展法是使用最为广泛的方法，因为这种方法简单、有效、安全，甚至不需要同伴的帮助，通过一段时间的锻炼可有效地提高关节柔韧性。本体感受神经肌肉伸展法在一次伸展过程中可以大大提高关节活动幅度，比主动或被动的静态伸展法的效果更加显著，且不易导致肌肉酸痛或损伤，因此，越来越多的人选择用此方法来改善肌肉、关节的柔韧性。该方法的主要缺点是需要同伴的帮助，无法一个人进行。

2. 柔韧性练习的基本要求

（1）柔韧性的测量方法。

在进行柔韧性练习之前，首先应对身体各关节的柔韧性有所了解。对柔韧性的了解可通过柔韧性测量和评价得知。常见的测量方法有坐位体前屈和立位体前屈等。

（2）柔韧性的练习强度。

柔韧性练习应采用缓慢、放松、有节制和无疼痛的练习，并且只有通过一定的努力才能提高肌肉的伸展度。肌肉的伸展会产生酸胀的感觉，但不应过分伸展而引起不适。

（3）柔韧性练习的时间和次数。

柔韧性练习的时间由练习所采用的伸展方法决定，主要包括重复的次数和伸展时停留的时间。每个姿势持续的时间是逐渐增加的，应从最初的 10 秒，经过一段时间的练习增加至 30 秒，重复次数在 3 次以上。如果是平时体育锻炼时的柔韧性练习，5～10 分钟就足够了；如果是专门为了提高柔韧性的练习或是运动员训练，则必须持续 15～30 分钟。

四、身体成分及其锻炼方法

（一）运动改善身体成分概述

1. 运动改善身体成分的机制

（1）运动可促进脂肪分解。

运动时肌肉对血液中的游离脂肪酸和葡萄糖的摄取和利用增多，促使脂肪细胞释放大量的游离脂肪酸。同时，运动使得血糖大量消耗，使其不能合成脂肪。

（2）运动可降低食欲。

有关研究证实，运动并不能使进食和能量消耗成比例地增加，当运动使能量消耗大于不运动时的 10%和 25%时，瘦人进食增加，而胖人却没有显著的增加。这说明中小强度的运动不会显著影响食欲及热量的吸收。也就是说，既参加运动又不增加食量，对肥胖者能起到控制体重的作用。

（3）运动可增加能量代谢率。

有氧运动加上 15～30RM 重量的抗阻运动，既消耗了脂肪，又增加了肌肉组织。有关资料表明，机体每增加 0.5 千克肌肉组织，一昼夜可增加 125～170 焦的热量消耗。

2. 运动节食减肥的原则

（1）肥胖的预防重于治疗。

经常检测自己的身体成分，改正不良的饮食习惯，如不吃零食、每餐 7 分饱、尽量不在晚上 8 点以后进餐。一般进食后 3～5 小时血液中的脂肪酸最高，而凌晨两点正是熟睡期，胰岛素易将其输送至脂肪细胞，合成脂肪。

（2）坚持运动、节食和行为改变的计划。

在节食的同时，进行有规律的体育运动，培养良好的行为习惯。

（3）有氧运动加力量练习效果最佳。

快走、慢跑、爬楼梯、游泳、球类等有氧运动配合一些力量练习，既消耗了脂肪又能增加肌肉组织含量，是控制体重的理想运动组合方式。

（4）持续的原则。

减肥之初，体重减轻很少甚至不会减轻，很可能是脂肪减少而肌肉增加的原因，这属于正常现象。应按每天练习的数量、强度和持续时间继续坚持锻炼，并留意和记录自己的体重、心率、血压、血脂、胰岛素和尿酸等指标的变化。

（二）改善身体成分的运动处方

1. 健康诊断

在实施减肥处方之前，应先请医生对自己的身体进行检查，看有无肝炎、心肌炎、心律失常、糖尿病、精神病等，逐一进行排查。

2. 处方目标

通过有氧运动和节食的方法，改善身体成分，减少因肥胖患代谢疾病的概率。

3. 处方内容

例如，选择走、跑、游泳、骑自行车等有氧运动和通过采用可逐渐增加重量的哑铃力量练习，每月减少 1 千克体重；通过按设计的处方每天减少摄入的热量，每月再减 1 千克体重等。

4. 运动强度及节食耗热量

减肥宜采用中小强度的运动，可用测得的靶心率、每分钟跑的距离及 40%～50%最大摄氧量进行监测；每天节食耗热量应在 1255～2090 焦之间；也可采用自觉运动强度感觉来衡量运动强度。

5. 持续时间

减肥运动的特点是低强度、长时间，一般应为 30～90 分钟，开始阶段一天的运动量可分两次完成。

6. 运动频率

每周至少 3～5 次，坚持每天活动效果更好。

7. 实施自己的节食计划

经常测试体重，应保持每次测试后的体重比前一次轻，这才能说明能量代谢处于负平衡，可照计划继续进行。

8. 注意事项

（1）注意运动前、后做准备活动和整理活动。

（2）节食不是禁食，应在节食期间调整饮食结构，摄入必需的营养素。

（3）一次运动量不宜过大，一般不超过 90 分钟，热量消耗不超过 2090 焦，否则机体会产生更多的自由基，降低机体的抗氧化能力。

第三节　运动与人体卫生

讲究卫生可减少致病因素对机体的作用，从而预防疾病、保障健康。

一、个人卫生

（一）生活规律

稳定而有规律的日常生活，对于增进健康，提高工作和学习效率，提高运动成绩有积极的作用。在条件允许的情况下，一般应尽量保持生活规律的相对稳定。当然，随着工作、学习、锻炼情况的改变，生活规律也应做相应的调整。

（二）早锻炼

早锻炼的目的在于消除睡眠留下的抑制状态，提高机体各系统的机能，为一天的学习、工作做好准备。早锻炼的内容可根据自己的健康状况进行选择，如做操、跑步等，运动量不宜过大。

（三）皮肤和牙齿卫生

皮肤既是感觉器官又是身体的保护器官。皮肤里的汗腺排出一部分代谢产物能调节体温；皮肤里的皮脂腺分泌皮脂以保持皮肤的滑润。当汗腺孔和皮脂腺孔堵塞时，细菌繁殖，就会引起毛囊炎或疖肿。所以，皮肤必须清洁干净。脚趾间皮肤易脏，最易产生糜烂，也易感染脚癣，要特别注意清洁。患脚癣要积极治疗，不要与他人共用鞋袜和洗涤用具，以免传染。牙齿上的食物残渣是细菌繁殖的基础，易引起牙病和口腔疾病，所以应早晚各刷牙一次。刷牙时应沿着牙缝上下刷，切忌用力横刷，以免损伤牙釉和牙龈。

（四）睡眠

睡眠是生理要求，是消除机体各器官疲劳最有效的方法。睡之前不宜进行剧烈运动，避免进食有刺激的饮料，如浓茶、咖啡等；卧室空气应流通；应保证一定的睡眠时间。当白昼较长、运动量较大或学习负担较重时，应适当增加午睡时间。

二、女性生理卫生

（一）体型

女性体型一般似纺锤形，即肩部较窄、骨盆较宽、下肢较短、躯干相对较长、身体重心低。这种体型适宜做下肢支撑平衡的动作，如体操的平衡木等，但对速度运动、跳高、跳远等动作不利。

（二）肌肉力量

女性骨骼肌重量占体重的比例较男性小 5%左右，且肌肉力量较弱，特别是女性的肩带部和上肢肌肉力量较差，加之肩窄，故女性做悬垂、支撑、摆荡等动作较为困难。因此，女性应加强发展肩带肌肉力量的练习，练习时需加强保护。

（三）脂肪

女性体内脂肪约占体重的 28%（男性约占 18%），皮下脂肪较多，利于游泳等运动。但女性下腹部对冷的刺激很敏感，故在月经期及冬季锻炼时要注意下腹部的保暖。

（四）骨盆

女性骨盆较男性大而轻，除了承重还容纳了子宫及附件。子宫的正常位置依靠子宫三对韧带、腹腔、盆腔一定的压力来维持。因此，一方面，女子从事体育运动时不宜做过多的从高处跳下的练习，即使需要做此练习也要注意落地时的缓冲，以免过分震动影响子宫的正常位置；另一方面，要多做增强腹壁肌、盆底肌的练习，如仰卧起坐、仰卧举腿、直立前后踢腿、大腿绕环、提肛练习等，以维持一定的腹压和盆腔压力，从而维持子宫的正常位置。

（五）关节韧带

女性各关节韧带的弹性及伸展性较好，特别是脊柱椎间盘较厚，因此女性身体的柔韧性及各关节的灵活性较男性好，适宜做“桥”和“劈叉”等动作。但女性身体的柔韧性会随着年龄的增长而降低，应注意保持和发展身体的柔韧性和灵活性。

（六）心血管系统和呼吸系统

女性心脏的体积、容积、每搏输出量、心肌收缩力均较男性小而弱，运动时主要靠加快心率来提高心排血量。此外，女性的血容量、红细胞、血红蛋白含量都低于男性，因此，女性血液运输氧的能力不及男性。女性胸廓、肺容积较男性小，肺活量、最大摄氧量也小于男性；女性呼吸肌力较弱，以胸式呼吸为主且胸廓活动度较小，所以女性在安静或运动时的呼吸频率较快。

综上所述，女性应该根据自身的特点，自觉、合理地参加体育锻炼，以促进身体的生长发育，提高各器官、系统的机能水平，保持匀称健美的体型。

三、体育运动中的医学保健问题

（一）运动与心血管疾病

一般慢性心脏病患者只能从事中、小运动量的体育活动。在心肌炎等疾病的急性期应停止运动，并进行治疗。心脏杂音应区别是有害性杂音还是无害性杂音，后者不应限制体育活动。高血压患者能否参加运动，应视高血压程度及并发症情况而定。血压轻度增高，无自觉症状，心、肾亦无病变，则限制不必过严，可参加适当的运动并积极配合治疗；血压较高且有自觉症状者应避免激烈运动，特别要避免用力闭气、低头、旋转头颈等运动，可参加慢跑、游泳等。

（二）运动与呼吸系统疾病

肺结核患者呼吸循环机能差，极易疲劳，因此肺结核患者对运动必须十分慎重。肺结核活动期禁止参加运动，若陈旧性病灶已钙化多年又无自觉症状，则通常可从事剧烈运动，但仍要十分注意，定期体检。淋巴结核患者原则上同于肺结核患者。

胸膜炎患者在急性期应积极治疗，使积液完全吸收，以免发生胸膜粘连，妨碍呼吸机能。结核性胸膜炎患者在病愈后一年内禁止参加运动。已形成胸膜肥厚的，可参加一般性体育活动。

慢性气管炎、肺气肿、哮喘病患者均应避免大运动量，在冬季过度寒冷或大风天气时则应避免长时间的室外活动。平时可多做呼吸体操，以改善呼吸机能。咯血者必须停止一切体育活动。

（三）运动与消化系统疾病

胃溃疡、胃炎常反复发作的患者，在病情不稳定或有并发症时应停止运动并进行医治，而在间歇期可参加正常的体育活动，平时应注意饮食习惯。

传染性肝炎患者在急性期应隔离治疗，停止运动，卧床休息，在病愈后1～2月内尽量保持安静，避免运动；之后可根据肝功能检查结果和患者自我感觉，逐渐增加运动量。

胆囊炎患者在急性期严禁运动，在慢性期可参加轻微活动。

（四）运动与骨关节病

骨折已完全愈合的患者可参加正常的运动。风湿性关节炎患者在急性期严禁运动，但治愈在无关节肿痛、无活动障碍、全身情况正常且“血沉”现象正常时可参加正常运动。

关节风湿症患者若在运动后或天气变化时有疼痛但无关节肿胀畸形，可进行少量运动，在病情好转后可逐渐增加运动量。

类风湿性关节炎患者应进行医疗体育活动，增强肌肉力量，防止肌肉萎缩，预防或矫正畸形。骨关节结核患者在治愈后一般不能参加大运动量的活动。

（五）运动与其他疾病

急性中耳炎和慢性中耳炎患者在病症发作时，禁止参加体育运动。慢性中耳炎患者应设法根治，在根治前可参加中小运动量的活动，在游泳时要防水入耳。慢性鼻窦炎患者不宜在严寒、大风等条件下从事室外运动。冬季在进行室外运动时应注意正确的呼吸方法，且运动时间不宜过长。

高度近视者应避免参加激烈运动，特别是跳跃运动，以免发生视网膜剥离。腹股沟症患者只能参加小运动量的活动，避免参加增加腹压运动，但术后3个月可开始参加一般性运动，6个月后可参加激烈运动和比赛。急性肾炎患者应绝对休息。一年以内急性胃炎患者或者轻度慢性肾炎患者，均应避免长时间的剧烈运动。月经不规则、痛经的女生，如果经体检无其他异常，以往又有运动习惯者，可参加正常体育运动，但月经期运动量应酌减，症状较重者应进行医疗体育活动和临床治疗。

神经官能症患者，轻者可参加正常体育运动，较重者只能从事中、小运动量的活动，症状严重者应进行医疗体育活动。

四、体育锻炼应注意的事项

（一）剧烈运动后不要立即停止活动，预防重力性休克

人在疾跑时，为了使下肢得到充分的氧气和养料，下肢血管几乎全部开放，流往下肢的血液量大大增加。在跑步过程中，肌肉不断有节奏地收缩，挤压静脉血管，促进血液返回心脏。如果疾跑后突然站住，肌肉停止收缩，心脏仍然把大量血液送到下肢，而下肢血液回流因肌肉收缩的停止而出现困难，导致下肢血液积聚，回心血量减少，同时心脏血液输出量突然减少，从而发生急性脑贫血，以致出现重力性休克。因此在参加剧烈运动后，应结合深呼吸慢跑一阵，再走一走，然后停下来，以防止上述现象出现。

（二）运动中或运动后不要大量饮水

在运动中或运动后，立即大量饮水，会使血液稀释，增加出汗。同时，血量增加会加重心脏的负担，使心脏不能很好地休息。在剧烈运动中和运动前后，均不宜一次性大量饮水。运动时的饮水应以少量、多次为原则，最好饮用淡盐水或含盐饮料，以保持体内的水和电解质平衡。一次饮水量一般不应超过 200 毫升，两次饮水至少间隔 15 分钟。另外，饮水速度要慢，不可过猛。

（三）剧烈运动后不能立即进行冷水浴或游泳

在剧烈运动时，人体的新陈代谢增强，各器官的功能都处于较高水平，体温也较高，如果在运动后立即进行冷水浴或游泳，体温会迅速下降，身体的抵抗力也会因此减弱，容易发生感冒、关节痛。另外，运动时扩张的皮肤血管受到冷水刺激会立即收缩，使循环阻力迅速加大，增加心脏负担。同时，冷水的直接刺激或神经反射作用还会引起恶心、呕吐、腹胀、四肢软弱等不良反应。所以，在剧烈运动后不能立即进行冷水浴，也不能游泳，可用毛巾擦擦汗，休息一会儿，或用温水冲洗。

（四）饭后不要立即进行剧烈运动

饭后血液大部分聚集在盲肠，立即进行剧烈运动对消化器官有不利影响，也妨碍食物的消化吸收。此外，饭后立即进行剧烈运动，会使人体血液分配不当而感到疲乏无力，运动效果也不好。一般体育锻炼应在饭前半小时至一小时结束或者在饭后一个半小时开始。

第四节　运动中的生理反应与处理

人体在运动时必须承受运动量（运动负荷）。运动量犹如作用于人体的一个刺激量，在正常情况下，这种刺激量对促进人体的健康都是有积极作用的，但它并非在任何情况下对人体都是一种良性刺激量。在承受同一刺激量时，由于人体处于不同的生理状态，甚至有时已处于病理状态，就会引起不同的生理反应。锻炼者必须分清这些反应是正常的生理反应还是疾病，以便及时做出正确的处理或者有效的防治，并相应地调整训练计划或运动量。只有这样才能避免不当运动造成的不良后果，使锻炼者保持健康的体魄。

一、肌肉酸痛

（一）症状与原因

在一次运动量较大的锻炼以后或间隔较长时间未锻炼而刚开始锻炼之后，往往出现肌肉酸痛。

其原因是运动时肌肉运动量大，引起局部肌纤维及结缔组织的细微损伤，以及部分肌纤维的痉挛。由于这种细微损伤及痉挛是局部的，因此就整块肌肉而言，仍具备运动功能，但存在酸痛感。在酸痛后，即在肌肉内局部细微损伤修复后，肌肉组织变得较之前强壮，以后同样的运动量将不再酸痛。

（二）处理方法

（1）对酸痛的局部肌肉进行热敷，以促进血液循环及代谢，有助于损伤组织的修复及痉挛的缓解。

（2）对酸痛的局部肌肉进行静力牵张练习，先保持伸展状态 2 分钟，然后休息 1 分钟，重复进行。每天做几次这种伸展练习，有助于缓解酸痛。

（3）对酸痛的局部肌肉进行按摩，使肌肉放松，促进肌肉血液循环，有助于修复损伤及缓解酸痛。

（4）口服维生素 C，可促进结缔组织中胶原合成，有助于加速损伤组织的修复和缓解酸痛。

二、肌肉痉挛

（一）症状与原因

肌肉痉挛是肌肉不自主地强直性收缩，俗称抽筋。在运动过程中，肌肉痉挛最易发生在小腿腓肠肌，其次为足底部的屈趾肌。肌肉痉挛令人疼痛难忍，触之僵硬，邻近关节因疼痛会出现暂时性功能障碍。其原因主要有以下四个方面。

1. 低温刺激

在未做准备活动或准备活动不充分的情况下处于低温环境中运动、训练，肌肉会因低温刺激而兴奋性增高，以致引起肌肉强直性收缩，发生痉挛。这种现象多见于游泳时受到冷水刺激，以及冬季户外活动时受到了冷空气刺激的情况。

2. 电解质的过多丢失

维持肌肉的应激性是电解质的主要生理功能之一。体内电解质的平衡可维持正常的肌肉兴奋性。

3. 肌肉的收缩频率过快

紧张剧烈的运动，肌肉连续过快收缩而放松不够或放松时间过短，可破坏肌肉收缩、舒张的协调性，使肌肉发生强直性收缩而引起痉挛，如在短跑、自行车运动中会经常出现这种情况。

4. 肌肉损伤

运动所致肌肉损伤的结果是 Ca^{++}进入细胞，使细胞内 Ca^{++}增多，从而造成肌纤维收缩失控，引起局部肌肉痉挛。同时，损伤性疼痛亦会反射性地引起肌肉痉挛。

（二）处理方法

牵引痉挛的肌肉是常用的缓解办法。牵引过程中注意用力宜缓，切忌暴力，以防肌肉拉伤；同时，配合局部按摩（如按压、揉、揉捏）、点按穴位（如承山穴、委中穴）等措施，有助于痉挛的迅速缓解。

（三）预防措施

冬季运动时注意防寒保暖；夏季运动时注意及时补充水、盐、维生素 B_1。运动前做好准备活动。游泳时若水温较低，则时间不要过长。对容易发生痉挛的肌肉，可在运动前适当按摩。

三、极点和第二次呼吸

（一）极点

人体在剧烈运动时，由于内脏器官的活动能力落后于运动器官的需要，会产生一种特殊的机能障碍。特别是当运动器官缺氧时，酸性物质堆积在血液中，从而引起呼吸和循环系统活动失调，使人产生一种非常难受的感觉，如呼吸困难、胸闷难忍、下肢沉重、动作迟缓，并伴有恶心等现象。这种运动生理反应称为极点。

（二）第二次呼吸

当极点出现后，应适当减慢运动速度，并注意加深呼吸，坚持下去，这种生理反应会逐步缓解并消失。随后机能将得到改善，氧供应量增加，运动能力也将提高，动作变得轻松有力。这种现象在运动生理学上称为第二次呼吸。当第二次呼吸出现后，循环机能将稳定在新的较高水平。

极点与第二次呼吸是长跑运动中常见的生理现象，无须疑虑和恐惧。只要坚持锻炼，处理得当，极点现象是可以得到缓解和减轻的。

四、运动性腹痛

（一）运动性腹痛的症状与产生原因

运动性腹痛的发生与运动有直接关系，疼痛程度和运动负荷大小及运动强度密切相关。在小运动负荷和低强度运动时，腹痛往往不明显，而当运动负荷和运动强度增加时，腹痛则随之加剧。

腹痛的部位视病变内脏器官所在位置的不同而不同。肝脏淤血肿胀、胆道疾病为右上腹痛；脾脏淤血肿大为左上腹痛；胃痉挛、急慢性胃炎、十二指肠溃疡多为中上腹痛；阑尾炎、髂腰肌痉挛时为右下腹痛；宿便刺激引起肠痉挛为左下腹痛；呼吸肌痉挛则季肋部痛。

腹痛的性质因腹痛原因的不同而有所不同。直接由运动引起的多数为钝痛、胀痛；腹腔脏器有病变者则多为锐痛、牵扯痛、钻顶样痛及阵发性绞痛等。

运动性腹痛的发生和运动者的身体机能状况、训练水平、运动前准备活动情况等因素有关。其有关发病机理主要有以下几个方面。

1. 肝脾淤血

肝脾淤血的发生原因主要是运动者准备活动不够、心脏机能水平低下，以及运动中呼吸动作的协调性较差等。

如果运动前的准备活动不够，则会影响全身各系统器官的机能，使之无法承担运动时所需承担的较大运动负荷。

运动中呼吸动作的不协调、呼吸急促而表浅，可使胸膜腔内压上升，影响腔静脉血液回流，同样可造成肝脾淤血。

2. 胃肠道痉挛或胃肠功能紊乱

运动时胃肠道痉挛，使胃肠壁及肠系膜上的神经受到牵扯而产生腹痛。凡饭后过早参加运动，运动前吃得过饱、喝得过多都有可能产生该现象。

空腹运动，以及运动前吃了容易产气或难消化的食物，都可能因机械刺激胃肠道而引起腹痛。同时，运动尤其在剧烈运动时，大量血液从腹腔内转移到骨骼肌，导致胃肠道缺血、缺氧，加上代谢产物的刺激，更容易引起胃肠道的痉挛和胃肠功能紊乱。

3. 呼吸肌痉挛

运动过程中若未能注意调整好呼吸节奏，呼吸急促、表浅，可使肋间肌、膈肌等呼吸肌收缩紊乱，严重者出现痉挛性收缩，进而引起腹痛。此外，准备活动不充分或不做准备活动，也会影响呼吸肌的活动机能状态，造成呼吸肌缺氧，从而使腹痛加剧。当呼吸加深时，疼痛更加明显。

4. 腹腔内脏器官病变

腹腔内脏器官病变，如常见的病毒性肝炎、胆道疾病、消化道溃疡、炎症及胸部病变等是运动中腹痛的潜在因素。运动可使病变器官受牵扯、震动等刺激而诱发腹痛。

（二）运动性腹痛的预防

全面锻炼可增强人体生理机能。

遵守锻炼的科学原则，循序渐进地增加运动量；合理安排膳食，运动前不宜饱餐或过多饮水；运动前做好充分的准备活动；运动中注意呼吸节奏。

五、过度疲劳

过度疲劳是指在工作或者运动之后，工作能力暂时下降的状态。它是一种因连续疲劳而引起的病理状态。过度疲劳在大学生中多见于过度脑力劳动之后，但也见于劳动或者体育训练之后。体力上的过度疲劳，若是由于训练引起的，也称过度训练。

（一）症状与体征

第一阶段：感觉异常，即自我感觉疲劳，食欲下降，睡眠欠佳，学习效率低下，对锻炼不感兴趣，有厌倦情绪。

第二阶段：体重下降，脉搏加快，心脏机能试验有不良反应，易疲劳，恢复慢，工作能力下降，运动成绩下降。

第三阶段：运动成绩明显下降，各内脏系统功能混乱失调。

在这三个阶段中，一般大学生多见于第一阶段，有些见于第二阶段，而第三阶段除个别特殊情况外，一般很少见。

（二）产生原因

（1）生活无规律，为应付繁重课业或者考试而休息不足。

（2）病后身体尚未恢复，过早为补课而劳累或者为参加某一比赛而过分强化训练。

（3）在参加某些劳动或活动之后，疲劳尚未消除，体力尚未恢复便参加大运动量的训练。

（4）训练不当。常见于部分赛前训练，主要是因为时间紧、任务重、训练缺乏渐进和系统性、运动量大且持续时间长或训练单一等。

（三）处理方法

关键在于早期发现，及时处理。早期处理的主要方法是调整计划、减轻负担、注意休息。在有症状的阶段，必要时暂时停止训练，进行必要的治疗，如药物、医疗体育、按摩等，同时注意调整生活习惯。病后恢复阶段的学习或训练，要逐渐加强，要有适应过程。

（四）预防措施

合理安排学习或训练，注意循序渐进、全面系统地训练，注意饮食，加强生活节制和自我监督，以便及时发现问题。

六、晕厥

晕厥是由于脑部一时性供血不足而引起的突然的、短暂的意识丧失。

（一）症状与体征

晕厥多表现为头昏、眼花、面色苍白、全身乏力、出冷汗，进而出现意识丧失和瞳孔缩小；一般数秒钟内便可恢复，少数人在数小时后清醒，其他异常体征不明显。

（二）产生原因

晕厥多是局部血管因素造成了普遍的暂时性脑缺血并伴有脑干网状结构血流的减少所致。运动造成一时性脑部供血不足的原因不一，较多见于运动员精神过于紧张及情绪波动较大时，如初次参加大赛前表现出的心情过分激动等。此外，当站立时间过长或下蹲后突然站起或从卧位转为立位时，可因血管神经调节功能失调或血管中交感神经的紧张性较低，使下肢血管收缩的反射过程缓慢，加之血液本身的重力作用，致使血液淤滞于下肢，回心血量减少，心输出血量下降，造成脑部一时性缺血。这种反应在举重运动员深吸气后憋气使劲推举杠铃时也常出现，这主要是由于吸气后憋气用力使胸腔及肺内压显著升高，影响了腔静脉血液回流；同时该动作结束后胸膜腔内压突然降低，心脑暂时性的氧、血供给不足，而进一步使血液积聚于大血管中，延迟了正常回流而导致晕厥。而重力性休克多见于短跑、中长跑及自行车、竞走、滑雪等运动，以训练水平及身体素质较差的青少年运动员为多见。

（三）处理方法

对于病情较轻者，只需保持安静，取平卧位，注意保暖，并予以必要的对症处理，口服镇静剂，吃容易消化的食物等；对于心功能不全的患者，应保持安静，取端坐位，给患者吸氧及点掐内关、足三里穴（有昏迷者可加点人中、百会、涌泉等穴）；若发生呼吸、心搏骤停，必须立即就地进行人工呼吸和胸外心脏按压，同时速请医生以做进一步处理。

总之，对于晕厥者，要使其平卧休息，保暖防寒，松解束带及领、袖，给其吸氧和点掐人中、百会、涌泉等穴位，并注意保持呼吸道通畅，神志不清者严禁进食，意识不能迅速恢复者应立即送医院处理。

（四）预防措施

晕厥的预防，首先，在于加强体育锻炼，提高身体素质和机能水平；其次，在训练和比赛中，应结合身体实际情况量力而行。患病期间，可暂停训练，积极治疗并注意休息。伤病初愈者，要注意逐渐增加运动量。凡在重大比赛和大强度训练前均应进行全面深入的体检，对有高血压病史、心血管系统疾病史的患者或有家族病史者，应禁止参加剧烈运动和比赛。此外，饭后要休息 2～3 小时再进行运动和比赛。

七、中暑

中暑是因高热环境或较长时间烈日暴晒而引起的一种急性疾病。

（一）症状与体征

按病情的轻重，中暑可分为以下几种。

1. 先兆中暑

先兆中暑为中暑的最初表现，主要表现为运动后大量出汗、口渴、头晕、眼花、胸闷、心悸、恶心、全身疲乏、四肢无力、注意力不集中，体温正常或略有升高。

2. 轻症中暑

轻症中暑是由于对先兆中暑未及时采取措施所致的。除先兆中暑的表现外，还有体温在 38℃以上、面色潮红、皮肤灼热等症状；因大量出汗表现出早期周围循环衰竭的征象，如面色苍白、皮肤湿冷、血压下降、脉搏细速等。

3. 重症中暑

除有轻症中暑表现外，伴有昏厥、痉挛、高热（高于 40℃），皮肤干燥、无汗。

（二）产生原因

在运动、训练等情况下，体内代谢加快，产热量增加，体热通过皮肤的辐射、传导、对流及呼吸等方式散发到外界，以保持体温的正常。当气温超过了皮肤温度，或环境中有热辐射源，或空气中温度高且通风不良时，皮肤不仅散热困难，还会从外界吸收热，从而造成体内热量蓄积而引起中暑。

中暑多发生在炎热的夏季里进行中长跑、竞走、足球等运动项目。在运动时，身体疲劳、机能低下、缺水、缺盐，因此容易发生中暑。

中暑按产生原因有以下四种类型。

1. 中暑衰竭

运动中排汗量显著增加可导致中暑衰竭。气温愈高、运动强度愈大，出汗愈多。如果此时不及时补充水分、矿物质等，可导致体内脱水、失盐、血液浓缩及血液黏稠度增高，加上外周血管扩张，血容量更显不足，最终引起周围循环衰竭。

2. 中暑痉挛

运动中因出汗过多而大量补充水分，但盐的补充相对不足，体液中盐的浓度降低，从而使肌肉的兴奋性提高，于是肌肉发生痉挛。

3. 日射病

在烈日下运动，不注意保护头部（未戴帽子），使头部直接暴晒，脑部温度上升至40～42℃，造成脑组织损伤、充血和水肿，而体温不升高。

4. 中暑高热病

中暑高热病患者会出现体温急剧升高，早期有大量的冷汗，继而无汗，呼吸浅快，脉搏细速，躁动不安，神志模糊，血压下降。严重者可引起肺水肿、脑水肿、心力衰竭等严重后果。

（三）处理方法

1. 先兆中暑和轻症中暑的处理

迅速使患者脱离热环境，移至阴凉、通风处休息，给予清凉饮料、淡盐水、十滴水、人丹、藿香正气水等，患者可很快恢复。

2. 重症中暑的处理

速将患者移至阴凉、通风处，取平卧位，予以必要的针对性处理。

（1）针对中暑衰竭，应及时补充水分，扩充血容量，纠正循环衰竭。

（2）针对中暑痉挛，应给予含盐饮料或生理盐水，并牵引痉挛肌肉。

（3）针对日射病，可用冰袋或冷水湿敷头部以降温。

（4）针对中暑高热病，应在及时采取降温措施的同时补充水分和盐水。

对有昏迷等较重症状的患者，除进行急救处理（如点掐人中等）外，应迅速请医生或送医院抢救。

（四）预防措施

在夏季或烈日下运动，要加强个人防护，着装应宽松、透气、色浅，戴好防护帽，并事先备好清热、解暑饮料和急救药品。合理安排好运动时间，延长午休时间，避开烈日、高温。室内运动要有通风、降温设备。在身体患病、疲劳或体力不济时，不宜参加运动。

第五节　运动损伤与处理

体育锻炼本身是一把双刃剑，运用得好，人们受益匪浅；运用不当，则会适得其反。因此，我们必须具备科学锻炼的知识，从而享受到体育锻炼之乐趣。只有了解运动损伤的起因、预防和康复训练等问题，才能科学有效地进行体育锻炼。

一、组织损伤

这类损伤可分为开放性损伤和闭合性损伤两类，前者有擦伤、撕裂伤、刺伤等，后者有挫伤、肌肉拉伤、肌腱腱鞘炎等。下面简单介绍一下擦伤和撕裂伤。

（一）擦伤

1. 原因与症状

运动时皮肤受搓致伤，如跑步时摔倒、在做体操运动时身体擦磨器械受伤等，表现为擦伤后皮肤出血或组织液渗出。

2. 处理方法

小面积擦伤用红药水涂抹伤口即可；大面积擦伤可先用生理盐水洗净，后涂抹红药水，再用消毒布覆盖，最后用纱布包扎。

（二）撕裂伤

1. 原因与症状

因剧烈运动或遭到突然的强烈撞击而肌肉撕裂，包括开放伤和闭合伤两种，常见的有眉际撕裂、跟腱撕裂等。开放伤顿时出血，周围肿胀；闭合伤触及时有凹陷感和剧烈疼痛感。

2. 处理方法

针对轻度开放伤，用红药水涂抹伤口即可。若裂口大，则需止血和缝合伤口，必要时注射破伤风抗毒血清，以防破伤风症。若肌腱断裂，则需手术缝合。

二、关节、韧带损伤

（一）肩关节扭伤

1. 原因与症状

这类损伤一般因肩关节用力过猛及反复劳损所致，也有的因技术错误、违反解剖学原理而造成。在投掷、扣球、大力发球时常出现这类损伤。其症状有压痛、疼痛，急性期有肿胀，慢性期三角肌可能出现萎缩，肩关节活动受限。

2. 处理方法

对于单纯韧带扭伤，可冷敷、加压包扎，在 24 小时后采用理疗、按摩和针灸治疗。当出现韧带断裂时，应立即送医院缝合和固定处理。在肩关节肿胀和疼痛减轻后，可适当进行功能性锻炼，但不宜过早活动，以防转为慢性病症。

（二）髌骨劳损

1. 原因与症状

髌骨具有保护股骨关节面、维护关节外形、传递股四头肌力量的作用，是维护膝关节正常功能的主要结构。髌骨劳损是膝关节长期负担过重或反复损伤累积而成的。也可因一次直接外力撞击致伤，如篮球滑步急停、跳高和跳远时踏跳不合理或摔倒受击，都可导致这种损伤。

2. 处理方法

采用中药外敷、针灸、按摩等。平时加强膝关节肌群力量练习，如采用高位静力半蹲，每次保持 3～5 分钟即可。在病情好转后可逐渐增加时间，每日进行 1～2 次。

（三）踝关节损伤

1. 原因与症状

运动中跳起落地时失去平衡，使踝关节过度内翻或外翻致伤。在准备活动不充分、场地不平坦的情况下更易造成这类损伤。其主要症状为伤处疼痛、肿胀，韧带损伤处有明显压痛感，皮下淤血。

2. 处理方法

受伤后，应立即冷敷，用绷带固定包扎，并抬高伤肢。在 24 小时后，根据伤情采取综合治疗，如外敷伤药、理疗、按摩等，必要时采用封闭疗法。待病情好转后进行功能性练习。对严重患者可用石膏固定。

三、关节脱位

（一）原因与症状

受外力作用，关节面失去正常的连接关系，叫关节脱位，又称脱臼。关节脱位可分为完全脱位和半脱位（或称错位）两种。严重的关节脱位伴有关节囊撕裂，甚至损伤神经。运动中发生的关节脱位大都是间接外力撞击所致的。例如，摔倒时用手撑地，引起肘关节或肩关节脱位。

关节脱位后常出现畸形，与健肢不对称，因软组织损伤而出现炎症反应，局部疼痛、压痛和关节肿胀，并失去正常活动功能，甚至发生肌肉痉挛等现象。

（二）处理方法

受伤后，可用长度和宽度相称的夹板固定伤肢。如果没有夹板，可将伤肢固定在自己的躯干或健肢上，防止震动，随后及时送医院治疗。必须指出，如果没有把握做整复处理，切不可随意做整复手术，以免增加伤害。

四、脑震荡

（一）原因与症状

当头部受到外力打击后，大脑管理平衡的膜半规管、椭圆囊、球囊等感受器官功能失调，以致意识和功能的一时性障碍。在体育锻炼时，两人头部相撞，或头部撞击硬物，或从高处跌下时头部撞地，都可能造成脑震荡。

致伤时，神志昏迷，脉搏徐缓，肌肉松弛，瞳孔稍大但能对称，神经反射减弱或消失。清醒后，患者常有头痛、头晕、恶心呕吐感；之后常情绪烦躁，注意力不易集中，耳鸣、心悸、多汗、失眠、记忆力减退等。

（二）处理方法

致伤后，立即让患者平卧，头部冷敷；若昏迷，即指压人中、内关、合关穴；若呼吸发生障碍，立即进行人工呼吸。在进行上述处理后，若患者出现反复昏迷或耳、鼻、口出血，两个瞳孔放大、不对称，则表明病情严重，应立即护送至医院治疗。在运送途中，要让患者平卧，并固定头部，避免颠簸。脑震荡一般都可自愈，无须住院治疗，但要注意休息和必要的药物治疗，保持情绪稳定，减少脑力劳动。在恢复过程中，可定期做脑震荡痊愈平衡试验，即闭目、单腿站立、两臂平举，如果能保持平衡，表明脑震荡已基本治愈。这时，可适当参加体育锻炼，但要避免滚翻和旋转性动作。

五、骨折

（一）原因与症状

运动中，身体某部位受到直接或间接的暴力撞击而造成骨折。例如，在踢足球时，小腿被踢，造成胫骨骨折；摔倒时手臂直接撑地引起尺骨或桡骨骨折；跪倒时可造成髌骨骨折等。

（二）处理方法

若骨折后出现休克，应先进行紧急处理，即点按人中穴，并进行人工呼吸或心脏胸外压；若伴有伤口出血，应同时进行止血和包扎。骨折后暂勿移动患肢，应用夹板或其他代用品固定伤肢，及时护送至医院检查和治疗。

总之，对于以上运动损伤的急救，一是要了解损伤情况，二是要迅速止血、止痛，三是要对损伤部位遮盖、固定和包扎。

思考

1. 提高健康体适能的主要方法有哪些？
2. 怎样进行肌肉锻炼？
3. 如何进行心肺锻炼？
4. 个人卫生包括哪几个方面？
5. 关节脱位的应急处理方法是什么？

第二篇　基础体育运动

第五章　田径运动

导论

田径运动是指由走、跑、跳跃、投掷等运动技能组成的体能运动项目。田径运动历史悠久，群众基础广泛，比赛竞争激烈，无论是古代、现代的奥运会，还是其他的大型综合性运动会，田径比赛都一直是在主运动场上举行、设置奖项最多、竞争最为激烈的竞赛，同时也是最受大众喜爱和最具观赏性的竞赛。田径运动是所有体育运动项目的基础，在世界体育史上始终占据着重要的地位。

学习目标

1. 知道田径运动的分类。
2. 了解跑步运动的技巧。
3. 明白跳跃运动的要点。
4. 知道投掷运动的方法。

第一节　跑步运动

一、短跑

短跑是用最快的速度跑完规定的较短距离，是人体运动器官和内脏器官在大量缺氧的条件下完成最大强度的工作，属于极限强度的运动。短跑是田径运动的基础，是其他运动项目身体训练和技术训练必不可少的手段。

（一）短跑的技术

短跑的全程技术可分为起跑、起跑后的加速跑、途中跑和终点跑四部分。其中，途中跑的距离最长，是全程技术中的主要环节。短跑的成绩取决于起跑的反应速度、起跑后的加速能力，以及保持最高跑速的距离和各部分技术完成的质量。

1. 起跑

起跑的任务是获得较大的向前冲力，使身体迅速摆脱静止状态，为起跑后的加速跑创造有利的条件。

（1）起跑器的安装。

短跑的起跑一般采用起跑器的蹲踞式起跑，目的是使两脚有牢固的支撑，形成良好的预备姿势。

起跑器的安装方法有普通式和拉长式两种。至于采用哪种更好，主要取决于个人的身高、体型、训练程度和技术水平。

（2）起跑技术。

起跑过程包括“各就位”“预备”和鸣枪三个阶段。在听到“各就位”口令后，做几次深呼吸，轻松地走到起跑器前，两手撑地，两脚依次踏在起跑器的抵足板上，有力脚在前，后膝跪地，两手四指并拢和拇指成八字形撑地，两臂伸直，肩与起跑线平行，两手间隔略比肩宽。

在听到“预备”口令后，平稳地抬起臀部，与肩同高或略高于肩，重心前移。肩部稍超出起跑线，重心落在两臂及前腿上。

听到枪声，两手迅速推离地面，两臂屈肘有力地做前后摆动，两脚迅速蹬离起跑器，后腿在蹬离起跑器后迅速屈膝向前上方摆出，同时前腿快速有力地蹬伸髋、膝、踝三个关节。

2. 起跑后的加速跑

起跑时，当前腿蹬离起跑器时即转入加速跑阶段。加速跑时，两臂积极有力地前后摆动，两腿交替用力向后下方蹬地，随着步长的逐渐增加，两脚的着地点逐渐吻合在一条直线上（图 5-1），即转入了途中跑。

图 5-1

弯道起跑时，为了尽快进入弯道跑，加速跑的距离要比直道的距离短一些，较大前倾的身体也要早些抬起。

3. 途中跑

途中跑时，头部正直，上体稍前倾，两臂以肩关节为轴做前后轻松有力的摆动。正确地摆臂不仅能维持身体平衡，而且有助于加快两脚的动作频率和增大步长（图 5-2）。

弯道途中跑时，为了克服离心力的作用，整个身体要向左倾斜，右肩高于左肩，右臂摆幅和力量都大于左臂。当脚落地时，右膝和右脚尖稍向内转，用前脚掌的内侧着地和蹬地；左膝和左脚尖稍向外转，用脚外侧着地和蹬地。

4. 终点跑

终点跑的技术与途中跑基本相同，但要加强两脚蹬地的力量和两臂的摆动，并适当加大身体的前倾。在离终点最后一步时，上体迅速前倾，用胸部或肩部撞过终点线，然后逐渐放慢跑速。

图 5-2

（二）短跑的练习方法

1. 途中跑技术练习

（1）摆臂技术的练习。

两脚前后开立，重心在前脚，原地前后摆臂练习，摆臂要以肩关节为轴（图 5-3）。

图 5-3

（2）中等速度的反复跑技术练习。

要求跑的动作放松、协调，支撑腿充分后蹬、摆动腿积极前摆（图 5-4）。

图 5-4

（3）弯道途中跑技术练习。

在一个直径 15 米的圆圈上跑，先用慢跑、中等速度跑，然后用快跑，体会随着速度的加快，身体向内倾斜程度的不断加大（图 5-5）。

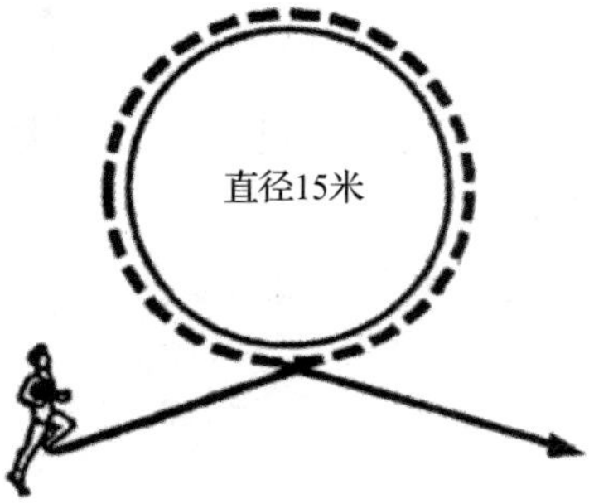

图 5-5

2. 蹲踞式起跑和加速跑技术练习

（1）不用起跑器的蹲踞式起跑练习：从蹲踞开始做起跑动作。

（2）加速跑技术练习：两腿分前后站立，身体前倒，等身体失去平衡时，顺惯性跑出 15～20 米。

（3）利用起跑器按“各就位”“预备”体会起跑的动作要领：主要体会双脚蹬离起跑器瞬间的感觉。

3. 终点跑技术练习

（1）终点撞线技术练习。

慢跑时，上体前倾用胸部做撞线的动作；中等速度跑时，做胸部撞线动作。

（2）终点跑技术要领。

快速跑过终点，不做撞线动作，注意身体适度前倾和加快步频及增大摆幅；在接近终点 1 米处做胸部撞线动作，迅速跑过终点。

在做终点撞线动作时，要防止跳起撞线。在终点撞线后，要逐渐放慢跑速，以防突停而造成伤害事故。

二、跨栏跑

跨栏跑是途中设有固定数量、固定距离和固定高度栏架的短跑项目，也是田径运动中技术较复杂、节奏感较强、锻炼价值较高的项目。

由于跨栏跑在快速的奔跑中要连续跨过一系列有一定高度的栏架，因此，练习跨栏跑可以培养勇敢顽强、不屈不挠的品质。同时，这项集速度、力量、耐力、灵敏性和柔韧性于一身的运动练习，对于身体素质全面发展的促进作用是任何项目都不可替代的。

（一）跨栏跑的技术（以男子 110 米栏为例）

跨栏跑的关键是快。这就要求不仅跑得快，而且完成跨越栏架的一系列动作要快。

正确的技术应当体现出如下几点。

1. 直线性

全程跨栏步的步点要像短跑一样，应当在一条直线上。

2. 平衡性

从攻栏至过栏的一刹那，上体应适当前倾，两臂协调配合，过栏时身体平衡。

3. 节奏感

过栏时，摆动腿、起跨腿、臂和上体的动作应是紧密结合的，任何的间隔与停顿都会破坏动作的完整性。栏间跑要符合短跑的要求，合理地分配各步的长度。

（1）起跑至第一栏跑的技术。

起跑至第一栏的距离为 13.72 米。起跑至第一栏跑的技术，基本上类似于短跑，起跨前一步的技术对完成起跨有直接影响。这一步一般要比倒数第二步小 10～15 厘米。缩短这一步的步长，减少起跨腿的摆动时间，使着地点更接近身体重心的投影点，因此，起跨腿的脚着地会更加积极有力地踏上起跨点，为迅速跨越第一栏做好准备。

起跑至第一栏一般跑 8 步。起跑器的安装方法基本上等同于短跑。如果起跑至第一栏跑偶数步，应将起跨腿放在前面；如果跑奇数步，则将起跨腿放在后面。

（2）过栏。

合理的过栏技术应当是过栏时间短，为栏间跑创造有利条件。

过栏的整个动作通常叫作跨栏步，它是由起跨脚着地起跨开始，到摆动脚过栏后着地为止，包括起跨攻栏、离地过栏和下栏着地三个阶段。跨栏步是跨栏跑中最重要、最基本的技术。

① 起跨攻栏。

在起跨腿的前脚掌正对前方积极着地后，随着身体重心的快速前移，摆动腿迅速向前上方摆动，当身体重心移过垂直部位时，起跨腿迅速蹬直。在蹬离地面的一刹那，上体与髋、膝、踝三个关节几乎在一条直线上。由于两腿蹬摆的积极动作，髋部迅速前移，摆动腿的异侧臂有力地向前伸摆。这样，既可以保证起跨角度适宜（65°～70°），不致过大而造成过栏腾空过高延误时间，又可增加攻栏力量，从而发挥向前的水平速度（图 5-6）。

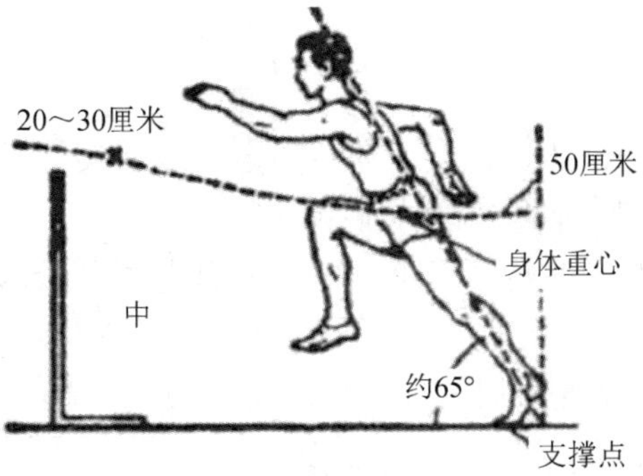

图 5-6

② 离地过栏。

身体腾空后，摆动腿的小腿迅速前摆，在栏上摆动腿几乎伸直，脚尖勾起。这时，上体前倾最大，胸部几乎接近摆动腿的大腿。起跨腿小腿随蹬地后的惯性自然弯曲，在摆动腿压栏的同时，起跨腿以大腿带小腿，脚尖勾起，屈膝外展，膝高于踝，以膝领先收紧小腿经体侧向正前方迅速提拉到胸前，这一瞬间两腿在空中形成一个协调有力的“剪绞”动作。与此同时，已在前伸的摆动腿的异侧臂配合下肢动作由前向侧下、向后方划动，而另一臂则自然地配合，由后摆向前方（图 5-7）。

图 5-7

③ 下栏着地。

摆动腿压栏的动作几乎是擦着栏板进行的。当臀部移过栏架时，伸直的摆动腿更加积极下压，用前脚掌着地（图 5-8）。

图 5-8

（3）栏间跑。

栏间距离为 9.14 米，一般跑 3 步，但因素质、身材不同，也可能跑 4～5 步。如果跑 4 步，就必须学会左、右腿都能起跨，即“左右开攻”。如果能够 3 步跑完栏间距，则必须迅速正确地跑好第一步。一般 3 步距离的分配是第一步最小、第二步最大、第三步居中（图 5-9）。

图 5-9

4. 终点冲刺和全程跑

在跨过倒数第二个栏时，应尽量保持最高速度并开始冲刺。当跨最后一栏时，摆动腿的切栏动作应更加积极，在起跨腿越过栏板后，膝关节不必像前 9 个栏那样抬高至胸前，而是尽快向前落地奋力跑出。在接近终点时，加大上体前倾，其撞线动作与短跑相同。

（二）跨栏跑的练习方法

1. 跨栏步练习

（1）摆动腿的攻摆练习。

① 原地做攻摆练习。

原地站好，起跨腿支撑，摆动腿向前高抬，小腿折叠，然后脚发力，向前踹直后整个身体积极下压，直膝后扒（图 5-10）。

图 5-10

② 行进间做攻摆练习。

开始走着做，然后可以慢跑和高抬腿跑做。

③ 利用木马做攻摆练习。

可以原地做或慢跑做，注意支撑腿距木马的位置可逐渐加远，以做出用力蹬地送髋前移，培养攻栏意识（图 5-11）。

图 5-11

④ 栏侧攻摆过栏练习。

慢跑至栏后方合适位置，起跨腿蹬地的同时，摆动腿屈膝向前抬起，大腿下压落地后，继续跑进，准备过下一个栏（图 5-12）。

图 5-12

（2）起跨腿的过栏练习。

① 原地起跨腿的过栏练习。

两脚前后开立，摆动腿在前，然后将后面的起跨腿向后摆起，接着屈膝外展，足尖勾起，自体后经侧以膝关节领先提拉至体前落下（图 5-13）。

图 5-13

② 利用肋木和栏架练习原地过栏。

手扶肋木站立，体侧纵或横放一个栏架，做起跨腿提拉练习。注意在提拉至体侧后，膝关节尽量抬高，髋关节不能后坐及外转。

（3）跨栏步的练习。

① 利用皮筋练习跨栏步。

在两杆之间系一根皮筋，距地面约 0.8 米，然后练习者慢跑做跨栏步练习。注意做此练习时皮筋不可太紧。

② 利用木马练习跨栏步。

用 4～6 步助跑，做跨跳木马（高 0.6 米）的动作。助跑的最后一步要踏在标志线上，空中体会“剪绞”动作。跑或高抬腿跑接做过栏动作。下栏后继续前跑准备过下一个栏（图 5-14）。

图 5-14

2. 起跑过第一栏技术练习

（1）起跑练习。

采用站立式或蹲踞式，以最高速度跑 8 步，以确定适宜的步长和起跨距离。8 步上栏，起跨腿在前；9 步上栏，则摆动腿在前。

（2）栏前起跑过横杆练习。

在第一栏处放一根横杆，高度因人而异，练习者快速跑过跨越横杆。

（3）蹲踞式起跑跨越第一栏。

在听到信号后迅速起动，高速跑跨过第一栏。要求跑得轻快，起跨积极。

3. 栏间跑技术练习

（1）非标准栏间距离的练习。

站立式起跑，反复跨 3～5 个栏架，栏架高度及栏间距根据练习者的具体情况而调整。

（2）栏间跑 5 步的过栏练习。

这种方法一般为初学者采用，主要体会栏间跑的直线性及节奏感。

第二节　跳跃运动

一、跳高

（一）背越式跳高技术

背越式跳高技术可分为助跑、起跳、过杆和落地这几部分。起跳是决定跳高成绩的关键。

1. 助跑

背越式跳高是用远离横杆的脚起跳的。背越式跳高的助跑，一般为前段跑直线、后段跑弧线。整个助跑跑 8～10 步，弧线约跑 4 步。直线助跑的前几步与普通加速跑相似，只是重心略高些。当转入弧线助跑时，身体要向圆心方向倾斜。

要使全程助跑自然、快速，需要有一个准确的助跑起点，一般用走步丈量法来丈量。在确定起跳点后，从起跳点向助跑一侧平行于横杆的方向自然走 5 步，然后向助跑起点方向走 6 步，在此处做一个标记为直弧段交界处，再继续向前走 7 步做一个标记，即为助跑起点（此方法适用于直线和弧线段都跑 4 步的丈量方法）。

2. 起跳

起跳是跳高技术中最重要的一环。背越式跳高的起跳点距横杆的垂直面为 60～80 厘米，随着高度的升高，起跳点会越来越远。起跳时，一般约与横杆垂直面成 10°～15°夹角，即与助跑弧线的切线方向一致。

3. 过杆和落地

起跳结束后，身体按弧线的切线方向腾起，腾起初期身体应保持起跳动作。当人体腾空后，身体继续转成背对横杆的姿势。摆动腿的膝关节放松，起跳腿蹬离地面后自然下垂，肩继续向横杆伸展，头和肩先过横杆，髋部向上升起充分挺开，两膝关节弯曲，在杆上成背卧反弓形的姿势。髋部伸展动作要延续到臀部越过横杆后，借助后弓的反弹作用，把未过杆的双腿上举，使其越过横杆，身体过杆后肩背首先落于海绵垫子上（图 5-15）。

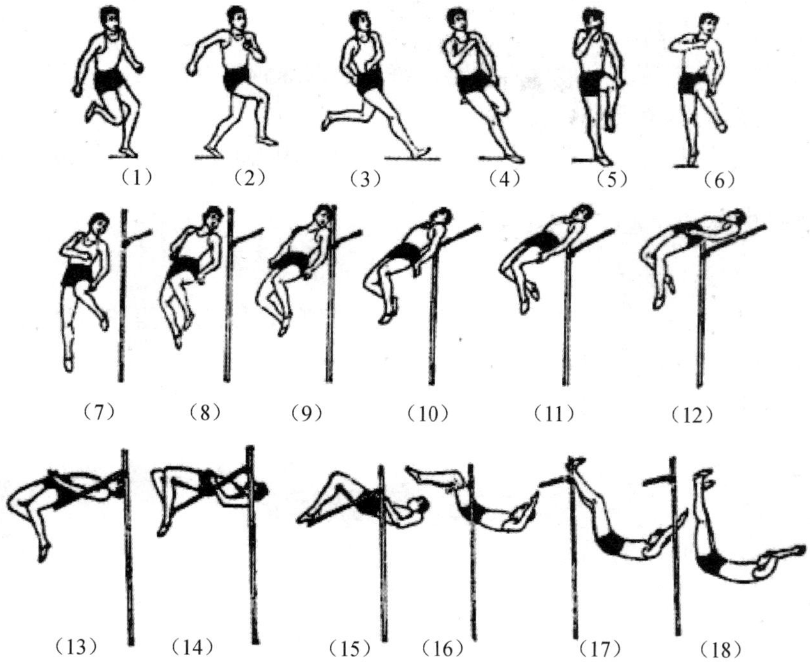

图 5-15

身体越过横杆的一刹那，一定要注意充分伸展髋关节，不要过早收腹举腿，否则会使臀部下降而碰落横杆。

（二）背越式跳高的练习方法

1. 练习掌握起跳技术

（1）原地起跳练习。

① 侧向站立，摆动腿同侧手扶支撑物，做摆腿、送髋和起跳腿蹬伸的练习（图 5-16）。

② 动作基本与①相同，只是把起跳腿放在后面，向前迈一步做此练习，体会起跳腿向前迈步放脚并积极下压落地，在摆动腿配合下积极蹬伸。

（2）行进间起跳练习。

① 助跑两三步，在摆动腿起跳后把摆动腿放在 40～60 厘米高的横梁上。练习时要注意起跳腿的蹬伸和摆动腿及两臂的大幅度摆动。

② 走动中做走步起跳的模仿练习，接着起跳腿蹬离地面完成起跳动作。由于摆臂和摆腿的作用，身体沿纵轴向起跳腿一侧旋转。

2. 练习掌握助跑技术及助跑结合起跳技术

（1）弧线助跑练习。

沿直径为 10～15 米的圆圈做中、快速跑的练习，注意身体向内倾斜，跑的技术与弯道跑相似（图 5-17）。

图 5-16

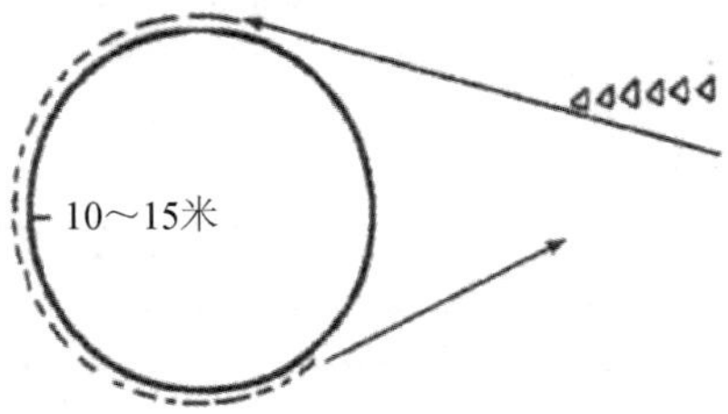

图 5-17

（2）助跑结合起跳练习。

① 沿直径 10～15 米的圆圈做中速跑，每跑三四步做一次起跳，起跳时上体由倾斜迅速转成正直，起跳后提肩、提腰送髋、头向上顶，同时身体转成正对圆心。

② 弧线助跑起跳后，用头触及高物。

③ 弧线助跑在较高的横杆旁起跳，要求垂直向上“旋起”，成背向横杆，在横杆远端落地。

④ 弧线助跑起跳后，坐在垫子上。

注意体会助跑与起跳的结合。

3. 练习掌握过杆与落地技术

（1）原地过杆技术练习。

① 仰卧在垫子或草地上，用两肩和两脚撑地，向上做提髋动作。

② 背对肋木稍下蹲，用手反握与肩同高的横梁，向前做挺髋展腹的动作。此练习也可以在单杠、双杠上做。

③ 后滚翻练习。背对放垫子的跳马站立，提踵挺髋，接着挺胸，两肩后引倒落在垫子上，并顺势成后滚翻练习（图 5-18）。

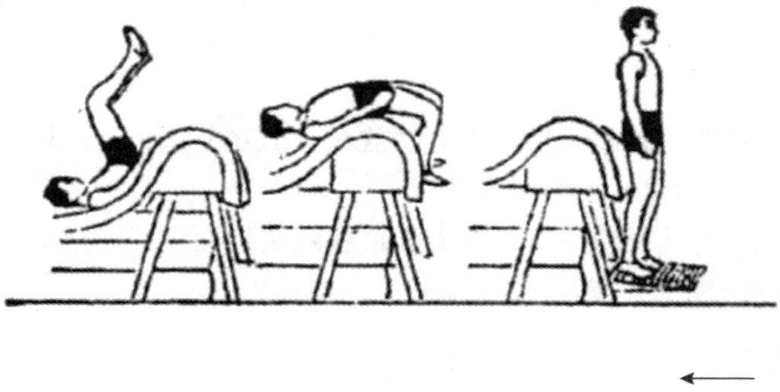

图 5-18

④ 原地背越式跳高。两腿屈膝半蹲，然后用力向上跳起，两臂上摆，肩后引，挺髋，成背越式姿势过杆，在臀部过杆后小腿积极向上甩起（图 5-19）。

图 5-19

（2）过杆与落地技术的完整练习。

① 孤线助跑起跳腾空后背对垫子，双肩积极后引，同时挺髋，身体成反弓形落在垫子上。

② 4 步弧线助跑跳过低杆，要求步点准确有节奏，起跳充分向上，过杆时身体舒展成“桥”，与横杆大致成十字交叉。

二、跳远

跳远是田径比赛的主要项目之一。跳远运动项目场地设备简单，技术也比较好学，在群众中很容易普及。经常从事跳远练习，可以发展人的速度、弹跳力和协调性等身体素质，还可以增进人的健康、增强各器官系统的功能。

（一）跳远的技术

1. 助跑

助跑的目的是获得较高的水平速度，并为准确地踏板和起跳做好准备。

（1）助跑距离。

助跑距离是根据每个人发挥速度的迟早来确定的。发挥速度较快的人，助跑距离可短一些；发挥速度较慢的人，助跑距离可适当长一些。男子一般为35～40米，跑18～20步；女子一般为30～35米，跑16～20步。

助跑距离的确定有两种丈量方法。一是走步丈量法，如果确定助跑16步，就从踏跳板前沿开始往助跑起点走自然步28步，最后一步起跳脚着地点即为助跑起点；二是跑步丈量法，从踏板前沿开始往助跑起点按一定的速度和节奏跑至所需的步数，最后一步起跳脚落点即为助跑起点。

（2）助跑方法。

助跑的开始姿势有两种：一种是从静止开始，采用半蹲式起跑（图 5-20）或站立式起跑（图 5-21），其优点是第一步的步幅和速度比较稳定，有利于提高助跑的准确性；二是从行进间开始，即先走或慢跑几步，踏上起跑点后开始加速跑，其优点是动作比较放松、自然。

图 5-20

图 5-21

起跑后的加速方式也有两种：一是积极加速，二是逐渐加速。无论采用哪种加速方式，都必须遵循一个前提条件，那就是要在起跳前获得最大速度，并有助于踏上起跳板和正确起跳。

2. 起跳

合理的起跳技术要求在最大限度地保持水平速度的同时，使身体获得理想的垂直速度。所以说，起跳是跳远的重中之重。

助跑的最后一步在用摆动腿支撑时，上体要保持正直，起跳腿屈膝并以大腿带小腿向前摆，在支撑的摆动腿刚蹬离地面时，起跳腿应积极下压大腿，以全脚掌着板，当身体重心刚刚移到起跳腿支撑点上方的一刹那，就要用全力蹬伸起跳腿，使起跳腿的踝、膝、髋三个关节伸直，摆动腿积极前摆，两臂配合腿的动作，起跳腿的同侧臂屈肘向前上方摆起，异侧臂屈肘向侧摆，同时提肩、拔腰、挺胸、顶头。

3. 腾空

当起跳腾空后，所做的任何动作都是为了保持身体平衡，推迟着地时间，为落地创造有利条件。

腾空初期的姿势称为腾空步（图 5-22）。在腾空步之后的空中动作，一般有蹲踞式和挺身式两种。

图 5-22

（1）蹲踞式。

在腾空步至最高点时，起跳腿迅速向前与摆动腿靠拢，两臂自然向下摆，上体稍前倾，在空中成蹲踞姿势向前飞进，并借助收大腿使之靠近身体的惯性，把小腿向前伸出。

（2）挺身式。

在腾空步之后，起跳腿放松地放在体后，摆动腿自然下落，两臂向侧下摆动，同时挺身，使体前肌肉群充分拉长，当身体约在整个腾空过程 2/3 的位置时，要用力收腹，上体适度前倾，双腿迅速充分前伸，双臂由侧经后上方向前摆动。

4. 落地

落地前，大腿尽量上举靠近胸部，在将要着地时，小腿积极前伸，双脚接触沙面后迅速屈膝缓冲，臀部前移，上体前倾，双臂积极后摆，使身体重心迅速移过支撑点。

（二）跳远技术的练习方法

1. 助跑与起跳结合的技术练习

（1）原地模仿起跳练习。

练习时，起跳腿迅速蹬直，摆动腿向前上方摆动，身体各部分配合协调。

（2）上步起跳的练习。

摆动腿在前，起跳腿在后，起跳腿向前迈步，摆动腿大腿迅速向前上方摆动，提肩，拔腰，两臂上摆，头向上顶，同时起跳腿用力蹬地跳起。

（3）4～6 步助跑起跳练习。

练习时，要注意快速助跑与强有力的踏跳很好地结合。

（4）中程、全程助跑的起跳练习。

助跑要快速、轻松、平稳、准确，起跳时要充分蹬直踝、膝、髋三个关节。

2. 空中姿势和落地动作练习

因蹲踞式的空中姿势比较简单，而走步式的空中姿势又相对复杂，只有挺身式的空中姿势适合大学生的素质与特点，因此，这里只介绍挺身式跳远空中动作的练习方法。

（1）原地做挺身式的模仿练习，体会放腿和伸腿的展体动作。

（2）上步做上述动作的模仿练习。

（3）由高向下跳的模仿练习：站在 50 厘米或 100 厘米高的跳箱上做挺身或跳远的练习，然后收腹举腿，前伸小腿落入沙坑。

（4）助跑结合弹跳板的挺身练习：助跑后在弹跳板上起跳，做挺身动作落入沙坑。

（5）短程、全程助跑挺身式跳远练习：要求腾空步后下放摆动腿和送髋挺身充分。

3. 跳远技术的辅助练习

（1）立定跳远。

借助双臂大幅度摆动的惯性向前奋力跃出，双脚着地前注意收腹举腿，落在沙坑内或松软的草地上（图 5-23）。

图 5-23

（2）立定三级跳远。

为了获得一定的速度，第一跳之前要多做几次预摆，之后在各跳起跳时一定要使着地的脚掌快速滚动以获得较快的速度（图 5-24）。

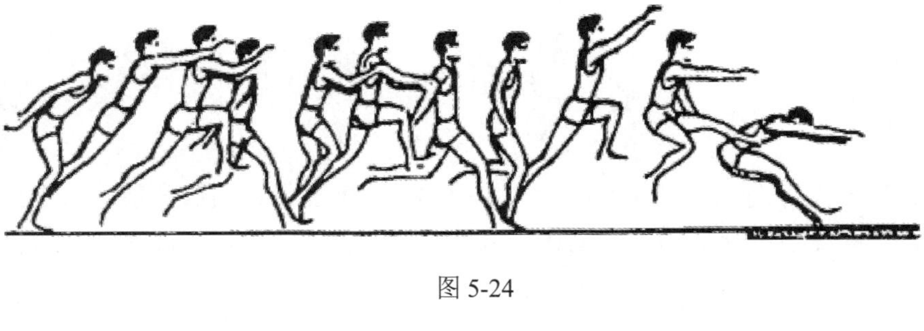

图 5-24

（3）利用跳箱的跳远练习。

跨步跳上一节跳箱后再跳到沙坑或垫子上。

（4）左、右交叉跳。

在一条直线上做左、右腿交叉跳。

（5）蛙跳。

双腿并拢，连续向前跳，注意双臂大幅度前后摆动配合练习。

第三节 投掷运动（铅球）

一、推铅球的技术（背向滑步）

推铅球是在直径为 2.135 米的圆圈内进行比赛。它要求投掷者以单臂从肩上把球推出去，推出去的球要落在 40°的扇形区内。推铅球是一个完整的、连贯的技术动作，技术上可分为握球与持球、预备姿势、滑步、最后用力和维持身体平衡五部分。

（一）握球与持球

1. 握球

五指自然分开，把球放在食指、中指和无名指的指根上，球体重量大部分在食指和中指之间，拇指和小手指扶在球的两侧，手腕背曲，这样可以防止球的滑落（图 5-25）。

2. 持球

握好球后，将铅球放在肩上锁骨窝处，贴着颈部，使球稳定，持球臂屈肘，掌心向前（图 5-26）。

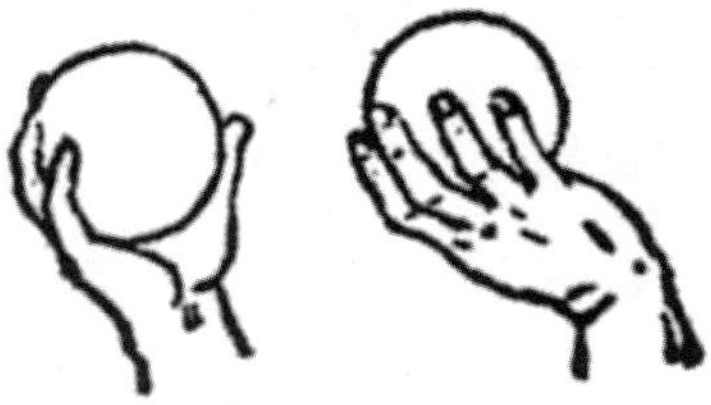

图 5-25

图 5-26

（二）预备姿势

1. 高姿势

持球后背对投掷方向，两脚前后站立，相距 30～40 厘米，右脚在前（右手推球），脚尖靠近投掷圈，左腿在后并自然弯曲，上体正直放松，左臂自然上举（图 5-27）。

2. 低姿势

持球后背对投掷方向，两脚前后开立，距离 50～60 厘米，右脚在前，脚跟正对投掷方向，左脚以前脚掌着地，左臂自然下垂，左肩稍向内扣，两腿弯曲，上体前倾（图 5-28）。

图 5-27

图 5-28

（三）滑步（图 5-29）

滑步前先做一两次预摆，其动作是左腿向上摆起，同时大腿弯曲，左膝靠近右膝成屈膝前俯动作。紧接着左腿以大腿带动小腿向抵趾板方向摆出，同时右脚蹬地，左腿伸直。当右脚蹬地和左腿的摆动结束后，迅速拉收右腿，在收腿的过程中，右脚、右膝向内转动。此时，左腿积极下压，用前脚掌内侧着地。滑步结束时，右脚位于直径线上，左脚尖位于直径线左侧约 10 厘米的地方，重心在右腿上，左臂保持内扣，拉长腰背肌肉，为最后用力做好准备。

图 5-29

（四）最后用力

最后用力是在左脚触地的一刹那开始的。当左脚一着地，右脚积极蹬伸，并向投掷方向转动右膝和右髋。由于髋关节的迅速转动，形成了髋在前、肩手在后的“超越器械”状态。当上体开始向投掷方向转动时，球离开颈部，这时，抬头、挺胸、转肩、推臂，使出全力推球。之后手腕、手指积极推球，使球沿着 38°～42°的角度飞出。

（五）维持身体平衡

铅球离手后，两腿迅速交换，同时上体前倾，右膝微屈，左腿后伸，并向左转体以维持身体平衡，防止犯规。

二、推铅球技术的练习方法

（一）原地推铅球

1. 徒手原地推球练习

面对投掷方向，左脚在前，右脚在后，两脚的距离同肩宽，然后按技术部分的要求完成徒手推铅球的动作（图 5-30）。

2. 持球原地推球练习

侧对投掷方向，两脚开立，以投掷方向为基准，左脚在前，右脚在后，右手持球，左臂自然上举，然后按技术部分的要求完成推铅球的动作（图 5-31）。

（1）（2）（3）

图 5-30

图 5-31

3. 推铅球过横杆

将铅球推过 2.0～2.5 米高的横杆，可先做正面推，然后侧向和背向推，目的是体会出球时有较高的出手点。

（二）背向滑步技术练习

1. 模仿练习

右手成持球姿势，左手拉住与肩同高的肋木做蹬伸右腿练习，体会左腿的后摆和重心的后移。

2. 徒手滑步练习

做徒手滑步时，要与最后用力动作很好地衔接。

3. 滑步推铅球练习

由准备姿势开始，做完整的背向滑步推铅球练习。

（三）推铅球的辅助练习

1. 原地掷球练习

面对投掷方向，两脚前后或左右开立，膝关节弯曲，上体后仰成背弓，重心移到后脚上

（左右开立时，重心在两腿之间）。两手自然张开，拇指相对，持球的后部。投掷时，后脚用力蹬地，两腿迅速伸直，身体重心由后脚移到前脚，收腹屈体，同时，两臂急速前摆，当球摆到头上时，用力甩腕将球投出。

2. 双手向前、向后抛球练习

两脚左右开立，与肩同宽，持球半蹲，然后两腿用力蹬起并伸展躯干，把头抬起，同时把球抛出。两腿蹬直时，脚跟离地，但不能跳起，两腿蹬直和两臂伸直是同时的。

3. 原地正面推球练习

双手持球于胸前，两脚前后开立，向前推球。

思考

1．短跑起跑技术分为哪几部分？
2．途中跑时应注意什么？
3．正确的跨栏技术应表现在哪些方面？
4．跨栏步分为几个阶段？
5．跳高的完整动作由哪几部分组成？哪一部分最重要？
6．跳远中最关键的技术是什么？
7．跳远的空中姿势有哪几种？
8．推铅球的完整动作包括哪几部分？哪一部分最重要？

第六章　篮球运动

导论

篮球运动是双方队员在同一块场地上进行的以投篮为中心的对抗性体育运动。篮球运动由于其参与度高、竞争激烈、观赏性强及其社会功能和教育价值等方面的特点，得到了社会的广泛认可，并且受到了广大人民群众的喜爱，已成为群众健身娱乐的一个重要选择。

学习目标

1. 了解篮球运动的含义。
2. 知道篮球基本技术。
3. 明白篮球战术要点。
4. 记住篮球比赛规则。

第一节　篮球运动概述

自篮球运动产生后，由于它本身所具有的趣味性、竞争性和对抗性的特点，很快就在各地传播开来。

自 20 世纪 30 年代篮球运动登上世界体育舞台之后，规则的不断完善对篮球的技战术提出了更高的要求，因此，篮球比赛日趋激烈。随着技战术的进一步提高和高大队员的相继出现，世界各强队经过近 20 年的努力，开始力争在速度与高度方面取得优势，同时更加注意进攻与防守的平衡。

20 世纪 70 年代，篮球运动形成身高与技术同步发展的基本格局，身体、技术、智力、心理等各对抗因素融为一体，为现代篮球运动奠定了基础。

进入 21 世纪，篮球运动继续向高、快、全、准、变和女篮男子化的方向发展，明星队员更加突出，技战术运用向精炼化、技艺化、智谋化的方向发展。

随着篮球运动的发展，人们将会觉得球场越来越小、比赛时间越来越短、篮球架越来越低、篮圈越来越大、场上变化越来越快、攻守队员身体接触越来越激烈、明星队员的特殊功能越来越突出、女子与男子的对抗形式越来越接近。

1895 年，篮球运动开始了它在中华大地上艰难而辉煌的行程。中国篮球运动的历史可划分为 5 个时期：传入与传播时期（1895—1948 年）、普及与提高时期（1949—1965 年）、停滞时期（1966—1976 年）、恢复与辉煌时期（1977—1994 年）、创新与探索时期（1995 年至今）。我国的一些优秀运动员都曾进入世界最高水平的篮球联赛 NBA 发展。

第二节　篮球基本技术

一、移动技术

移动技术是运动员在比赛中，为了控制身体重心，改变位置、方向、速度和争取高度所采用的各种脚步动作的总称。它是篮球的基础技术，与掌握和运用其他篮球技术，有着密切的联系。

（一）移动的分类

（1）基本站立姿势和起动。
（2）跑：侧身跑、变向跑、变速跑、后退跑。
（3）跳：双脚起跳、单脚起跳。
（4）急停：跨步急停、跳步急停。
（5）转身：前转身、后转身。
（6）跨步：同侧步、异侧步（本书不做详细介绍）。
（7）滑步：侧滑步、前滑步、后撤步。
（8）攻击步。
下面选择几种典型的移动技术进行分析。

（二）移动技术分析

1. 基本站立姿势和起动

运动员在球场上需要保持一个既稳定又便于移动的站立姿势，即基本站立姿势。基本站立姿势有利于迅速、协调地去完成各种攻守技术动作。

基本站立姿势：两脚自然开立，稍屈膝，重心落在两脚间，上体稍前倾而放松，两眼注视全场。

2. 跑

（1）侧身跑。

侧身跑是比赛中队员为了抢位和接球，以及更好地观察场上的情况而经常采用的一种方法。当向前跑动时，脚尖指向跑动方向，头和上体自然地转向有球方向。

（2）变向跑。

变向跑是队员在跑动中突然改变方向、速度来摆脱防守或堵截进攻的一种方法。由右向左变向时，右脚前脚掌内侧用力蹬地，脚尖内扣，上体向左倾斜，移动重心，左脚向左前方跨出并迅速超越（图 6-1）。

（3）变速跑。

变速跑是队员在跑动中利用速度的变换来完成攻守任务的一种争取主动的方法。加速时，利用两脚突然短促而有力地连续蹬地，上体前倾，加快跑的频率，手臂相应地摆动配合；减速时，前脚掌用力抵地减缓向前的冲力，同时上体直起，步幅放大，降低跑速。

（1） （2） （3） （4） （5） （6） （7）

图 6-1

（4）后退跑。

后退跑是在进攻或防守时背向跑动方向的一种跑动方法。

3. 跳

跳是队员在场上争取高度和远度的一种动作方法。队员掌握跳跃的动作要领，有利于提高跳跃的高度和远度，可以加强对球的控制，以便获得更有利的进攻和防守时机。

（1）双脚起跳。

起跳时，两脚开立，屈膝下蹲，上体稍前倾，两臂弯曲后摆。起跳时两脚快速用力蹬地，伸膝提腰和向前上方摆臂，使身体向上腾起。身体在空中自然伸展，维持平衡。落地时用前脚掌先着地，并屈膝缓冲下落的重力，迅速恢复身体平衡，以便做下一个动作。双脚起跳多在原地进行。

（2）单脚起跳。

起跳时，起跳腿微屈前送，用脚跟先着地制动并迅速屈膝过渡到前脚掌用力蹬地，同时提腰摆臂，摆动腿快速上抬。当身体达到最高点时，摆动腿自然下放，与起跳腿并拢。落地时双腿要屈膝缓冲身体重力，保持平衡。单脚起跳多用于跑动中。

4. 急停

急停是队员在跑动中突然制动速度的一种动作方法，它也是随时转换和衔接各种脚步动作的过渡动作。掌握好急停动作直接关系到其他脚步动作的质量。急停分为跨步急停和跳步急停两种。

（1）跨步急停。

当队员在快速跑动中需要急停时，先向前跨出一大步，用脚跟着地并过渡到前脚掌抵住地面，迅速屈膝，腰胯用力，在两脚之间，两臂自然张开，保持身体平衡（图 6-2）。

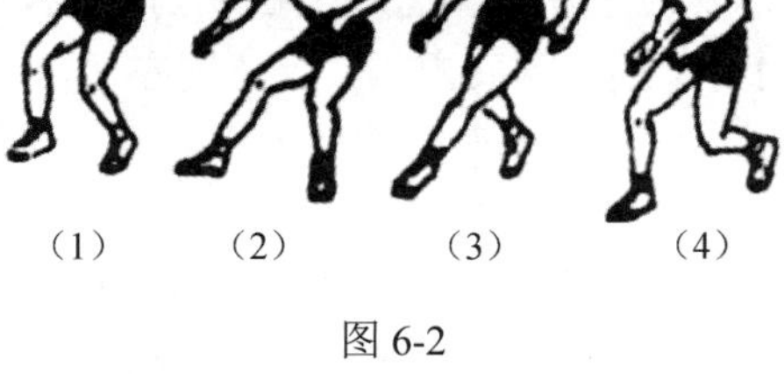

（1） （2） （3） （4）

图 6-2

（2）跳步急停。

在跑动中，用单脚或双脚起跳（离地不要太高），上体稍后仰，两脚同时落地，屈膝降重心，保持身体平衡，重心放在两脚上，以便以任何一脚作轴迅速起动。

5. 转身

转身是队员以一只脚当中枢脚，另一脚用力蹬地，使身体旋转，借以改变身体方向的一种脚步动作。它分前转身和后转身两种。

（1）前转身。

移动脚向中枢脚前方跨步旋转，从而改变身体方向，具体是，两膝微屈，上体稍前倾，重心落在两脚之间偏前脚掌上，向右转身时，右脚为中枢脚，重心移到右脚并用前脚掌为轴用力碾地，同时左脚用力蹬地，以肩带腰向右转动（图 6-3）。

（1）　　（2）　　（3）

图 6-3

（2）后转身。

移动脚向中枢脚后方撤步转动，从而改变身体方向。其方法类似前转身，只是方向相反。转身时，身体重心要保持水平转动，不要上下起伏；转身后，保持身体平衡，以便衔接下一个动作。

6. 滑步

滑步是防守时的一种主要移动方法，常用来堵截对方的移动路线，调整自己的防守位置。滑步一般分为侧滑步、前滑步和后撤步。

（1）侧滑步。

两脚平行站立，两膝较深弯曲，上体微前倾，两臂（根据进攻者的情况）张开。向左侧滑步时，左脚向左跨出一步，落地的同时右脚前脚掌内侧迅速用力蹬地，紧贴地面跟随左脚滑动，两脚保持一定距离。向右侧滑步时，动作相反。滑步时身体不要上下起伏，重心保持在两脚之间。

（2）前滑步。

动作结构和用力过程与侧滑步相同，只不过滑行方向和用力不同（图 6-4）。

（3）后撤步。

后撤步是队员在防守时变前脚为后脚的一种起步方法。撤步时，用前脚掌内侧蹬地，腰部用力向后转体，前脚后撤，同侧臂后摆，同时后脚的前脚掌碾地，当前脚后撤着地后，紧接着滑步，保持合理的防守姿势和位置（图 6-5）。

图 6-4

图 6-5

7. *攻击步*

攻击步是防守队员突然前窜，进行抢球、打球或破坏对方接球、传球、投篮等攻守行动的一种动作。做攻击步时，后脚要猛力蹬地，前脚突然向前跨出逼近对手，重心放在前脚上，用前脚同侧的手臂干扰对方（图 6-6）。

图 6-6

二、传、接球技术

传、接球是篮球比赛中进攻队员之间有目的地转移球的方法，是进攻队员在场上相互联系和组织进攻的纽带，是实现战术配合的具体手段，也是比赛中运用最多的一项技术。

传、接球是传球动作和接球动作相结合，由两个队员共同完成的配合技术。接球是持球进攻的基础，只有接好球才能完成其他进攻动作。

（一）传、接球的分类

双手胸前传球；双手低手传球；双手头上传球；单手肩上传球；单手胸前传球；单手体侧传球；单手背后传球；单、双手反弹传球；双手接球；单手接球；双手接反弹球。

下面选择几种典型的传、接球技术进行分析。

（二）传、接球技术分析

1. 传、接球技术要点

（1）持球手法。

持球手法有双手和单手两种形式，每一种形式又有高手和低手之分。

① 双手高手持球手法：两手五指自然分开，两个大拇指相对成八字形，用指根以上部位握住球的两侧后下方，手心空出（图 6-7）。

② 双手低手持球手法：持球的两侧，两个小拇指相对成八字形，手心空出（图 6-8）。

图 6-7

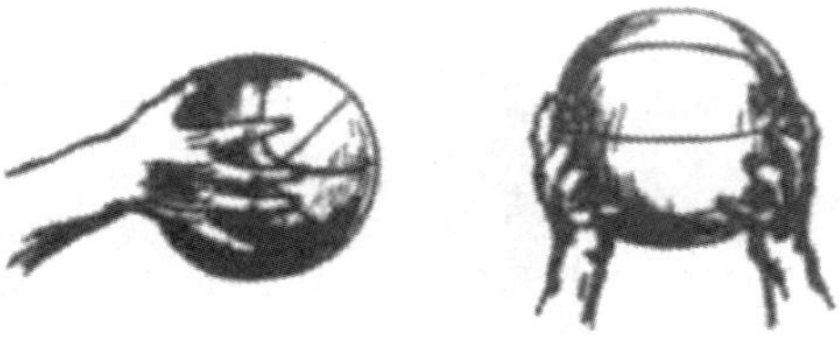

图 6-8

③ 单手高手持球手法：单手五指自然分开，将球置于手上，以指根以上部位接触球，手心向前并空出（图 6-9）。

④ 单手低手持球手法：单手低手持球手法与单手高手持球手法相似，只是掌心向上（图 6-10）。

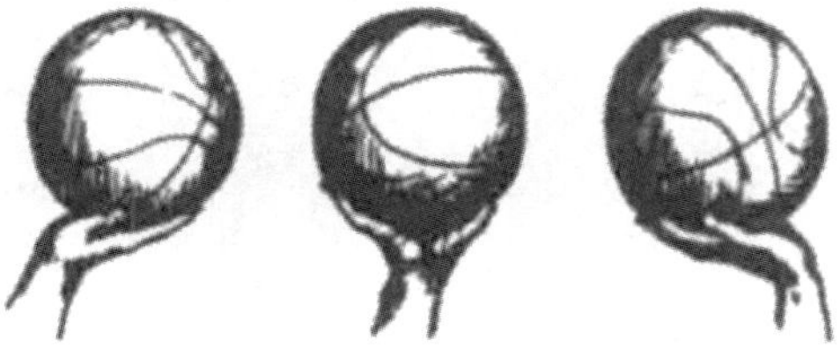

图 6-9

图 6-10

（2）传球手法。

最常见的传球手法有双手传球和单手传球。

① 双手传球的手法。

在双手持球手法的基础上，借助蹬地使身体重心前移的力量，迅速伸臂，同时拇指用力下压，手腕前屈，食指用力拨球，将球向目标传出（图 6-11）。

（1） （2） （3）

图 6-11

② 单手传球的手法。

在单手持球手法的基础上，借助蹬地使身体重心前移的力量，手臂向前方挥动，同时传球臂的手腕迅速前屈，手指快速拨球，使球向目标飞出（图 6-12）。

（1） （2） （3）

图 6-12

（3）接球手法。

接球手法主要包括双手接球和单手接球两种形式。

① 双手接球手法。

接球时，两眼注视来球，两臂伸出迎球，手指自然分开，两个大拇指成八字形，两手成半圆形。当手接触球的瞬间，双臂随球后引缓冲来球的力量，成双手持球姿势（图 6-13）。

（1） （2） （3） （4）

图 6-13

② 单手接球的手法。

伸手迎向来球，当手接触球的同时迅速借来球惯性将球后引至胸前，成双手持球姿势（图 6-14）。

（1） （2） （3） （4）

图 6-14

2. 传、接球技术动作方法

（1）双手胸前传球。

在双手持球的基础上，两臂弯曲，肘关节下垂，持球于胸腹之间，肩、臂、腕肌肉放松。传球时，后脚蹬地，身体重心前移，同时两臂前伸，手腕由下向上翻转，拇指下压通过食指和中指用力弹拨将球传出。出手后，手心向下，手指指向传球方向（图 6-15）。

图 6-15

（2）单手肩上传球。

这是一种常用于中、远距离的传球方法，特别是在抢到后场篮板球或掷后场界外球发动长传快攻时运用最多。在单手高手持球的基础上，右手传球时，左脚向传球方向跨出半步，使左肩对着传球方向，同时将球引到右肩上方，右手持球的后下方。出球时，右脚蹬地的同时转体带动上臂，肘领先，迅速地向前挥臂，手腕前屈，由食指和中指拨球将球传出（图 6-16）。

图 6-16

（3）单、双手反弹传球。

这是一种最常用的近距离隐蔽式传球方式。反弹传球的方法很多（如单手体侧，单、双手胸前，单手背后等），都可以通过地面反弹将球传给同伴，动作方法与其他传球方法相同，只是改变了传球时的用力方向和击球点。传球时向前下方用力，击地点在传球人距离接球人 2/3 处，球弹起的高度一般以接球人的腹部为宜（图 6-17）。

（1）　（2）

图 6-17

（4）双手接球。

这是一种适应面很广的接球方法，可用来接胸部高度、高于胸部或低于胸部离身体较近的各种来球。接球时，两眼注视来球方向，两臂自然伸出迎球，两手成半圆形，掌心向前；当球触及手指时，两臂随球后引缓冲来球力量，两手握球置于胸腹前，准备衔接下一个动作（图 6-18）。

（1）　（2）　（3）　（4）　（5）

图 6-18

（5）单手接球。

这是一种能接离身体较远而来自不同方向球的方法。当右手接球时，注视来球方向，手臂向来球方向伸出迎球，臂微屈，手指自然分开，成勺形；当球触及手指时，手臂顺势后引，另一手迅速扶球，将球置于胸腹之间，准备衔接下一个动作（图 6-19）。

（1）　（2）　（3）　（4）　（5）

图 6-19

（6）双手接反弹球。

接球时迎球跨步，上体前倾，眼睛注视来球反弹的高度，两臂迎球向前下方伸出，五指自然分开，在球刚落地弹起时手指触球，两手握球顺势将球引至胸腹间（图 6-20）。

图 6-20

三、投篮技术

（一）投篮技术的分类

1. 原地投篮

原地投篮有双手胸前投篮、双手头上投篮、单手肩上投篮、单手头上投篮等。

2. 行进间投篮

行进间投篮有单手高手投篮、单手低手投篮、双手低手投篮、反手投篮、勾手投篮等。

3. 跳起投篮

跳起投篮有原地跳起单手投篮、运球急停跳起投篮、接球急停跳起投篮、转身跳起投篮等。

4. 补篮

补篮有双手补篮、单手补篮等。

5. 扣篮

扣篮有原地跳起扣篮和行进间跃起扣篮、单手和双手扣篮、正手和反手扣篮等。
下面选择几种常用的投篮技术进行分析。

（二）投篮技术分析

1. 投篮动作要点

投篮动作包括持球方法、投篮准备姿势、瞄准点、出手动作、球的旋转和抛物线。
（1）持球方法。
持球是完成投篮动作的前提，其方法分为单手持球法和双手持球法两种。
① 单手持球法。
以原地单手肩上投篮为例。由双手持球开始，右手投篮时，五指自然分开，用手掌外沿和指根以上部位托住球的后下方，手心空出，手腕后仰，球的重心落在食指和中指之间，肘关节自然下垂，置球于同侧肩的前上方，左手扶住球的侧下方（图 6-21）。
② 双手持球法。
以原地双手胸前投篮为例。两手五指自然分开，握球两侧的稍后部位，两拇指成八字形，

掌心空出，手腕放松，两肘自然下垂，肩关节放松，置球于胸前（图 6-22）。

图 6-21

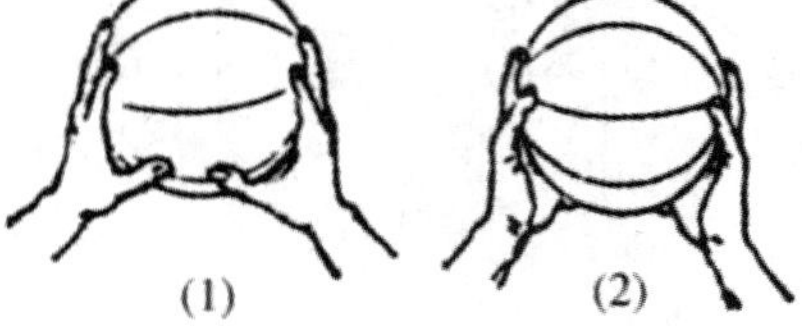

图 6-22

（2）投篮准备姿势。

首先，使身体各部位处于开始工作的适度紧张状态；其次，维持身体重心，使其处于便于投篮动作开始的高度和位置；第三，使身体处于便于由投篮转换为其他技术动作的状态。

进攻队员接球后，必须面向篮圈并抢占有利的投篮位置和保持能投篮、能传球、能运球的进攻姿势。

（3）瞄准点。

瞄准点指投篮时的目标注视点，是提高投篮命中率的重要环节。

投空心篮时，通常是瞄篮圈离自己最近的一点，其优点是有实体目标。投碰板篮时，一般是投篮角度越小，距离越远，弧度越高，碰板点越高；反之，越近则弧度越低。

（4）出手动作。

出手动作指投篮时球最后出手的动作，是完成投篮的最后一个环节。

这个环节对于球是否中篮具有决定性的作用。因为手腕用力、手指前屈、指端拨球，直接影响着球飞行的方向、出手角度、入篮角度和球的旋转。

（5）球的旋转。

球在离手后能正确地旋转，能沿着正确的方向飞行，有助于提高命中率。球旋转的方向和速度取决于手指、手腕的动作。

（6）抛物线。

抛物线指投篮出手后球在空中飞行的弧形轨迹。

以中距离投篮为例，弧线分低、中、高三种。其中，中弧线是投篮命中最适宜的抛物线，因为球飞行弧线的最高点大致与篮板上沿在一条水平线上，球篮的大部分暴露在球的下面，易命中。但是由于投篮的距离、人的高度、投空心篮和碰板篮、防守的干扰和跳起的高度不同，投篮的弧线就有所不同。最好的投篮弧线既能控制球飞行的路线，又适合球进篮的角度。

总之，上述各投篮动作要点是相互影响、相互促进和相互制约的，只有合理地组合起来，才能体现一个完整的投篮技术。

2. 投篮技术动作方法

（1）原地投篮。

① 双手胸前投篮。

双手持球于胸前，肘关节自然下垂，两脚前后自然或左右开立，两膝微屈，重心落在两脚之间，目视瞄准点；投篮时两腿蹬地，腰腹伸展，两臂向前上方伸出，前臂内旋，两手腕同时外翻，拇指下压，使球通过拇指、食指、中指端投出；球出手后，脚跟提起，腿、腰、臂随出球方向自然伸展（图 6-23）。

图 6-23

② 单手肩上投篮。

右手投篮时，右脚在前，左脚稍后，两膝微屈，重心落在两脚之间；右手五指自然分开，手腕后屈持球于右肩上，左手扶球的侧下面；投篮时下肢蹬地发力，身体随着向前上方伸展，同时抬肘伸臂，手腕前屈，手指拨球，使球柔和地投出；球离手时，手臂要随球自然跟送，脚跟微提起（图 6-24）。

图 6-24

（2）行进间投篮。

① 单手高手投篮。

以右手投篮为例。右脚跨出一大步的同时接球，接着左脚跨出一小步并用力蹬地起跳，右腿屈膝上抬，同时举球至头右侧，腾空后上体稍后仰；当身体接近最高点时，右臂向前上方伸直，手腕前屈，食指和中指用力拨球，通过指端将球投出（图 6-25）。

图 6-25

② 单手低手投篮。

这是在快攻中和突破防守切入篮下时最常用的一种方法。

以右手投篮为例。跑动步法与单手高手投篮基本相同，只是在接球后的第二步要继续加快速度，向前上方起跳，右腿提膝，双手向前上方举球；当身体接近最高点时，左手离球，右手掌心向上，五指自然分开托球的下部并充分向球篮的方向伸展，接着屈腕，食指和中指用力拨球，使球向前旋转从指端拨出（图 6-26）。

图 6-26

（3）跳起投篮。

① 原地跳起单手投篮。

起跳前的姿势与原地单手投篮相同，不同的是要在起跳后在空中完成投篮动作。起跳时，两腿迅速屈膝用力蹬地向上起跳，同时双手举球至额前上方，右手托球，左手扶球的侧下方；当身体接近最高点时，保持身体平衡，左手离球，右臂向前上方伸直，手腕前屈，食指和中指用力拨球，通过指端将球投出。落地时，屈膝缓冲，准备下一个动作。

② 运球急停跳起投篮。

在快速运球中突然运用跨步或跳步急停，向上起跳，同时双手持球上举，当身体接近最高点时，伸前臂，屈手腕，食指、中指用力拨球，将球投出。

③ 接球急停跳起投篮。

在快速移动中用跨步或跳步急停接球，用腿、腰、背的力量控制身体重心，突然向上起跳，两手持球迅速上举，当身体接近最高点时，伸臂屈腕，食指、中指拨球将球投出。

四、运球技术

持球队员用单手连续按压和迎引从地面反弹起来的球，称运球。运球是篮球运动中主要的基本技术之一，它是队员控制、支配球和组织战术配合及突破防守的重要手段，是个人攻击的有效方法，也是组织全队进攻战术配合的重要桥梁。

（一）运球技术的分类

（1）高运球。（2）低运球。（3）运球急停、急起。（4）体前变向换手运球。（5）背后运球。（6）运球转身。（7）胯下运球。

（二）运球技术分析

1. 运球技术要点

运球技术要点由队员的身体姿势、手型、手按压球的动作和球的运行及落点等环节组成。

（1）身体姿势。

两脚前后开立，两膝微屈，上体稍前倾，屈肘抬头，非运球手臂屈肘保护。

（2）手型。

五指自然分开，用手指根以上部位触球，掌心空出，手腕放松。

（3）手按压球的动作。

以肘关节或肩关节为轴，带动臂、腕、指主动按压和迎引从地面反弹起来的球。

（4）球的运行及落点。

球的运行方向和速度取决于按压球的部位与力量。按压球的部位不同，球向地面的入射角和从地面反弹起来的反射角也不同；按压的力量不同，球从地面反弹起来的高度和速度也不同。

下面介绍几种比较典型的运球技术动作方法。

2. 运球技术动作方法

（1）高运球。

两腿微屈，上体稍前倾，抬头平视，以肘关节为轴带动臂、腕，手指柔和而有力地按压球的后侧上方；球的落点在运球手臂的同侧脚的外侧前方，球的反弹高度在胸、腹之间，手脚配合要协调。

高运球一般在队员由后场向前推进并无防守阻挠时运用（图 6-27）。

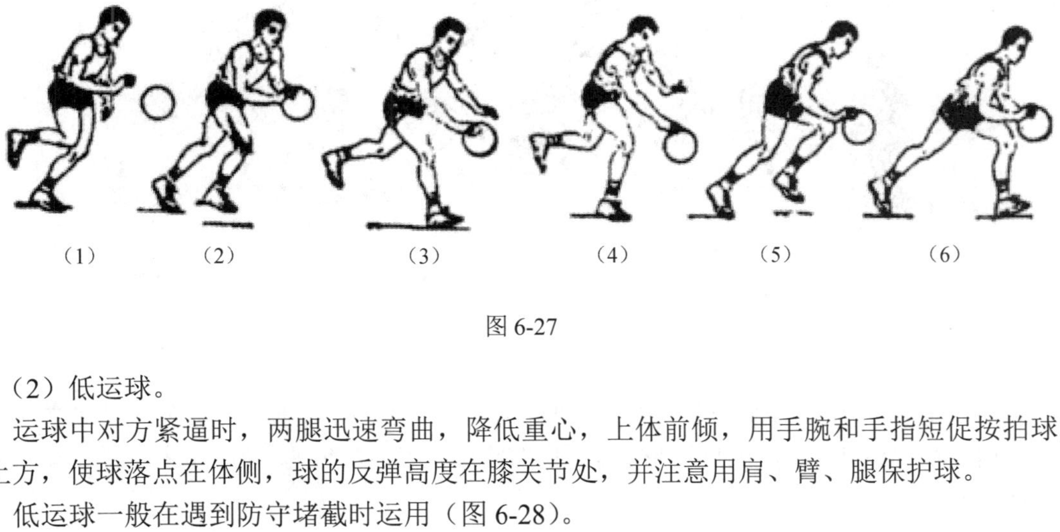

图 6-27

（2）低运球。

运球中对方紧逼时，两腿迅速弯曲，降低重心，上体前倾，用手腕和手指短促按拍球的后上方，使球落点在体侧，球的反弹高度在膝关节处，并注意用肩、臂、腿保护球。

低运球一般在遇到防守堵截时运用（图 6-28）。

图 6-28

（3）运球急停、急起。

运球急停时，要采用跨步急停，屈膝降重心，同时按拍球的前上方，转入低运球，用臂、身体和腿保护好球；运球急起时，后脚用力蹬地，上体快速前倾起动，按拍球的后侧上方，人、球同步快速前进，超越对手。

运球急停、急起一般用于对手紧逼时，利用节奏的变化来摆脱防守（图 6-29）。

图 6-29

（4）体前变向换手运球。

以右手运球为例。从右向左变向突破时，按压球的右后上方，使球经体前右侧反弹至左侧前方，右脚向左脚前方跨出，上体左转，以臂、腿、上体保护球，同时换左手按压球的后上方，左脚跨出并用力蹬地突然加速。

体前变向换手运球一般运用于对方紧逼时，利用突然改变运球方向加速摆脱防守（图 6-30）。

图 6-30

（5）运球转身。

以右手运球为例。运球做转身时，左脚向前跨出一步为中枢脚，置于对手两脚之间，然后右脚用力蹬地后撤，顺势做后转身动作，同时将球拉引至身体的后侧方，换左手运球，从对手右侧突破。

运球转身一般运用于对方贴身防守时，利用运球转身来摆脱防守（图 6-31）。

图 6-31

五、持球突破技术

持球突破是持球队员将脚步动作和运球技术相结合来快速超越对手的一项攻击性很强的进攻技术。若突破技术能与传球、投篮、假动作等结合起来运用，其攻击性和灵活性就更加显著了。

（一）持球突破技术的分类

（1）交叉步持球突破。（2）同侧步（顺步）持球突破。（3）跳步急停持球突破。

（二）持球突破技术分析

1. 持球突破技术要点

（1）蹬跨。

持球队员要从原地突然发挥出速度来，就必须两脚积极有力地蹬地，同时上体前倾，重心前移，以此带动摆动腿迅速跨出。跨出的第一步要大一些，这样不仅可以缩小后蹬腿与地面所成的角度，增加后蹬的力量，而且可能在第一步就超越对手。跨步时脚尖稍转向突破的方向，紧贴对手的身体，抢占有利的突破路线。第一步落地后中枢脚的膝关节要保持弯曲，以利于第二步的蹬地加速。

（2）转体探肩。

在中枢脚开始后蹬和上体前倾的同时，要求转体探肩，其作用主要是加快突破的速度、用上体占据有利的空间位置、超越对手和保护球。

（3）推放球。

在蹬跨、转体探肩的同时，迅速将球引向远离对手一侧的膝部高度，以便及时放球；用上体占据有利的空间位置，超越对手和保护球。

（4）加速。

加速是突破技术的重要环节，在上述三个动作完成后，中枢脚用力蹬地对突破时加速超越对手起着决定性的作用。

2. 持球突破技术动作方法

（1）交叉步持球突破。

以右脚作中枢脚为例。两脚左右开立，屈膝降低重心，持球于胸腹前；突破时，左脚前掌内侧迅速蹬地，上体稍向右转，左肩向前下压，左脚向右侧前方跨出，用右手将球放于右脚侧前方，然后左脚迅速蹬地加速超越对手。

（2）同侧步（顺步）持球突破。

以左脚作中枢脚为例。突破时，左脚前掌内侧用力蹬地，右脚迅速向右侧前方跨出一步，同时上体稍向右转侧身探肩，用右手推放球于右脚外侧偏前方，左脚前掌迅速蹬地跨步抢位，超越对手。

（3）跳步急停持球突破。

跳步急停前，应根据同伴的传球及自己与防守者所处位置的情况，随时做好向两侧或向前做跳步急停的准备。看到同伴传来球，应该迅速向来球方向伸臂迎球，同时由一脚（侧向时用异侧脚）蹬地，两脚稍腾空，向侧方或前方跃出接球，然后两脚先后或同时着地。落地后，两腿屈膝，重心降低，保持身体平衡，保护好球，根据防守队员的位置和情况迅速用交叉步或同侧步突破。

六、防守技术

防守是指防守队员合理地运用各种防守动作，积极抢占有利位置，阻挠和破坏对手进攻，以争取控球权为目的的一种动作方法。积极防守可以阻止对手在有效的攻击区内接球，即使对手勉强接到球，也要使他处于不利的位置。严密的防守不仅能堵截其运球突破，封锁其助攻传球，而且能干扰和破坏其投篮，给其投篮得分造成极大的威胁。

（一）防守技术的分类

（1）防守无球队员。（2）防守有球队员。

（二）防守技术分析

1. 防守无球队员技术要点

（1）位置与距离的选择。

就一般情况来说，防守队员应站在对手与球篮之间内侧的位置上。根据球所在的位置，采取错位防守，与对手保持适当的距离，控制对手摆脱接球和突破（图 6-32）。

（2）选择正确的防守姿势（图 6-33）。

面向人侧向球的站位：一般当球在近处紧逼对手时采用。

防守队员“⑧”时，身体面向对手“⑧”，用眼睛的余光注意球，与前脚同侧的手前伸，切断对手的接球路线；离球远的左臂弯曲，靠近对手，屈膝降重心。眼睛既要看到人，又要能兼顾球，利用上步、滑步、撤步、交叉步、碎步跑等脚步动作，抢占有利的防守位置，堵截对手的移动路线，不让对手到有利的位置上接球。

侧向人面向球的站位：一般当球在远处时为了人球兼顾而采用。

防守队员“⑥”时，身体正面向球，用眼睛的余光注意对手“⑥”的活动情况。

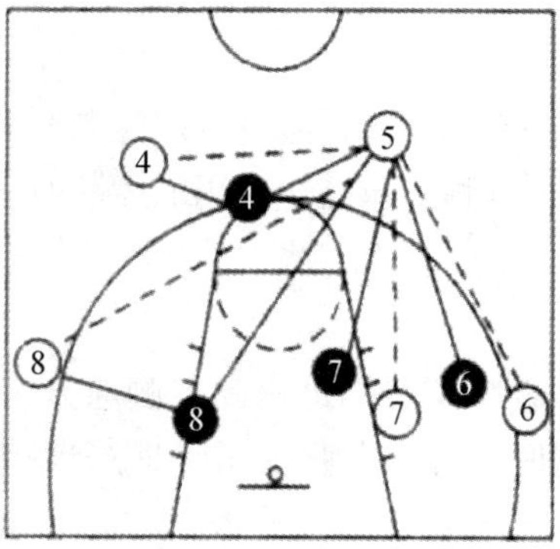

图 6-32

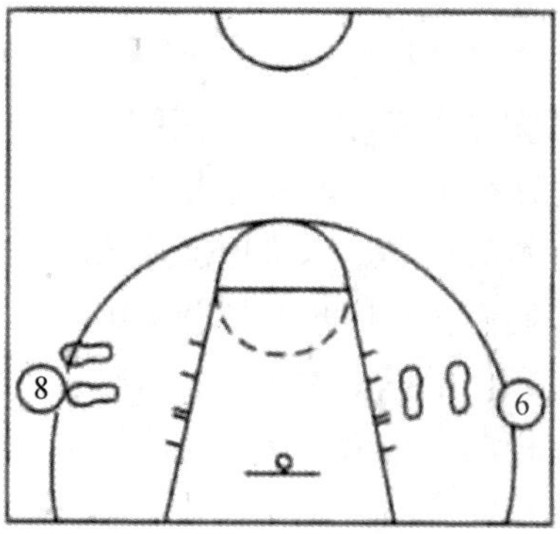

图 6-33

2. 防守无球队员技术动作方法

（1）防纵切（图 6-34）。

队员“⑥”传球给“⑦”，“❻”及时偏向球侧错位防守，当“⑥”向篮下纵切要球时，“❻”应抢先移动，合理运用身体堵截纵切路线，同时伸出左臂封锁接球，迫使对手向远离球的方向移动。

（2）防横切（图 6-35）。

队员“⑧”持球，“⑥”横切要球时，“❻”上左脚，合理运用身体堵截，同时伸出左臂封锁接球，不让其从自己身前横切要球。

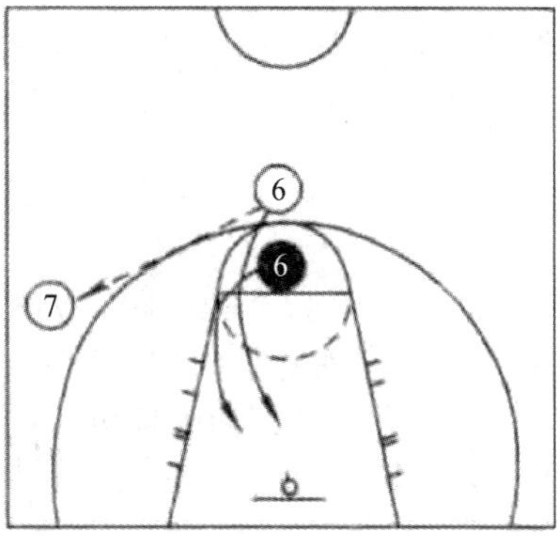

图 6-34

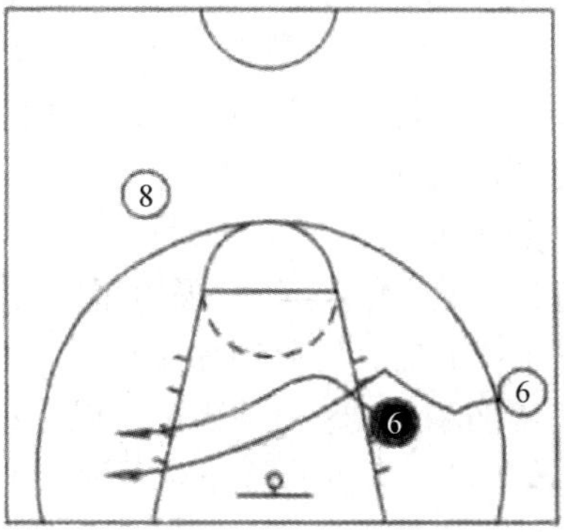

图 6-35

（3）防溜底线（图 6-36）。

当队员“⑥”从底线横切时，“❻”开始面向球滑步移动卡堵对手，以身体某部位触及对手，跟随其移动，同时伸左臂封锁接球。待对手移过纵轴线进入有球侧时，“❻”应迅速上右脚前转身贴近对手，伸右臂封锁接球，将对手逼向场角。

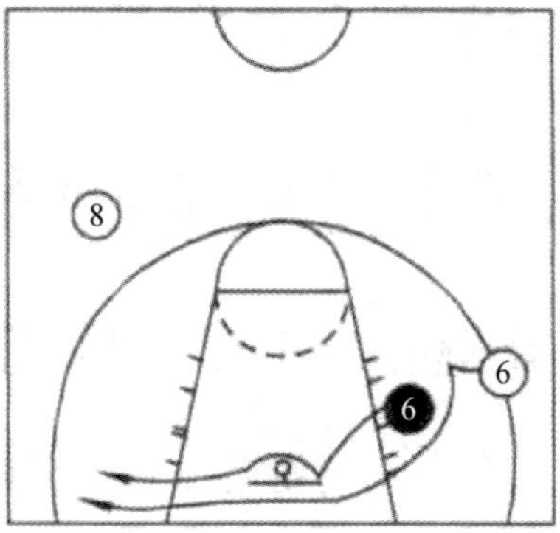

图 6-36

3. 防守有球队员技术要点

（1）防守位置。

防守队员应站在对手与球篮之间的位置上，对手离篮近则靠对手近些，对手离篮远则离远些。特别要根据对手的特点及防守战术的需要调整防守位置。

（2）防守姿势。

防守姿势分平步防守和斜步防守两种。

① 平步防守：两脚平行站立，两手臂侧伸不停地挥摆。

这种防守姿势防守面积大，攻击性强，便于向左右移动，适合防守运球突破的对手。

② 斜步防守：两脚前后开立，前脚同侧手臂向前上方伸出，另一手臂侧伸。

这种防守姿势便于前后移动，对防投篮比较有利。

4. 防守有球队员技术动作方法

（1）防投篮。

当对手在有效投篮区时，防守队员应保持一臂的距离，两脚前后开立，一手向前上方直臂举起防止投篮，一臂侧张，防其切入或传球。可根据对手投篮技术运用的特点，采取针对性防守。如果对手习惯向右脚侧起跳投篮，防守队员可以上左脚，伸左臂进行阻挠和破坏，迫使其改变习惯的投篮动作。

（2）防突破。

防守队员应稍离远些，采用平步防守较为有利。两腿弯曲，重心下降，两臂侧伸阻挠对手。当对手突破时，可利用撤步或滑步阻挠对手。防守中要注意迫使对手向边、角运球；堵强手迫使其用弱手运球；对突破能力较强的对手，要注意了解其动作习惯（如中枢脚、突破方向、假动作等），采取相应的防守对策。

（3）防运球。

防守队员应采用平步防守姿势，离对手稍远些，积极移动，阻挠对手向纵深方向推进，迫使对手停球或改变方向，破坏其进攻配合。

（4）防传球。

防守队员要根据对手的位置和距离，积极移动，时进时退，挥动手臂迫使其向无攻击威胁的位置传球或造成传球失误。

总之，在防守中，无论采用哪种方法，都应积极移动，给对手造成压力，迫使对手失误，伺机抢球、打球、断球，以便取得控球权。

第三节 篮球基本战术

一、进攻战术与防守战术的基本配合

（一）进攻战术的基本配合

简单的两三个人间的传切、掩护、策应、突分配合是组成全队进攻战术的基础，这些配合在半场和全场都可以使用。

1. 传切

传切是进攻队员利用传球和切入技术组成的配合，指进攻队员把球传给同伴后，利用快速起动、改变方向及身体虚晃等假动作摆脱防守队员，切入篮下接球投篮的一种简单的进攻方法。

2. 掩护

（1）掩护的技术动作。

掩护时，面向被掩护同伴的防守者，两脚自然分开，两腿微屈，上体稍前倾，这样可以扩大掩护面积；掩护的面积愈大，防守者绕过防守就愈困难，掩护就愈容易成功，但也必须有利于掩护后做进攻的跟随动作。掩护者的位置应在被掩护同伴的防守者的防守移动路线上，掩护的瞬间身体是静止不动的，距离不宜过近或过远——过近容易冲撞对方造成掩护犯规，过远易让防守者穿过防守，造成掩护不成功。当掩护动作完成后，掩护者应根据场上情况进行下一步动作，如对方交换防守，掩护者应立即做后转身向篮下切入接球上篮。掩护的配合，包括时机选择、掩护位置、切入路线摆脱、传球及时、转身跟进及切分配合等。只要某一环节配合不好，掩护的配合就完成不好。

（2）掩护的方法。

掩护的方法很多，分为前掩护、后掩护、侧掩护、定位掩护、反掩护、双人掩护等。

3. 策应

（1）策应的应用范围。

策应的应用范围较广，在阵地进攻中采用较多。当对方采用全场紧逼盯人防守时，可在中场或圈顶一带进行策应。有时甚至在后场就利用策应配合来突破防守。总之，策应的范围应根据本队战术和防守情况而定。

（2）策应配合的关键与要求。

策应前要注意及时抢占有利位置；视野要广，能知道队友及防守者的跑动情况，以便及时传球；注意防守者抢球或打球，用身体和持球晃动动作保护球；根据不同情况运用不同的传球方式。

4. 突分配合

突分配合是指持球队员突破后，遇到对方补防或协防时，及时将球传给进攻位置最佳的同队队员进行攻击的一种配合方法。当对方采用人盯人防守或区域联防时运用突分配合，可打乱对方的整体防守部署，压缩防区，给同队队员创造最佳的外围投篮或其他进攻机会。

（二）防守战术的基本配合

防守战术是指两三个防守队员之间采用协同防守的方法，包括挤过、绕过、交换防守、关门、夹击、协防等防守配合。

1. 挤过配合

防守队员在掩护者临近自己时，积极向前迈出一步，贴近自己的防守对手，从掩护者前挤过去，继续防守对手。

2. 绕过配合

在松动盯人或对手无投篮威胁时采用绕过配合。

3. 交换防守配合

这是指防守队员之间在进攻者掩护的一刹那，进行换人防守，以破坏进攻的掩护配合。

4. 关门配合

这是指邻近的两个防守队员协同防守对方突破的配合。

5. 夹击配合

夹击配合是指两个以上的防守队员，利用对手在场地边角运球或运球停止时，突然快速上前封堵和围夹持球者的一种防守配合方法。

6. 协防配合

协防配合是指当防守队员被对手突破或出现漏防时，邻近的同伴大胆地放弃自己的对手，及时快速地进行补漏防守的一种配合方法。

二、全队进攻战术与防守战术

（一）全队进攻战术

1. 快攻

快攻是以最快的速度、最短的时间超越对手，创造以多打少优势的一种战术。快攻的路线有交叉、直线等，组织形式有长传快攻、短传快攻和结合运球突破快攻。快攻战术结构一般分发动、推进、结束三个阶段。发动快攻的机会有抢篮板球、断球、掷界外球和跳球等。

（1）快攻战术结构。

① 发动。

能否打成快攻，往往取决于能否及时发动。从防守获球后，全队应全速快下，持球人应首先观察前场快下的队员，抓住战机及时长传，组织长传快攻；当不能长传时，接应队员应迅速选位接第一传，转入推进。接应方法有固定地区固定队员接应、机动接应两种。

② 推进。

当接应人接球后，其他人应根据自己的跑动路线，全速跑向前场。接应人运用短传或快速运球加快中场推进速度，超越中场的防守者。

③ 结束。

结束阶段是快攻的最后部分，也是最重要的部分。结束阶段有三种情况：一是无人防守；二是防守人少于进攻人；三是攻、守人数相等。进攻人要根据对方防守人数情况，利用有利时机，采用合理的进攻配合方法。

不管采用哪种进攻方式，都要做到传球方式多、传球及时，投篮方式也要根据不同防守位置而不断变换，在保证传球质量的基础上，力求提高投篮命中率。

下面介绍两个主要的快攻配合的方法。

（2）快攻配合的方法。

① 长传快攻。

本方得球后，立即有人先下，在无人防守情况下做长传快攻。

② 短传快攻。

这种方法是发动快攻运用最多的，具有灵活机动的特点，利用快速的传球、运球、突破等动作迅速向前推进，使防守者顾此失彼。短传快攻是一种成功率较高的配合方法。

2. 阵地进攻

（1）进攻的落位阵形。

当防守队已布好防守阵形后，进攻队则进入阵地进攻。进攻队员的落位阵形要根据攻守双方的特点来决定，常用的有如下几种。

① 2-3 阵形，如图 6-37 所示，单中锋策应站位。

② 1-3-1 阵形，如图 6-38 所示，双中锋上下站位。

③ 2-1-2 阵形，如图 6-39 所示，单中锋站位。

④ 1-2-2 阵形，如图 6-40 所示，双中锋并站篮下。

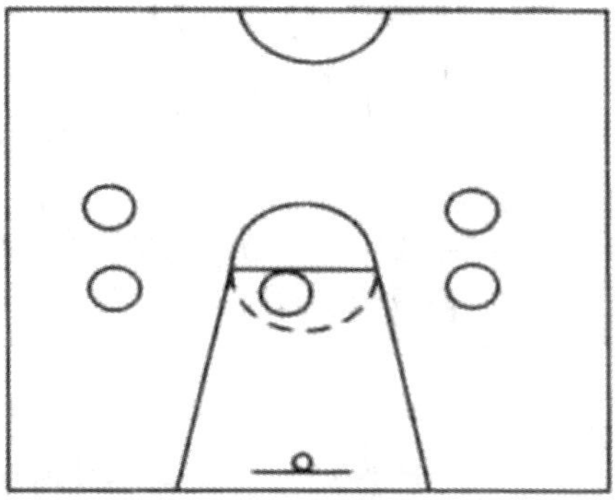

图 6-37

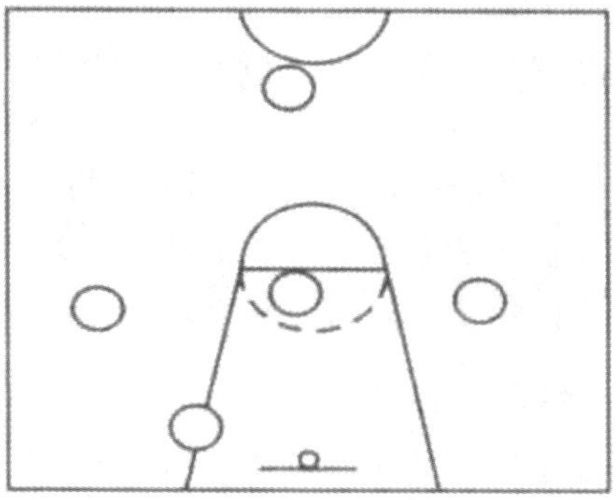

图 6-38

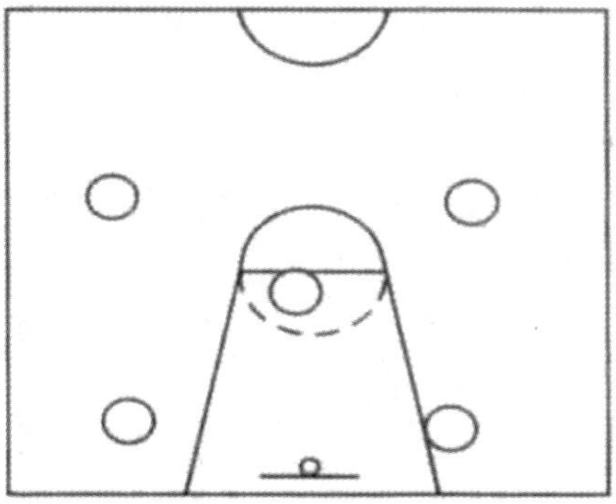

图 6-39

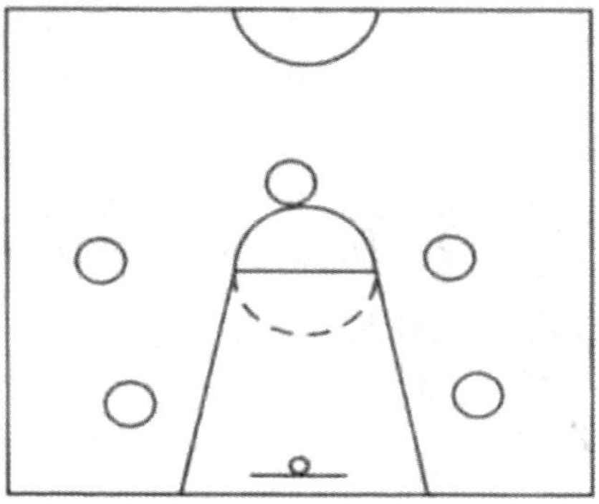

图 6-40

（2）进攻人盯人防守。

进攻人盯人防守主要是以进攻战术技术配合为主的全队协同配合。

（3）进攻区域联防。

首先要了解区域联防的特点及其移动规律，针对其薄弱环节，明确进攻重点，组织针对性较强的战术配合。准确的中、远距离投篮是进攻区域联防的重要手段，快攻是进攻联防的有力武器。

① 进攻区域联防战术应用：当对方采用 2-1-2 联防时，进攻队应根据 2-1-2 联防的弱点，采用 1-3-1 的对阵方法进攻，这样，进攻队队员可以分布在两个防区之间，使防守者负担加重，以便取得较好的外围投篮位置，有利于内外联系，可以造成一个守区内以多打少的局面；当对方采用 2-3 联防时，进攻队可采用 1-2-2 的阵形进攻。

② 进攻区域联防的基本要求：加快外围倒手传球，迫使对方反复移动出现漏洞；攻击防守薄弱区，如人力少的区域或防守差的区域；加强中远距离投篮，拉大攻击距离，扩大防守区域；加强中区及底线的背向（指防守人身后）穿插；在对方还没有组织好防守阵形之前采用快攻，一举而攻破；合理地运用掩护投篮。

（二）全队防守战术

1. 防守快攻

防守快攻要从全力拼抢篮板球开始，合理地运用封、夹、断等手段破坏对方的第一传和快攻接应，并伺机夹击对方运球队员，破坏其快攻。退守时，要前后照应，边退边防，提高个人以少防多的能力，降低对方快攻的成功率，并迅速落位组织阵地防守。

防守快攻的方法有：提高进攻成功率；积极拼抢前场篮板球；封一传，堵接应；控制对方的推进；防守快下对方队员；提高以少防多的能力。

2. 半场人盯人防守

半场人盯人防守是篮球运动中各种防守战术的基础。它的特点是：在预先分工盯人的基础上，以球为主，人球兼顾，分工明确，针对性强，能加强队员的责任感，发挥队员的积极性，并根据对方进攻情况及时调整位置，有效地控制对方进攻重点。

半场人盯人防守可分为半场缩小人盯人防守和半场扩大人盯人防守两种形式。这两种形式都是在个人防守的基础上，运用各种防守技术配合而组成的。运用时，可视对方情况来确定采用哪一种防守形式。

半场缩小人盯人防守是一种控制 5～6 米防区的集体防守方法，一般用于对方外围中远投不准而内线攻击较强的队，它有利于保护篮下和争夺篮板球。

半场扩大人盯人防守是一种控制 7～8 米防区的集体防守方法，一般用于对方中远投较准、个人突破能力及内线攻击较弱的队，它能起到打乱对方进攻部署的作用。

3. 区域联防

区域联防是防守者退回后场，每个队员负责一定区域，并把每个区域有机地联系在一起的集体防守战术。它要求队员协同一致，积极随球移动，加强有球一侧的防守，相互补位，封堵断抢。对付个人突破能力强、内线威胁大的队可采用此战术。

区域联防的形式：区域联防的站位队形是固定的，常用的有 2-1-2、2-3、3-2 和 1-3-1 等几种联防形式。形式虽多，但常用的、最基本的是 2-1-2 联防，因为在这种形式下，队员分布均匀，便于协防。

4. 全场区域紧逼防守

综合区域联防和半场人盯人防守两种战术的优点在于，全场每个防守队员既有区域分工，又体现紧逼盯人、协同进行堵截、夹击、抢断等攻击性的整体防守效果。

采用全场区域紧逼防守，一般用于对方速度、灵活性和体力较差，而进攻速度较慢、突破能力较弱、篮下攻击力较强的情况下。此外，在比赛开局先发制人，在比赛结局时扩大战果，或挽回败局时运用全场区域紧逼防守也会取得较好的效果。

全场区域紧逼防守常用的有 1-2-1-1、1-2-2、2-1-2、2-2-1 等几种形式。在运用时，队员只要前后左右移动位置，就可变成其他类型的防守阵形。

1-2-1-1 全场区域紧逼防守多用于本队投中或罚中后，对方在端线外发球时，全队迅速进入各自分工区域紧逼对手。

第四节　篮球比赛规则简介

一、比赛场地与设备

（一）场地

篮球场是一块长方形的坚实平面，是无障碍物的场地。对于国际篮联举办的正式比赛（如奥林匹克运动会、世界篮球锦标赛），球场尺寸为长 28 米、宽 15 米（球场的丈量从界线内沿量起）。对于其他比赛也可使用比正式比赛场地长度减少 4 米、宽度减少 2 米的现有球场，只要其变动成比例。

（二）设备

对于一些世界性的比赛，篮板的尺寸应为横宽 1.80 米，竖高 1.05 米，篮板下沿距地面 2.90 米。它的中心垂直落在场上，距离端线内沿 1.20 米，篮圈水平面距地面 3.05 米。篮球的圆周长不得小于 0.749 米，不得大于 0.78 米，重量为 567～650 克。

二、比赛、暂停、替换

（一）比赛

每场篮球比赛由两个队参加，每队出场 5 名队员。比赛分上、下两个半时，每半时 20 分钟，两个半时中间休息 10 分钟。下半时终场时，如两队得分相等，则延长 5 分钟进行决胜期比赛；若得分仍相等，再延长 5 分钟，直至分出胜负。

比赛中，除在 3 分投篮区投球中篮得 3 分外，在其他位置投球中篮得 2 分，罚球中篮得 1 分。在比赛时间内，得分多的队为胜队。

（二）暂停

每队每半时准许暂停 2 次，每次 1 分钟，每个决胜期准许暂停 1 次。未用过的暂停不准挪到下半时或决胜期内使用。

请求暂停的时机：球成死球并停止比赛计时钟时；对方投篮得分，也可给予一次暂停，但必须在投篮队员球离手前提出。

（三）替换

在比赛中，只有替补队员有权请求替换。替补队员应到记录台前清楚地要求替换，做出替换手势或坐在替换席上，并做好比赛的准备。在比赛中，当某队请求替换时，只有当球成死球、比赛计时钟停止、裁判员已结束了与记录台联系时，或在第四节的最后两分钟或每个决胜期的最后两分钟内，投篮得分时，非得分队的队员请求替换，记录台可发出信号允许替换。

三、违例及罚则

违例是违反规则的行为。

罚则：判该队失去控球权，由对方队员在违例地点就近的边线外掷界外球。

比赛中常见的违例有带球跑、非法运球、脚踢球、拳击球、掷界外球违例、3 秒违例、5 秒违例、10 秒违例、30 秒违例、球回后场违例、干扰球等。

四、犯规及罚则

犯规是违反规则的行为，含有身体接触和不道德的举止。

（一）侵人犯规

侵人犯规是在球进入比赛状态、活球或死球时的队员犯规，含有与对方队员的接触。

罚则：登记犯规队员一次侵人犯规。如被侵犯的队员未做投篮动作，由被侵犯队的队员在犯规地点就近的边线掷界外球继续比赛。如被侵犯的队员在做投篮动作，若投中则得分有效，再判给一次罚球：若投篮未中，则判给投篮队员两次或三次罚球。

（二）违体犯规

裁判员认为队员蓄意地对持球或不持球的对方队员造成侵人犯规称为违体犯规（违反体育道德的犯规）。

罚则：登记犯规队员一次故意犯规。应判给非犯规队罚球和在记录台对面边线的中点处掷界外球的控球权。如对未做投篮动作的队员犯规，则判给两次罚球。如对在做投篮动作的队员犯规，投中有效，再判给一次罚球；若投球未中，则根据投篮的地点判给两次或三次罚球。无论罚球成功与否，均由罚球队的任一队员在记录台对面边线的中点处掷界外球。

（三）技术犯规

对有意的、不道德的或给违反规定者带来不正当利益的技术性犯规，应立即判罚技术犯规。

罚则：宣判技术犯规后，每次均应登记，并由对方队长指定罚球队员罚球一次。对行为十分恶劣或屡次违反此条规定的队员，应令其退出比赛并取消其比赛资格。

（四）双方犯规

两名互为对方的队员大约同时相互发生侵人犯规的情况为双方犯规。

罚则：登记每个犯规队员一次侵人犯规，不判给罚球。由犯规时拥有球权的球队在就近位置掷界外球。若犯规时双方球队都不拥有球权，则根据交替拥有球权规则进行判罚。

五、决胜期

当下半时终了得分相等时，应延长 5 分钟作为决胜期继续比赛。必要时可延长几个这样的 5 分钟，直到分出胜负为止。在每个决胜期前，应给予两分钟的休息时间和一次暂停。在每个决胜期开始时，应在中圈跳球继续比赛，若下半时某队全队犯规已满 7 次再犯规，则由对方执行两次罚球的权力一直延续到决胜期。

思考

1．篮球移动技术的分类有哪些？
2．传、接球可以分为哪几类？
3．全队进攻战术分为几个阶段？
4．犯规与罚则的表现是什么？

第七章　排球运动

导论

排球运动是我国人民喜爱的运动项目，也是世界广泛开展的重要竞赛项目之一。比赛是两队各 6 名队员在长 18 米、宽 9 米的场地上进行集体的攻防对抗。比赛场地由一条中线分为两个均等的场区，中线上空架有一定高度的球网，比赛的目的是队员根据既定的规则，将球击过球网，落在对方场区的地面上。

学习目标

1. 了解排球运动的概念。
2. 了解排球运动的主要参与形式。
3. 知道排球运动的主要参与方法。
4. 明白排球运动的基本规则。

第一节　排球运动概述

一、排球运动的概念

排球运动是由两支人数相等的球队，在被网隔开的两个均等的场区，根据规则以身体的任何部位将球从网上击入对方球场内，而不使球在本方场内落地，集体攻防对抗的体育项目。

二、排球运动的发展

排球最初作为一种消遣游戏，被称为“空中飞球”，后来由美国的传教士、驻外军官及士兵带到了世界各地。1905 年，排球传入我国，并先后采用了十六人制、十二人制和九人制的竞赛方法。中华人民共和国成立后，为了适应国际交往的需要，改为六人制，一直沿用至今。1964 年，第 18 届奥运会把排球列为正式比赛项目。

排球运动世界大赛主要有世界锦标赛、世界杯赛、奥运会排球赛、世界沙滩排球锦标赛巡回赛、残疾人奥运会排球赛。中国女排在 20 世纪 80 年代夺得“五连冠”，极大地鼓舞了全国人民的民族精神，也极大地激发了全民学排球的热情，在全国形成了轰轰烈烈的排球热潮。

排球运动发展至今，各国的水平不断提高，一支队伍独霸排坛的历史已经不存在了。只有不断创新技战术，才能有更大的进步。

第二节　排球运动的特点及主要参与形式

一、排球运动的特点

排球运动能够长期存在、逐渐发展，并且得到全世界人们的认可，主要是因为其具有以下特点。

（一）广泛的群众性

排球场地设备简单，比赛规则容易掌握。既可以在球场上比赛和训练，亦可以在一般空地上活动，运动量可大可小，适合于不同年龄、不同性别、不同体质、不同训练程度的人。

（二）技术的全面性

规则规定每个队员都要进行位置轮转，既要到前排扣球与拦网，又要轮到后排防守与接应；要求每个队员必须全面地掌握各项技术，能在各个位置上比赛。

（三）高度的技巧性

规则规定比赛中球不能落地，不得持球、连击。击球时间的短暂，击球空间的多变，决定了排球的高度技巧性。

二、六人制排球比赛

六人制排球比赛经过百年发展，经历了娱乐排球、竞技排球和现代排球三个阶段，比赛越来越精彩，竞争也越来越激烈。随着世界大赛的频繁举行，各国排球水平都有着长足的进步与发展，排球技术也越来越成熟。

由于对技术的要求相对较高，因此正式的排球比赛在全民健身活动中开展得比较少。但是，人们为了使排球运动能够广泛地开展起来，发明了很多易于开展的排球项目，如软式排球、气排球等。

三、软式排球

软式排球由柔软的橡胶和海绵制成。最初，只是作为日本家庭成员的一种娱乐健身的活动形式。但它问世后即以其趣味性强和易学习等特点，吸引了众多想学排球而又被六人制排球的技术和身体素质的高要求排除在门外的爱好者。并且，软式排球一问世即以家庭成员组织参赛的形式出现，使每个想享受天伦之乐的参与者均乐此不疲。

软式排球具有球体柔软、重量轻、不易伤手指、易学易掌握、比赛形式多样、健身特点突出和具备集体性、技巧性、对抗性等特点。这样的特点既满足了男女老少健身娱乐的需要，又使其成为一项很有发展潜力的体育运动项目。

第三节　排球运动的主要参与方法

本节主要介绍无球技术的准备姿势及有球技术的各种技术动作。

一、准备姿势

准备姿势是指为了完成各种技术动作而采取的合理的身体姿势。一般来讲，按照身体重心的高低，准备姿势可以分为半蹲准备姿势、稍蹲准备姿势和低蹲准备姿势。

（一）动作分析

1. 半蹲准备姿势

两脚左右开立稍比肩宽，一脚稍前，两脚脚尖内收，脚跟提起。膝关节保持一定的弯曲，上体前倾，重心靠前。两臂放松，自然弯曲，双手置于腹前，全身肌肉放松，两眼注视前方，两脚始终保持微动。

2. 稍蹲准备姿势

稍蹲准备姿势比半蹲准备姿势重心稍高，动作方法一致。

3. 低蹲准备姿势

两脚左右、前后开立的距离比半蹲准备姿势更大一些，两膝弯曲的程度更大一些，身体重心更低、更靠前，膝部的垂直线超过脚尖，两手臂置于胸腹之间。

（二）易犯错误

重心过高；过分弯腰，而不屈膝；准备姿势时脚下站死，没有始终保持微动的状态；全脚掌着地等。

（三）练习方法

（1）听口令迅速从站立、蹲、躺等姿势变换为准备姿势。
（2）起跳落地或者跑步急停后迅速变换为准备姿势。

二、发球

发球是比赛的开始，也是进攻的开始。准确而有攻击性的发球，不仅可以得分，而且可以瓦解对方的战术组合。因此，发球既要有准确性又要有攻击性。发球可分为正面上手发球、正面下手发球、侧面下手发球、高吊球、勾手发球、勾手大力发球等。

下面介绍几种比较典型的战术。

（一）动作分析（以右手发球为例）

1. 正面上手发球

面对球网，两脚自然开立，左脚在前，左手托球于体前，左手用掌平稳而准确地将球抛在体前右肩前上方，高度约 50 厘米，同时，右臂抬起，屈肘后引，肘略高于肩，上体稍向后仰。五指并拢，指尖朝上，手腕稍后仰保持一定的紧张，眼睛注视球体。右脚蹬地，重心前移，以收腹、屈体迅速带动手臂的挥动。挥臂成直线，在右肩前上方，用手掌坚硬部位击中球的后下部。在发球完成后迅速入场到达自己的位置。

2. 正面下手发球

下手发球动作技术简单，是学习发球技术的入门战术。下手发球技术是女生考试项目。

面对球网，左脚在前，两膝微屈，左手持球于胸前，右手自然下垂。眼视前方。左手将球在身体右侧抛起，高约 20 厘米。抛球时，身体重心后移，同时右手后摆。右脚蹬地，身体重心前移，右臂伸直，以肩为轴向前摆至腹前，用掌根击球的后下部。击球后，随着击球动作身体重心前移，迅速入场。

（二）易犯错误

（1）抛球时有屈腕动作，使抛出的球不平稳，影响发球效果。

（2）抛球的高度与位置不准确。

（3）正面上手发球时，做不出推压带腕动作。

（4）勾手发飘球时，弧线挥臂击不准球。

（5）勾手大力发球时，挥臂动作不协调，没有用上转体的力量。

（三）练习方法

1. 初学阶段

（1）徒手做抛球的练习。要求平稳地向上抛，使抛出的球不旋转，且最好使抛出球的高度固定。

（2）徒手模仿发球动作练习。

（3）击固定球。两人一组，一人持球举至击球点高度，另一人挥臂击固定球，体会击球点和挥臂动作。

2. 巩固提高技术练习

（1）在发球区的不同位置发直线球、斜线球。

（2）向网前和后场发球。

（3）向后场两角发球。

三、垫球

垫球是指在排球运动中通过手臂和身体其他部位的迎击动作，使来球从垫击面上反弹出去的击球动作。垫球动作在排球比赛中占有很重要的地位，主要用于接发球、接扣球和接拦回球。

垫球技术按照动作分类可以分为正面双手垫球、体侧垫球、背垫、跨步垫球、跪垫、让垫、前铺垫、滚翻垫、卧垫球、鱼跃垫等。

四、传球

传球技术是排球基本技术之一，是利用手指、手腕的弹击动作将球传至一定目标的击球动作。

传球技术主要用于二传，为进攻创造条件，在比赛中起着组织进攻的作用；同时，传球也可以用来吊球和处理球，起到直接进攻的作用。

五、扣球

扣球是队员跳起在空中，将高于球网上沿的球有力地击入对方区域的一种击球方法。扣球在排球运动中占有很重要的地位，是得分的主要手段，是进攻中最积极有效的武器。

扣球技术按照动作方法，一般分为正面扣球、小抡臂扣球、单脚跳起扣球和勾手扣球等几种；按照扣球的节奏，可以分为强攻和快攻。

在完成空中击球动作后，身体自然下落，为了避免腿部负担过重，应使双脚的前脚掌先着地，同时顺势屈膝，缓冲身体下落的力量。

（一）易犯错误

（1）助跑起跳时机选择不正确，要么早要么晚，不能在最高点击球。

（2）起跳没有稳定住身体重心，使身体前倾，击球点偏后。

（3）击球时手臂下压。

（二）练习方法

1. 初学阶段

（1）原地双脚步练习：要求两脚用力蹬地，两臂划弧摆动配合起跳，在空中扣球，手臂抬起并后引成扣球前的动作，落地要双脚前脚掌着地，屈膝缓冲。

（2）一步助跑起跳练习：要求手脚配合协调。

2. 巩固提高技术练习

（1）在 4 号位和 2 号位扣直线球、斜线球。

（2）在 3 号位扣抛球，要求用转体和转腕动作将球扣到场区两腰。

（3）在 4 号位和 2 号位扣抛来的调整球。

第四节　排球运动的基本规则与场地

一、六人制排球比赛规则

（一）比赛场地与区域

比赛场地为对称的长方形，包括比赛场区和无障碍区。比赛场区为 18 米×9 米的长方形。其四周至少有 3 米宽的无障碍区，上空的无障碍空间从地面量起至少高 7 米，其间不得有任何障碍物。国际排联世界性比赛场地边线外的无障碍区至少宽 5 米，端线外至少宽 8 米，比赛场地上空的无障碍空间至少高 12.5 米。

在场地上用于界定各种区域的界线都宽 5 厘米，其颜色与地面及其他项目场地画线颜色不同。两条边线和两条端线划定了比赛场区，边线和端线都包括在比赛场区的面积之内。中线在网下连接两条边线的中点，中线的中心线将比赛场区分为边长 9 米的两个相等场区。每个场区各画一条距离中线中心线 3 米的进攻线，标出了前场区。国际排联世界性比赛中，在每条进攻线两端各画 5 段长 15 厘米、宽 5 厘米、间隔 20 厘米的虚线，虚线总长 1.75 米。

在球场中间有一个将球场分为相等两部分的球网架，其设在中线上空，高度为男子 2.43 米、女子 2.24 米。球网的高度应从场地中间丈量，球网两端（边线上空）的高度必须相等，并不得超过规定网高 2 厘米。球网上有两条标志带，该标志带是宽 5 厘米、长 1 米的白色带子，分别系在球网两端，垂直于边线。标志带被认为是球网的一部分。另外，在球网两端还有两根标志杆，长 1.8 米，直径 10 毫米，由玻璃纤维或类似材料制成。两根标志杆分别设置在标志带外沿球网的不同侧面，标志杆高出球网 80 厘米，高出部分每 10 厘米应涂有明显对比的颜色，最好为红白相间。标志杆被认为是球网的一部分，并视为过球网的边界。

（二）球员人数

比赛中，每队上场队员人数为 6 人，每一局每队最多可替换 6 人次。每局开始上场阵容的队员在同一局中可以退出比赛和再次上场各 1 次，而且只能回到原阵容的位置上。替补队员每局只能上场比赛 1 次，而且他只能由被他替换下场的队员来替换。合法替换需要主教练向裁判做出换人手势，经同意后执行；自由人替换下后排队员则不需要裁判的许可。

（三）比赛中的位置

排球比赛中有特别关于上场队员位置的规定：靠近球网的 3 名队员为前排队员，其位置为 4 号位（左）、3 号位（中）和 2 号位（右）；另外 3 名队员为后排队员，其位置为 5 号位（左）、6 号位（中）和 1 号位（右）。发球队员击球时，双方队员（发球队员除外）必须在本场区内按轮转次序站位。规则规定每一名后排队员的位置必须比其相应的前排队员距离中线更远；前、后排队员左右之间的位置按前排“4-3-2”、后排“5-6-1”的规定站位。

规则规定排球比赛整局比赛中，轮转次序、发球次序及队员位置均按位置表的顺序进行，即当发球队获得发球权后，该队队员必须按顺时针方向轮转一个位置，如 2 号位队员转至 1 号位，1 号位队员转至 6 号位等。如果在比赛中出现位置错误或者轮转错误都将被罚一球，并站回正确的位置。

（四）比赛中的击球

排球比赛中队员与球的任何触及都被视为击球，球可以触及身体的任何部位，但球不能被接住。每队最多击球 3 次（拦网除外），将球击回对区，如果超过则判为“4 次击球犯规”。规则规定 1 名队员不得连续击球两次，但是 2 名或 3 名队员可以同时触球，不过若同队的 2 名（或 3 名）队员同时触到球，则被记为 2 次（或 3 次）击球（拦网除外）。两名不同队的队员在网上同时触球，比赛继续进行，获球一方可再次击 3 次。

队员不得在比赛场地之内借助同伴或任何物体支持进行击球，但是队员可以挡住或拉住即将犯规（如触网、过中线等）的同队队员。

（五）拦网

拦网是队员靠近球网，将手伸向高于球网处阻挡对方来球的动作。只有前排队员可以完成拦网。无论是单人拦网还是集体拦网，只要是在一个动作中，球可以迅速而连贯地触及一名或更多名的拦网队员。拦网时，队员可以将手或手臂伸过球网，但不得妨碍对方击球。过网拦网的触球必须在对方进攻性击球之后，拦网的触球不算作球队 3 次击球的次数，拦网后可以由任何一名队员进行第一次击球，包括拦网时已经触球的队员。

二、沙滩排球比赛规则

（一）比赛场地

在国际排联组织的比赛中，四周从边线和端线向外延伸至少 5 米、最多 6 米的无障碍区，而比赛场地平面向上最少有 12.5 米的无障碍物空间。

比赛区域场地必须铺上细沙，尽可能平坦而一致，不得掺入石子、贝壳等异物，以免球员因此而受伤。在国际排联世界性比赛中，沙子的深度必须至少为 40 厘米，且为松软的细沙。

比赛场地指由两条边线和两条端线所标示出的区域。边线和端线皆包括在比赛场地的面积内。场地使用的边线必须为绝缘材质的带状线，且两端固定点应使用柔软且富弹性的材料，所有界线的宽度皆为 5～8 厘米，界线的颜色必须相同，且与沙子的颜色对比明显。

（二）球网

球网长 8.5 米、宽 1 米（误差不超过 3 厘米），垂直张挂于球场中心轴上方，网面由 10 厘米见方的网孔组成（在国际排联的世界性比赛中，所使用的球网网孔为 8 厘米），其网顶和底纹皆以 7～10 厘米宽的水平帆布对折缝住（可选择使用深蓝色或荧光色），其长度即为整面球网的全长。网顶的两端各有一个孔，绳索穿过该孔并系于球柱，使网顶成水平状态。男子比赛网的高度为 2.43 米，女子比赛网的高度为 2.24 米。不同年龄段比赛的网高有所不同。

（三）球员与装备

登记在记录表上的两名队员才能组成参赛队伍参与比赛。参加比赛的队员必须穿着短裤或泳装，如竞赛规则中未特别规定，则可穿着紧身上衣或背心。队员可以戴帽子，同队队员需穿着同一式样及颜色的服装，队员必须赤脚比赛，除非取得裁判允许。队员的上衣（或短裤，如经裁判同意可不穿着上衣比赛）须有明显的号码，如“1”号和“2”号，且号码必须绣于胸前（或短裤正面），号码的颜色须与上衣的颜色呈明显对比，最小为 10 厘米高，号码的笔画须有 1.5 厘米宽。

（四）赛制

沙滩排球比赛采用每球得分制，一场比赛中先胜两局者即取得本场比赛的胜利。在前两局比赛中先取得 21 分且最少领先 2 分的队伍即赢得该局。若形成 20 比 20 平手的情况，则比赛继续进行，直到任一队领先对方 2 分为止。如果两队在前两局比赛中各胜 1 局，决胜局（第 3 局）为 15 分制，且必须领先对方球队 2 分为止。

（五）击球

每一球队在一次进攻中最多有 3 次击球机会，也就是说，在第三次击球时必须将球回击过球网到对方场地，而且 3 次击球不仅包括球员的主动击球，也包括被动的触球动作。同一队员不得连续击球 2 次。若同队两名队员同时触球，则视为 2 次击球（拦网动作除外）。如果两队队员在网上同时触球且比赛继续进行，则接球的一方仍有 3 次击球机会。

比赛中，队员可用身体的任何部位触球。但是，队员在击球时，不得接住球或丢球、掷球，球可接触身体的数个部位，但必须同时触及。

三、气排球比赛规则

（一）比赛场地

气排球运动是一项集运动、休闲、娱乐为一体的群众性体育项目。其作为一项新的体育运动项目，如今已经受到越来越多老年朋友的青睐。气排球由软塑料制成，比赛用球重约 120 克，比普通排球轻 100～150 克；圆周为 74～76 厘米，比普通排球圆周长 15～18 厘米；比赛场地长 13.4 米、宽 6.1 米（采用羽毛球场地即可），比普通场地长和宽分别少约 5 米和 3 米；比赛网高男子 2.10 米、女子 1.90 米、混合网 2.00 米。参赛队员 5 人，球的颜色为黄色。其打法和记分方法与竞技排球基本相同。气排球规则规定，人体任何部位触球都可以，有时候为了救球，在手来不及的情况下，可以用脚踢。只要按规则要求，将球打到对方场内地面上空即为有效。

（二）规则

（1）每队最多可有 8 名队员，队员上衣必须有号码，应为 1～8 号。身前号码 10 厘米见方，身后号码 15 厘米见方。场上队长应在上衣胸前有明显标志。

（2）教练员和队员应了解并遵守规则，以良好的体育道德作风服从裁判员的判定。如有疑问，只有场上队长可向裁判员请求解释，教练员不得对判定提出异议或要求解释。

（3）教练员和队员必须尊重裁判员和对方队员，不得以任何行为影响裁判员的判断，不得以任何行动和表现去拖延死球时间或被认为有意延误比赛进行。

（4）队员场上位置：双方队员各分为前排 3 名、后排 2 名。前排左边为 4 号位，中间为 3 号位，右边为 2 号位；后排左边为 5 号位，右边为 1 号位。每局比赛开始，场上队员必须按位置表排定的次序站位，在该局中不得调换。在新的一局，每个队上场队员的位置可重新安排。

（5）每局比赛中，每个队可请求 2 次暂停，每次暂停时间为 1 分钟。只有成死球时，经教练员或场上队长向第二或第一裁判员请求后才准予暂停。第一裁判员鸣哨后，比赛应立即继续进行。某队请求第 3 次暂停，应予拒绝并提出警告。第一裁判员已鸣哨发球，队员尚未将球发出或于鸣哨的同时请求暂停，均应拒绝；如第二裁判员在此时间错误鸣哨允许暂停，第一裁判员也不得同意，应再次鸣哨发球。

（6）换人：每局每队最多可替换 6 人次，一下一上为 1 人次。某队换人时应由教练员或场上队长在死球时向第二或第一裁判员提出要求，并说明替换人数和队员的号码。当裁判员准许换人时，上场队员应已做好准备，并从前场区上下场。如队员未做好准备，则判罚该队 1 次暂停。

（三）成绩计算

（1）得分：只有发球队胜 1 球时，才得 1 分，决胜局则不论发球队或接发球队，胜 1 球即得 1 分。

（2）胜 1 局：某队先得 15 分并超出对方 2 分时，或比分成 16∶16 先得 1 分成 17∶16 时，则该队胜 1 局；决胜局赢得 15 分并超出对方 2 分，则该队获胜。

（3）规定比赛时间 5 分钟后仍不到场者，做弃权处理，对方则以每局 15∶0 的比分和 2∶0 的比局取胜。各队无正当理由不得无故弃权和罢赛。

思考

1. 排球运动有哪些技术？你掌握了多少？
2. 沙滩排球与六人制排球的比赛规则的区别是什么？

第八章　足球运动

导论

足球运动是一项两队相互对抗、剧烈而又富有战斗性的球类运动项目，是用脚踢足球，做传球、接球、运球、抢截球及头顶球等动作为主的一种竞赛活动。足球运动的特点是：场地大、技术复杂、战术丰富、对抗激烈。足球运动有“世界第一运动”的美誉，深受世界各国人民喜爱。

学习目标

1. 了解足球基本技术与练习方法。
2. 了解足球基本战术。
3. 了解足球基本竞赛规则和裁判法。

第一节　足球运动概述

一、足球运动的起源

古代足球运动起源于我国。早在原始公社阶段，我国已有了石球游戏，而后来的足球舞所用球已是革制或毛制。到战国时代后期，民间盛行蹴鞠游戏。到了唐代，在场地器材方面又有所发展，发明了充气的球，并设立了球门。

二、足球运动的发展

现代足球运动随着各国政治、文化的飞速发展而发展。因国际上足球运动交往的增多和足球运动发展的需要，1896 年第一届奥运会，足球被列为表演赛项目。目前，由国际足联举办的比赛有世界杯足球赛、世界青年足球锦标赛、世界少年足球锦标赛、世界女子足球锦标赛和五人制世界足球锦标赛。

三、足球运动的发展趋势

现代足球运动不断发展。足球的各种战术思想创造了崭新的打法，塑造了许多个性鲜明的球星。在未来足球运动发展的长河中，足球运动的攻守矛盾与各种流派的交融与互补，将继续推动足球运动的发展。现代足球运动对抗越来越激烈，比赛节奏和速度越来越快，前锋、后卫、前卫在职责上的分工逐步消失。全攻全守的全面型打法是未来足球运动的发展趋势。

四、足球运动的锻炼价值

（一）提高身体素质，增进人体健康

经常参加足球运动能增强人体的肌肉、骨骼和提高血液循环系统、呼吸系统、内脏器官和神经系统的功能，发展速度、力量、灵敏、柔韧、耐力等身体素质，尤其能更好地发展速度和耐力素质。

（二）促进精神文明，培养优良品质

开展足球运动能丰富人们的业余文化生活，提高人们工作、学习的积极性和工作效率。参加足球运动还有助于培养勇敢顽强、机智果断、坚忍不拔、勇于进取、团结互助、热爱集体、遵守纪律等优良品质。

（三）振奋民族精神，促进国际交流

足球队参加国际性重大比赛取得胜利，能激励国人的爱国热忱，振奋民族精神，鼓舞人民斗志。通过国际比赛能增进国家间的了解和友谊，其影响可以渗透到各个领域。因此，足球运动已被广泛地用在国际交往中，成为国际交往的一种工具。从一定意义上讲，足球运动所具有的价值已远远超出体育运动的范畴。

第二节　足球基本技术与练习方法

常用的足球技术包括踢球、接球、头顶球、运球、抢截球、假动作、掷界外球和守门等八大技术。

一、踢球

踢球是指运动员有目的地运用脚的不同部位将球击向预定的目标。踢球是足球技术中最基本的技术动作之一，主要运用于传球和射门。

（一）脚内侧踢球

脚内侧踢球的特点是脚与球的接触面积大，出球比较平稳、准确，但出球力量小，多用于短距离传球、射门和罚点球等。

1. 动作要领

直线助跑，最后一步稍大，支撑脚踏在球的侧方 15 厘米左右处，膝关节微屈，两臂自然张开。踢球腿在前摆过程中屈膝外展，腿加速前摆，脚的内侧正对出球方向，脚尖稍翘起，脚掌与地面平行，用脚内侧部位击球的后中部，踢球后，腿随球前摆，但不宜过大（图 8-1）。

2. 技术要点

屈膝外展—小腿前摆—脚尖上翘—内侧击球—随前动作。

图 8-1

3. 技术难点

髋、膝、踝三大关节充分外展。

4. 练习方法

两人一组，相距 10 米进行练习；两人一组，行进间传接球。

（二）脚背内侧踢球

这种踢球方法适用于长传、发角球、射门、踢任意球和发球门球。

1. 动作要领（图 8-2）

踢定位球时，斜线助跑，助跑方向与出球方向约成 45°角。支撑脚踏在球的侧后方 12～15 厘米处，支撑脚脚尖指向出球方向，膝弯曲，身体稍向支撑脚一侧倾斜。在支撑脚着地的同时，踢球腿以髋关节为轴，大腿带动小腿迅速前摆，当膝关节摆至接近球的内侧垂直上方时，加速摆小腿。击球刹那脚背绷直，脚趾扣紧，脚尖指向斜下方，以脚背内侧击球的后中部（踢过顶球时，击球的后中下部）。踢球后，踢球腿随球摆出。

图 8-2

2. 技术要点

大腿后摆—小腿前摆—脚趾扣紧—脚背绷直。

3. 技术难点

加速小腿前摆的时机与脚背内侧击球的配合。

4. 练习方法

两人相距 10 米进行练习，一人踩球，另一人击球。

（三）脚背正面踢球

这种踢球方法适用于长传和射门。

1. 动作要领（图 8-3）

踢定位球时，直线助跑，最后一步稍大并积极着地，支撑脚踏在球的侧方 10～12 厘米处，脚尖对正出球方向，膝关节微屈，维持身体平衡，同时踢球腿后摆，小腿尽力后屈。在支撑脚着地的同时，以髋关节为轴，大腿带动小腿前摆。当膝盖摆至接近球的垂直上方的刹那，小腿做爆发式前摆，脚背绷直，脚趾扣紧，以脚背正面击球的后中部。踢球后，踢球腿随球继续前摆。

图 8-3

2. 技术要点

小腿爆发用力—脚背绷直、脚趾紧扣—脚背正面击球。

3. 技术难点

小腿爆发式前摆与脚背正面踢球的配合。

4. 练习方法

两人相距 15 米进行练习，一人踩球，另一人击球，体会触球部位。

二、接球

接球是控制来球的一类技术。比赛中，可用除手和手臂以外的任何部位接球，通常以脚为主，尤以脚弓和脚外侧使用最多。接球时，运用推压、撤引等动作方法，将来球调整到有利于进行下一步动作（如传球、射门或运球等）的位置上。

接球技术动作方法很多，但每一种动作过程都由移动、支撑脚站位、接球动作和随移动作四个环节组成。

（一）脚内侧接地滚球

1. 动作要领

支撑脚正对来球，膝关节微屈，停球腿屈膝外转并前迎，脚尖翘起，当脚内侧（脚弓）接触球的刹那开始后撤，在后撤过程中用脚内侧接触球，把球控制在所需要的位置上。

2. 技术要点

屈膝外转前迎—脚尖上翘后撤—脚内侧接触球。

3. 技术难点

后撤时机及触球部位。

4. 练习方法

两人一组，相距 5 米进行踢接练习。

（二）脚内侧接反弹球

1. 动作要领（图 8-4）

支撑脚踏在球的落点的侧方，膝关节弯曲，上体稍前倾并向接球方向微转，同时接球脚提起，踝关节放松，用脚内侧对准球的反弹方向。当球落地反弹刚离地面时，用脚内侧压球的后中上部。

图 8-4

2. 技术要点

上体前倾并微转—支撑腿膝关节弯曲、接球脚提起—脚内侧接反弹球。

3. 技术难点

接球的时机。

4. 练习方法

一人抛球，另一人接球，反复练习。

（三）脚底接地滚球

1. 动作要领

支撑脚站在球的侧后方，膝关节微屈，脚尖正对来球，同时接球脚提起，膝关节自然弯曲，脚尖翘起高于脚跟，脚跟离地面稍低于球，踝关节放松，用脚掌触球的前上部，触球刹那脚腕轻轻下压。

2. 技术要点

脚尖上翘高于脚跟—脚跟离地低于球—脚掌触球脚腕下压。

3. 技术难点

脚掌触球时机。

4. 练习方法

一人传球，另一人脚掌停球，反复练习。

（四）脚底接反弹球

1. 动作要领

身体对正来球方向，支撑脚踏在球的落点的侧后方。接球脚的前掌对准球的反弹方向，触球的后中上部，当球刚刚反弹的一刹那，脚腕轻轻下压。

2. 技术要点

对准反弹球—轻压反弹球。

3. 技术难点

接球时机。

4. 练习方法

一人抛球，一人停球，反复练习

（五）收胸接球

1. 动作要领

准备接球时，面对来球，两脚前后开立，两臂自然张开，重心前移，挺胸迎球，当球来到与胸部接触前的一刹那，重心迅速后移，收胸、收腹挡压球，以缓冲来球力量，把球接在身前。

2. 技术要点

挺胸迎球—重心后移。

3. 技术难点

收胸、收腹档压球时机。

（六）挺胸接球

1. 动作要领（图 8-5）

一般对于高于胸部的下落球，可采用挺胸接球的方法。准备接球时，面对来球，收下颚，两臂自然张开，两脚前后开立，重心落在两脚之间，两膝微屈。当球来到与胸部接触前的一刹那，两脚稍蹬地，同时展腹，上体稍后仰、挺胸，把球接在自己控制范围之内。

2. 技术要点

上体后仰—蹬地挺胸—胸部接球。

3. 技术难点

判断来球的方向和力量，以及接球的时机。

4. 练习方法

一人抛球，另一人胸部接球，反复练习。

图 8-5

三、头顶球

常用于抢截、传球或射门。头顶球分为前额正面顶球和前额侧面顶球。这两个部位都可以做原地顶球、跑动中顶球、跳起顶球。下面介绍几个比较典型的动作。

（一）前额正面顶球

1. 动作要领

身体正对来球，两膝前后开立，膝关节微屈，上体稍后倾，重心放在后脚，两臂自然张开，眼睛注视来球。当球运行到身体垂直部位前的刹那，后脚用力蹬地，身体重心由后脚移向前脚的同时，迅速向前摆体，颈部紧张，快速甩头，用前额正面顶球的后中部，触球后上体随球继续前摆。

2. 技术要点

后脚蹬地—重心前移—快速甩头—前额触球。

3. 技术难点

顶球时机及部位。

4. 练习方法

一人抛球，另一人顶球，反复练习。

（二）跳起顶球

1. 动作要领（图 8-6）

两臂屈肘上摆，向上跳起，在跳起上升过程中，挺胸展腹，两臂自然张开，眼睛注视来球。在跳到接近最高点准备顶球时，身体成背弓。当球来到身体的垂直部位前的刹那，快速收腹，折体前屈并甩头，用前额正面将球顶出。顶球后，两腿同时自然屈膝、屈踝落地。

① ② ③

图 8-6

2. 技术要点

蹬地跳起—挺胸展腹—收腹折体—甩头触球。

3. 技术难点

收腹折体与甩头的连贯性和顶球时机。

4. 练习方法

用一个网袋装球，挂于适宜高度，练习者依次跳起顶球；也可一人抛球，另一人跳起顶球。反复练习。

四、运球

（一）运球方法

运球是运动员在跑动中用脚向跑动前方推击球，使球始终处在身体周围的控制范围之内，是完成个人突破与战术配合必不可少的技术。运球方法有脚背正面运球、脚背外侧运球、脚背内侧运球、脚内侧运球等。

（1）脚背正面运球多在越过对手之后，前方纵深距离较长，仍需快速前进的情况下使用。运球时，身体自然放松，上体稍前倾，两臂自然摆动，步幅不要过大。运球脚提起，膝关节弯曲，脚跟提起，脚尖下指，用脚背正面推拨球前进。

（2）脚背外侧运球多在快速奔跑和向外改变方向时使用。运球时，身体自然放松，上体稍前倾，两臂自然摆动，步幅要小些。运球脚提起，膝关节弯曲，脚跟提起，脚尖内转。

（3）脚背内侧运球多在改变方向并需要用身体掩护球的情况下运用。运球时，身体自然放松，步幅要小些，上体前倾并稍向运球方向转动。运球脚提起，膝关节稍弯曲，脚跟提起，脚尖稍外转动，用脚背内侧推拨球。

（4）脚内侧运球（图 8-7）是运球技术中速度最慢的一种运球方法。但是当运球接近对方需要用身体掩护球时，多采用脚内侧运球。运球时，支撑脚稍向前跨，踏在球的前侧方，膝关节稍弯曲，上体前倾向里转。随着身体向前移动，运球脚提起，用脚内侧推球的后中部。

①　②　③

图 8-7

（二）运球过人

运球过人是指在运控球的基础上，根据战术需要，以及对手的防守位置和重心变化情况，利用速度、方向或动作变化，获得时间和空间位置的优势，从而突破防守的一种技术手段。

运球过人的常用方法有拨球过人、拉球过人、扣球过人和挑球过人。

（1）拨球过人指当对手从正面来抢球时，先运球逼近对手，诱使对手伸脚抢球，然后运用脚和踝关节抖拨的动作，用脚背外侧或内侧触球，将球向侧方或前方突然拨动，摆脱对手。

（2）拉球过人指当对手正面或侧面来抢球时，先将球停住或减速运球，诱使对手伸脚抢球，然后运用脚掌将球由前向后，或由一侧向另一侧做拖拉动作，紧接着用脚内侧或其他部位向侧前方推球摆脱对手。

（3）扣球过人指当对手正面或侧面来抢球时，突然转身，用脚背内侧或外侧扣球，将球向对手抢断球的另一侧急停或改变方向摆脱对手。

（4）挑球过人指当接近对手或对手上来抢截时，用脚尖上翘或脚背上撩动作，使球向上改变方向，从对手的身侧或头上越过。

五、抢截球

抢截球是将对手控制或传出的球占为已有，或破坏对手对球的控制的一类技术，也是比赛中由守转攻的主要手段。抢截球包括抢球和截球两部分。抢截球技术一般由判断、选位、抢截、合理冲撞、衔接动作等环节组成。抢球的主要方法有正面跨步抢球、侧面合理冲撞抢球。抢球时应不怕冲撞，要求动作凶猛果断。正确地判断和时机选择是成功与否的关键。

（一）正面跨步抢球（图 8-8）

两脚前后开立，两膝微屈，身体重心下降并放在两脚间，面向对手，在对手运球脚触球后即将着地或刚着地时，支撑脚立即用力后蹬，抢球脚以脚内侧对着球跨出，膝关节弯曲，上体前倾，身体重心移至抢球脚上，另一脚立即前跨。如果双方的脚同时触球，则要顺势向上提拉，使球从对手脚背滚过，同时身体重心要迅速跟上，把球控制好。如果离球稍远抢不到球，则可用脚尖捅抢。

① ② ③ ④

图 8-8

（二）侧面合理冲撞抢球（图 8-9）

当与对手并肩跑动时，身体重心稍下降，与对手接触一侧的手臂要紧贴身体。当对手靠近自己一侧的脚离地时，用肘关节以上部位撞其相同部位，使其失去平衡而离开球，乘机将球抢过来。

① ②

图 8-9

六、假动作

假动作是为了诱使对手做出错误判断，达到取胜目的。

（一）传球前的踢球假动作

准备传球时，如果对手迎面跑来抢球，可先做假动作，诱使对手堵截传球路线，然后改变方向传球。例如，先摆动右腿向右假踢，诱使对手向右前方堵截，再突然变换脚法将球向左前传出或运球。

（二）过人时的虚晃假动作

运球时，若对手在背后紧逼，可先向左（右）侧做虚晃动作，诱使对手也向左（右）移动，接着用右脚脚背外侧把球向右（左）轻拨并转身越过（图 8-10）。

①　②

图 8-10

（三）运球过人假动作

用右（左）脚背外侧假做向右（左）踢球，趁对手伸腿堵截时，改用左（右）脚内侧推球，使球从对手胯下穿过；接着快速绕过对手，运球继续前进（图 8-11）。

①　②　③

图 8-11

七、掷界外球（图 8-12）

掷界外球是指在场外把球远、准、快地掷向同伴，给本队创造良好的进攻机会。掷界外球时要充分发挥蹬地、腰腹和手腕的力量，整个动作过程要连贯。原地掷界外球时，面对出球方向，两脚前后或左右开立，膝关节弯曲，上体后仰成背弓，重心移到后脚上（左右开立时，重心放在两脚间），两手自然张开，拇指相对，持球的侧后部，屈肘将球置于头后。掷球时，后脚用力蹬地，两腿迅速伸直，快速摆体，身体重心由后脚移到前脚，同时两臂急速前摆，当球摆到头上时，用力甩腕将球掷入场内。掷球时，后脚可沿地面向前滑动，两脚均不得离地或踏入场内，但允许踏在线上。

① ② ③

图 8-12

八、守门

守门员技术的好坏，对比赛效果有着直接的影响。守门员是足球队的最后一道防线，主要任务是守卫球门不让球进入。此外，守门员还起到指挥全队进行有序攻防的作用。

守门员技术包括位置选择、准备姿势、移动、接球、扑球、拳击球、托球、掷球和踢球等。其中最主要的是接球技术。接球包括接地滚球、接平直球、接高球等。

第三节　足球基本战术

足球战术分为进攻战术和防守战术。进攻战术和防守战术都包含个人战术和集体战术。个人战术和二三人的协同配合是集体战术的基础战术。

一、比赛阵形

比赛阵形是指在比赛中，对人员的布局和位置排列。比赛阵形的确定不是凭空想象而来的，更不要随意模仿，必须根据本队打法特点、队员的能力和比赛对手的相应情况等因素，有选择地采用。

目前，世界上普遍采用的“4-3-3”“4-4-2”“4-1-2-3”“3-5-2”等阵形。在以上阵形中，除“4-4-2”阵形以防守为主、反击为辅外，其他阵形均以进攻为主，尤以“3-5-2”阵形更为突出。

比赛阵形在比赛中不是一成不变的，针对具体情况或需要，比赛阵形也可以灵活机动地进行变换。例如，防守时采用“5-3-2”阵形，由守转攻时又可以变成“3-5-2”阵形。

当今，在整体、快速的全攻全守战术思想指导下，世界各国采用较多的大体有四种阵形，即“4-4-2”“5-3-2”“3-5-2”阵形和欧洲较为流行的“1-3-3-3”阵形。

二、进攻战术

（一）个人战术

个人战术包括运动员控球时有目的、合理地运用各种技术，以及无球时具有战略意义的行动。个人战术的集合必将体现球队整体战术水平的高低。因此，提高个人战术水平对比赛的成效有着重要意义。个人战术有队员无球时的摆脱、跑位和有球时的传球、射门、运球过人等内容。

摆脱指每当队员得球时，就要发动进攻，同队队员要迅速摆脱对手，或制造宽度，造成空当，给有球同伴创造多条传球路线，以便更好地进攻。在对手紧逼的情况下，多数队员的跑位都要采取摆脱的动作。摆脱对手紧逼的方法包括突然启动、冲刺跑、急停、突然变向、变速和假动作等。摆脱的方向可以向左、向右或向前、向后。摆脱的目的是拉出空当，制造有利的传球位置。

跑位就是有目的地跑向有利位置或空当，使自己能在短时间内摆脱对手接球，推进进攻。

传球是配合的基础，是完成战术配合创造射门机会的主要手段。选择目标、把握时机、控制力量与方向是传好球的重要环节。传球有短传（15 米以内）、中传（15～25 米）、长传（25 米以上）。长传推进速度快，短传准确性高，长传一般用高球，短传一般用低球。高传一般要高过人体，低传一般指抵于膝盖的空中球和地滚球。

射门是战术配合的最终目的。射门要准确、突然、有力，其中“准确”是关键。突然有力的射门，往往使守门员猝不及防。在运球中快速起脚射门，有时虽然球速不快，但也有效果。守门员向前冲出或后退还未站稳，是可利用的有利射门时机。

运球过人是进攻战术中一种重要的个人战术。运球过人是调动、扰乱对方防线造成以多打少，寻求传球空当，突破密集防守，获得射门机会的有效手段。在没有传球配合的可能或运球过人后能有更好的传球、射门机会时，则应大胆运球过人突破。运球者不断改变方向、变化速度和身体动作，使对手判断错误，从而失去平衡或向相反方向移动，以达到过人的目的。这就要求不断提高控制球的能力和应变能力。

（二）两人配合的进攻战术

两人的传球配合是集体配合的基础。在一般情况下，防守队都是 1 个防守 1 个，而进攻队员要利用摆脱或运球过人等动作，常出现 2 对 2 或 2 对 1 的局面。因此，两人配合成为组织进攻战术的重要部分。

三、防守战术

（一）选位与盯人

选位与盯人是防守战术中重要的个人战术。防守队员位置一般应处于对手与本方球门中心所构成的一条直线上。盯人的目的在于阻止对手接球，并且在对手接球前或接球的刹那紧逼。盯人防守中，要力争断球，因为这是最积极的，但不能盲目出击；若不能断球，则要靠近对手，不让其转身，因为这样对手看不到防守者的动作，易于抢堵；若对手已转过身来面对防守者，则要防直线空当球。防守企图运球过人的对手，关键在于防守队员要不受运球对手假动作的诱骗而失去身体平衡，因此防守队员采用正确的步法是很重要的。

（二）保护与补位

保护与补位是局部地区集体防守的基础，保护是补位的前提，没有保护也不可能有效地补位。队员间距离适当的斜线站位是保护时选位的基本要求，也是后卫线防守站位的基本原则。斜线站位可避免对方突破一点全线崩溃的局面。后卫斜线站位时相互间的纵深距离不能太大，大了就为对手在纵深范围内穿插跑位提供了条件，而不会受到越位的限制。补位是防守队员之间协同配合、相互帮助的一种方法。补位的队员一般都比被补位的队员更接近本方的球门，这样当同伴被对手突破时就能及时补位。

补位有两种：一种是队员去补空当，如边后卫插上进攻时，由一个同伴暂时补他的位置，以防插上进攻失误时对手利用这一空当进行反击；另一种是防守队员的相互补位，即交换防守。其中，相互补位一般都是临近的两个同伴之间互相交换防守，因为这样出现漏洞的可能性小。

第四节　足球基本竞赛规则和裁判法

一、足球基本竞赛规则

本节“规则”均指《足球竞赛规则》。

（一）足球比赛注解

在不违背规则的前提下，各国可根据不同级别的比赛（如16岁以下青少年比赛、35岁以上的比赛、女子足球比赛）进行如下方面的变动。

（1）比赛场地的大小。

（2）比赛用球的大小、重量、材料构成。

（3）球门的宽度和高度。

（4）比赛时间。

（5）替补人数。

如要进行其他方面的改动，则应经国际足球协会理事会批准，对于裁判员、助理裁判员、运动员和官员来讲，男子足球的竞赛规则同样适用于女子足球。

（二）足球比赛场地

1. 场地面积

比赛场地应为长方形，长90～120米、宽45～90米（国际比赛的场地长100～110米、宽64～75米）。在任何情况下，长度必须超过宽度。

2. 画线

比赛场地应按照平面图画出清晰的线条，线宽不得超过12厘米。较长的两条线叫边线，较短的叫端线。场地中间的一条横穿球场的线，叫中线。场地中央应当做一个明显的标记，并以此点为圆心，以9.15米为半径，画一个圆圈——中圈。场地每个角上应各竖一面不低于1.50米高的平顶旗杆，上系小旗一面；相似的旗和旗杆可以各竖一面在场地两侧正对中线的边线外至少1米处。

3. 球门区

在比赛场地两端距球门柱内侧5.50米处的球门线上，向场内各画一条长5.50米与球门线垂直的线，一端与球门线相接，另一端画一条连接线与球门线平行，这三条线与球门线范围内的区域叫球门区。

4. 罚球区

在比赛场地两端距球门柱内侧 16.50 米处的球门线上，向场内各画一条长 16.50 米，且与球门线垂直的线，一端与球门线相接，另一端画一条连接线与球门线平行，这三条线与球门线范围内的区域叫罚球区。在两条球门线中点垂直向场内量 11 米处各做一个清晰的标记，叫罚球点。以罚球点为圆心，以 9.15 米为半径，在罚球区外画一段弧线，叫罚球弧。

5. 角球区

以边线和球门线交叉点为圆心，以 1 米为半径，向场内各画一段四分之一的圆弧，这个弧内地区叫角球区。

6. 球门

球门应设在每条端线的中央，由两根相距 7.32 米，与两面角旗点相等距离、直立门柱与一根下沿离地面 2.44 米的水平横木连接组成。为确保安全，无论是固定球门或可移动球门都必须稳定地固定在场地上。门柱及横木的宽度与厚度，均应对称相等，不得超过 12 厘米。球网附加在球门后面的门柱及横木和地上。球网应适当撑起，使守门员有充分的活动空间。

（三）比赛用球的介绍

比赛用球应为圆形，它的外壳应用皮革或其他许可的材料制成，在它的结构中不得使用可能伤害到人的材料。

球的圆周不得多于 71 厘米或少于 68 厘米。球的重量，在比赛开始时不得多于 453 克或少于 396 克。充气后其压力应相当于 0.6～1.1 个大气压力。在比赛进行中，未经裁判员许可，不得更换比赛用球。

国际足球协会理事会决议如下。

（1）比赛所用的球，是比赛场地所属协会或俱乐部的财物，在比赛结束时，应将球交给裁判员。

（2）国际足球协会理事会随时决定制球的质料。任何经许可的质料，均应由国际足球协会理事会核准。

（3）国际足球协会理事会批准的球的重量为 396～453 克。

（4）如球在比赛进行中破裂或漏气，裁判员应立即鸣哨停止比赛，用备用球在原球破漏时所在地点以坠球方式恢复比赛。若当时球在球门区内，则应在停止比赛时球所在地点最近的、与球门线平行的球门区线上坠球恢复比赛。

（5）如球破漏发生在死球时，应用备用球在比赛成死球时互换。

（四）队员人数

（1）一场比赛应有两队参加，每队上场队员不得多于 11 名，其中必须有一名为守门员。

（2）凡属国际足联、洲际足联或各国足球协会举办的有正式竞赛规程的任何比赛，都要按下列规定更换替补队员。

① 获得各有关国际协会或国家协会的批准。

② 根据下面一条的限制，竞赛规程应规定是否有替补队员及替补队员人数和允许有几名替补队员。

③ 任何比赛，每队至多允许有两名替补队员上场，这两名替补队员必须是根据竞赛规程要求，在赛前交给裁判员的不超过 5 名的替补队员名单之中的。

（3）任何其他比赛，均可按上述规定更换替补队员，也可在赛前由双方协商达成最多不超过 5 名替补队员的协议，并在赛前通知裁判员。如未通知裁判员或双方未达成协议，则上场替补队员不得多于两名。在任何情况下，上场替补队员都必须按要求在赛前将替补人员名单（不超过 5 名）交给裁判员。

（4）任何其他队员都可与守门员互换位置，但须事先通知裁判员，并应在比赛成死球时互换。

（5）替补守门员或其他任何队员，均应遵守下列规则。

① 替补前应先通知裁判员。

② 替补队员在被替补队员离场，并得到裁判员许可后，方可进入比赛场地。

③ 替补队员应在比赛成死球时从中线处进场。

④ 被替换下场的队员不得再次参加该场比赛。

⑤ 替补队员无论上场与否，裁判员均有权对其行使职权。

⑥ 替补队员进入比赛场地，即为场上队员，同时被替换下场的队员不再是场上队员，至此替补结束。

罚则如下。

（1）对于违反《足球竞赛规则》第三章第 4 条规则者，比赛不应暂停，应在比赛成死球时立即警告各有关队员。

（2）如替补队员未经裁判员许可擅自进场，则应停止比赛，并视情节对该替补队员予以警告、令其离场或罚令出场，比赛应由裁判员在暂停时球所在的地点执行坠球恢复比赛。除非当时球在球门区内，如遇这种情况，则应在停止比赛时球所在地点最近的、与球门线平行的球门区线上坠球。

（3）对违反《足球竞赛规则》第十二章任何其他规则的有关队员，均应警告。如果裁判员暂停比赛执行警告，则应由对方队员在比赛暂停时球所在的地点踢间接任意球恢复比赛。如果在其本方的球门区内罚任意球，可以在比赛暂停时球所在球门区的半边内任何地点执行；如果在对方的球门区内罚任意球，则应在比赛暂停时所在地点最近的、与球门线平行的球门线上执行。

（4）如竞赛规程要求在比赛前将替补队员名单交给裁判员，那么不按此执行则按无替补队员处理。

国际足球协会理事会决议如下。

（1）每队上场队员的最少人数由各国足球协会酌定。

（2）国际足球协会理事会认为，任何一队少于 7 名队员时，该场比赛应为无效。

（3）队员在比赛开始前被罚令出场，可从已登记的替补队员中选一人替补，不应因进行替补而延迟开球。队员在比赛开始后被罚令出场者，不得替换。

凡替补名单中的替补队员，不论是在比赛开始前，还是在比赛开始后被罚令出场，均不得更换。（此项决议仅指违反《足球竞赛规则》第十二章而被罚令出场的队员，而不适用违反第四章的队员。）

（五）队员装备

（1）上场队员必需的装备是运动上衣、短裤、护袜、护腿板和足球鞋。上场队员不得穿戴能危及其他运动员的任何物件。

（2）护腿板必须由护袜全部包住，而且应由适当的材料制成（如橡胶、塑料、聚氨酯或其他类似的材料）。

（3）守门员的服装颜色必须有别于其他上场队员和裁判员。

罚则：场上队员违反规定时，除非在成死球前该队员已经调整好装备，否则在成死球后，该队员应离场调整或换取装备；离场调整和换取装备的队员在回场前，必须先报告裁判员，经裁判员检查符合规定后，且在比赛成死球时方可进场比赛；场上队员违反了规定，不要立即停止比赛。

国际足球协会理事会决议如下。

（1）国际比赛、国际锦标赛、国际俱乐部杯赛及各国俱乐部间的友谊赛，裁判员必须在比赛前检查所有上场队员的装备，严格制止装备不符合国际足联相关规定的队员上场比赛，直至该队员的装备合乎规定为止。任何正式比赛的规程中都要列入此项规定。

（2）如裁判员发现某队员穿戴有违反规定的物件，并可能伤害其他队员时，则应立即令其摘除。如该队员不服从，则不允许其参加比赛。

（3）队员因装备不符合规定而不准参加比赛，或在比赛中被令离场，如再进场参加比赛，则应在比赛成死球时先向裁判员报告，经裁判员检查认为符合规定后，方可入场。

（4）队员因违反规定而被停止参加比赛，或在比赛中被令离场，如再进场比赛时违反规则，即未经裁判员允许而进场，则应给予警告。如裁判员因对该队员给予警告而暂停比赛，则应由对方队员在比赛暂停时球所在地点踢间接任意球恢复比赛。如果在本方球门区内踢任意球，则可在其球门区内的任何地点执行；如果在对方球门区内踢任意球，则应在比赛暂停时球所在地点最近的、与球门线平行的球门区线上执行。

（六）裁判员

每场比赛应委派一名裁判员执行裁判任务。在进入比赛场地时，裁判员即开始行使规则赋予他的职权。

对比赛暂停或比赛成死球时出现的犯规，裁判员均有判罚权。裁判员在比赛进行中，根据比赛实际情况，诸如比赛结果等所做的判决，应为最后判决。裁判员应当做到如下内容。

（1）执行规则。

（2）避免做出对犯规队有利的判罚。

（3）记录比赛成绩和比赛时间，使比赛赛足规定的时间或双方同意的时间，并补足由于偶然事故或其他原因所损耗的时间。

（4）因违反规则、遇风雨、观众或外界人员干扰及其他原因妨碍比赛进行的，裁判员有权暂停、推迟或终止比赛。事后须在规定的时间内按照有关要求将具体情况书面报告主办机构。书面报告在规定的时间内一经递交即为合法手续。

（5）裁判员从进入比赛场地起，对犯有不端和不正当行为的队员应给予警告并出示黄牌。事后须在规定的时间内，按照有关要求将该队员的姓名和具体情况书面报告主办机构。

（6）除参加比赛的队员及助理裁判员外，未经裁判员允许，任何人不得进入比赛场地。

（7）如裁判员认为队员受伤严重，应立即停止比赛，须将受伤队员尽可能迅速地移至场外，并立即恢复比赛。如队员受轻伤，则比赛不应在成死球前停止。凡队员能自己走到边线或球门线接受护理者，不得在场内护理。

（8）裁判员对于场上队员的暴力行为、严重犯规、使用污言秽语或辱骂性语言，以及经警告后仍犯有不正当行为者，应罚令出场并出示红牌。

（9）在每次比赛暂停后，以信号指示恢复比赛。

（七）助理裁判员

助理裁判员应协助裁判员按照规则控制比赛。助理裁判员如有不正当行为或不适当地干扰比赛，裁判员则应免除其职务并指派他人代替（裁判员应将此情况上报主办机构）。助理裁判员使用的手旗应由比赛场地所属的俱乐部提供。

国际足球协会理事会决议如下。

（1）助理裁判员应对裁判员未发现的犯规行为提示信号，引起裁判员的注意，但仍应以裁判员的决定为准。

（2）国家 A 级比赛，各国足球协会必须选派当年度国际足联在册的中立国助理裁判员。

（3）在国际比赛中，助理裁判员的手旗应用鲜明的颜色，如鲜红及黄色等，建议在其他比赛中也采用该色手旗。

（4）只有根据裁判员对助理裁判员不合理的干扰或不称职的报告，才可给助理裁判员纪律处分。

（八）比赛时间

比赛时间应分为两个半场，每半场 45 分钟，特殊情况双方同意另定除外，并按下列规定执行。

（1）在每半场中由于替补、处理伤员延误时间及其他原因损失的时间均应补足，应补足时间的多少由裁判员决定。

（2）在每半场时间终了时或全场比赛结束后，如执行罚球点球，则应延长时间至罚完为止。

除经裁判员同意外，上半场和下半场之间的休息时间不得超过 5 分钟。

国际足球协会理事会决议如下。

（1）如裁判员根据《足球竞赛规则》第五章中任何原因中途停止比赛，除竞赛规程另有规定承认当时比赛结果外，该场比赛应全部重新进行。

（2）在上半场终了后，队员有休息的权利。

（九）比赛开始

（1）比赛开始前，应用投币方式选定开球或场地，先挑的一方应有开球或场地的选择权。比赛应在裁判员发出信号后，由开球队的一名队员将球踢入对方半场开始。在球被踢出前，每个队员都应在本方半场内，非开球队的队员还应当保持距球不少于 9.15 米；球被踢出后，须滚动到它自己的圆周距离时，才应认为比赛开始，开球队员在球经其他队员触或踢之前不得再次触球。

（2）在进一球后，应由负方一名队员以同样方式，重新开球继续比赛。

（3）下半场开始时，两队应互换场地，并由上半场的非开球队开球。

（4）比赛如因规则未规定的原因暂停，球并未越出边线或球门线，则恢复比赛时，裁判员应在暂停时球所在的位置坠球，球着地即恢复比赛。如果比赛暂停时球在球门区内，则应在比赛暂停时球所在位置最近的、与球门线平行的球门区线上坠球，坠球时在球落地之前，队员不得触球，否则应由裁判员重新坠球。

国际足球协会理事会决议如下。

（1）当裁判员坠球而在球未着地前，如有队员犯规，则裁判员应按其犯规的轻重，予以警告或罚令出场。因为该队员犯规时球不在比赛中，不能判由对方踢任意球。裁判员应重新坠球。

（2）禁止由参加比赛队员以外的人开球。

（十）比赛进行及死球

下列情况称死球。

（1）当球不论在地面或空中全部越过球门线或边线时。

（2）当比赛已被裁判员停止时。自比赛开始至比赛终了时，比赛均应在进行中，包括球从球门柱、横木或角旗杆弹回场内，球从场上的裁判员或助理裁判员身上弹落于场内，场上队员犯规而裁判员并未判罚。

国际足球协会理事会决议：球场内各区域的界线均应包括在各区域的范围以内。因此，边线及球门线均属于比赛场地。

（十一）计胜方法

除另有规定外，凡球的整体从门柱间及横木下越过球门线，而并非攻方队员用手掷入、带入，故意用手或臂推入球门（守门员在本方罚球区内除外），均为攻方胜一球。

在比赛中，胜球较多的一队为得胜队，如双方均未胜球或胜球数目相等，则这场比赛为平局。

国际足球协会理事会决议如下。

（1）对于规则中规定的胜或平的方法，不得做任何更改。

（2）在任何情况下，球在进入球门前受外界干扰所阻止，不能判为胜一球。如这种情况发生在比赛中，除执行罚球点球时外，应暂停比赛，由裁判员在事故发生的地点坠球恢复比赛。除非当时球在球门区内，如遇这种情况，则应在停止比赛时球所在地点最近的、与球门线平行的球门区线上坠球。

（3）如有观众进入球场，企图阻球入门，但未触及球，若该球进入球门，则应判胜一球；如该观众触及球或妨碍比赛，则裁判员应暂停比赛，在事故发生地点坠球恢复比赛。除非当时球在球门区内，如遇这种情况，则应在停止比赛时球所在地点最近的、与球门线平行的球门区线上坠球。

（十二）越位

（1）凡进攻队员较球更接近于对方球门线者，即为处于越位位置。下列情况除外：①该队员在本方半场内；②至少有两名对方队员比该队员更接近于对方的球门线。

（2）当队员踢或触及球的一瞬间，同队队员处于越位位置时，裁判员认为该队员有下列行为，则应判为越位：①该队员在干扰比赛或干扰对方；②企图从越位位置获得利益。

（3）下列情况，队员不应被判为越位：①队员仅仅处在越位位置；②队员直接接得球门球、角球或界外掷球。

（4）队员被判罚越位，裁判员应判由对方队员在越位地点踢间接任意球。如果该队员在对方球门区内越位，那么这个任意球可以在越位时所在球门区内任何地点执行。

国际足球协会理事会决议如下。

（1）判断越位，是以同队队员将球传给他的一刹那，而不是他接球时。如队员处在非越位位置，同队队员向他传球或踢出任意球时，该队员在球飞行时跑到前方也不构成越位。

（2）如果进攻队员平行于对方倒数第二个防守队员或平行于对方最后两名及以上防守队员，那么该进攻队员不构成越位。

（十三）犯规与不正当行为

队员故意违反下列九项中的任何一项者，都应判由对方在犯规地点踢直接任意球。

（1）踢或企图踢对方队员。

（2）绊摔对方队员，即在对方队员身后或身前，伸腿或屈体绊摔或企图绊摔对方队员。

（3）跳向对方队员。

（4）猛烈地或带有危险性地冲撞对方队员。

（5）除对方队员正在阻挡外，从背后冲撞对方队员。

（6）打或企图打对方队员或者向对方吐唾沫。

（7）拉扯对方队员。

（8）推对方队员。

（9）用手触球，如用手或臂部携带、推击球（守门员在本方罚球区内除外）。

如犯规地点在对方球门区内，该任意球可以在球门区内任何地点执行。

在比赛进行中，如守方队员在本方罚球区内故意违反上述九项中任何一项，则不论当时球在什么位置，都应判罚球点球。

以上情况都应根据具体情况判由对方在犯规地点踢间接任意球。

国际足球协会理事会决议如下。

（1）守门员在罚球区内接球并故意用球掷击对方或持球推击对方，裁判员应判罚球点球。

（2）队员为躲避对方抢截而转身背向对方队员时，对方队员可采用非危险动作进行冲撞。

（3）在球门区内，裁判员认为进攻队员故意用身体冲撞对方无球守门员时，应判出守方队员踢间接任意球。

（4）队员借助同队队员的肩部跳起顶球，裁判员应对该队员的不正当行为给予警告，并判由对方踢间接任意球。

（5）在比赛开始后，队员进场或重新进场参加比赛，应在边线外向裁判员报告。裁判员应用清晰的手势使队员明确地知道可以进场。裁判员不必等待比赛成死球后才示意队员进场，但何时发出信号应由裁判员决定。

（6）规则未要求裁判员必须暂停比赛去警告队员，可以运用有利条款，待比赛成死球后再警告该队员。

（7）队员掩护球时自己不接触球，而设法阻挡对方队员使其不能触球，这并不属于规则所指的犯规，因球在该队员的控制范围，他可根据战术需要而掩护球。在这种情况下，对方队员可以做合理冲撞。

（8）队员故意伸展双臂上下摆动，并移动位置阻挡对方队员前进，而迫使对方队员改变方向时，虽未发生身体接触也应算作不正当行为，裁判员应对该队员给予警告，并判由对方踢间接任意球。

（9）队员故意阻挡对方守门员，企图阻止守门员发球继续比赛，从而促使守门员出现规则所指的犯规时，裁判员应判该队员犯规，并由对方踢间接任意球。

（10）裁判员已判定任意球后，如有队员因辱骂或用污言秽语表示强烈不满而被罚令出场，应在该队员离场后再令对方罚任意球。

（11）任何队员不论在场内或场外，凡有不正当行为、暴力行为，或使用污言秽语、辱骂性语言，不论这些行为或语言是针对对方队员、同队队员、裁判员、助理裁判员还是其他人员，均属犯规行为，应按其犯规性质予以处罚。

（12）裁判员认为守门员故意用身体压在球上超过其所需的时间，应判为不正当行为。

（13）向工作人员或其他人员吐唾沫或有其他类似的无礼行为，应视为暴力行为，按规则处理。

（14）当裁判员要警告某队员而未执行前，该队员再有其他不正当行为时，则罚令该队员出场。

（15）如果裁判员认为在进攻队员突破防守队员有明显得分机会时，防守队员故意犯规，裁判员判任意球（或罚球点球），但由于该防守队员的犯规直接妨碍了进攻队员先前的得分机会，故根据规则该犯规队员应被罚令出场。

二、足球裁判法

（一）裁判制

裁判制有两种：一种是边线裁判制，另一种是对角线（斜线）裁判制。边线裁判制是由苏联传入我国的。

1. 边线裁判制

边线裁判制是裁判员沿着边线跑动，助理裁判员则站在裁判员对面的边线外活动，各负责自己所在的半场的一种裁判制。这种裁判制在当前国际比赛中已不采用。

2. 对角线裁判制

当前的足球比赛均采用对角线裁判制，如图 8-13 所示，裁判员沿 AB 对角线活动，助理裁判员各沿两侧边线外活动。如裁判员靠近 A，第二助理裁判员应在 MK 之间活动。当裁判员在 B 的位置时，第一助理裁判员应在 EF 之间活动。裁判员只有与两个助理裁判员紧密配合，方能较全面地观察和掌握场上队员的活动情况。

第一助理裁判员巡视红队，第二助理裁判员巡视蓝队。当红队进入蓝区，第一助理裁判员沿边线限定蓝队倒数第二个防守队员活动。因此，第一助理裁判员几乎一直在蓝区活动。同样，第二助理裁判员沿边线跟定红队倒数第二个防守队员活动，第二助理裁判员几乎不进入蓝队区。助理裁判员协助裁判员重点注意越位、球出界和场下要求进行换人等情况，有时还要协助提供一些犯规情况。

在大多数情况下，裁判员的活动范围是在球场中间以球为中心跟球活动。因此，裁判员应选择适当的位置，不要阻碍和影响比赛进行。同时，裁判员要尽量避免背向助理裁判员活动，否则容易出现漏看助理裁判员旗示的情况。

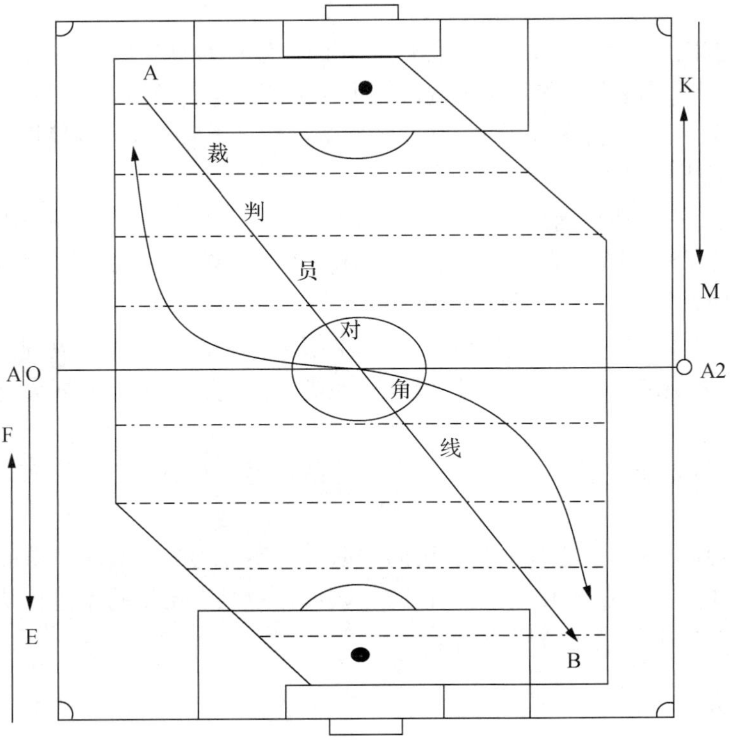

图 8-13

助理裁判员在各自负责的半场边线外活动，应该以人为中心，紧跟倒数第二个防守队员来移动，除非进攻队员已带球越过倒数第二个防守队员。在这种情况下，则应以球为中心，跟球移动并与球保持在一条平行线的位置上。

对角线裁判制多采用 AB 对角线。但有的国家裁判员根据本国习惯，考虑到阳光、气候和场地情况也可选用 FM 对角线（如英国）。在这种情况下，助理裁判员也随之相应地调整位置，其活动范围改在进攻队的前场左侧边线外。

对角线裁判制的特点如下。

（1）裁判员活动范围大，从奔跑能力上要求裁判员要具备良好的体能；离球较近，对场上队员的活动和动作便于观察和识别，这样有助于裁判员及时而准确地判断与判罚。

（2）裁判员在比赛过程中既要尽可能地接近球，又要不妨碍球和队员的活动，这就要求裁判员要有高度的预判能力，同时在场上移动迅速灵活，果断及时。

（3）有时受阳光和风向影响。

（二）裁判组的分工

裁判工作是竞赛工作的生命线。裁判员和助理裁判员是执行规则、领导比赛的主要成员，裁判工作的水平是保证比赛顺利进行的重要因素。因此，要十分重视和提高这方面的工作质量。

1. 裁判员的分工

（1）裁判员的职责是执行比赛规则，解决场上发生的各种争端，判决各项犯规。比赛中的一切判罚均应以裁判员的判决为最终判决。在裁判员认为有必要的时候，也可咨询助理裁判员的意见作为参考。

（2）裁判员与助理裁判员的服装、装备应该一致，并与比赛双方服装有明显区别。同时，还应携带两个口哨（最好高、低音哨各一个，其中一个为备用哨）、手表或秒表、笔和记录卡、挑边器、红黄牌等必要用品。

（3）裁判员要记录比赛成绩和受罚红牌、黄牌队员的号码，掌握比赛时间，不得将此权交给助理裁判员或其他人员。必要时可让助理裁判员协助配合掌握比赛时间，如在临近比赛结束前几分钟让助理裁判员用事先商定的暗号提醒暗示裁判员。但宣布比赛结束要以裁判员所掌握的时间为准。

（4）裁判员应认真做好赛前各方面的准备工作，主要包括重温和领会各项规则精神，坚持训练，保持充沛的体能；劳逸结合，调整到自己最佳的竞技状态，充满强烈地求战欲望和自信心；修饰自己的仪容仪表；在临赛前半小时认真检查场地器材设备。另外，召开赛前裁判组准备会，明确细致地进行分工配合。

裁判组准备会的一般内容如下。

① 分析比赛形势和比赛队的详细情况。

② 向助理裁判员和场下预备助理裁判员交代本场比赛的职责范围及要求。

③ 明确某些特定情况下相互间的配合方法和信号。

（5）赛后召集裁判组认真全面地总结该场比赛的裁判工作。一般包括如下几个方面。

① 运用执行规则的原则性与灵活性。

② 场上判罚尺度。

③ 裁判员控制比赛的能力。

④ 关键球是否有重大失误，如进球、罚球点球、红黄牌的运用及越位的判罚等。

⑤ 裁判员与助理裁判员之间的配合。

⑥ 裁判员在比赛中的跑位与选位。

此外，裁判员还应及时认真核对足球比赛记录表、填写裁判员工作汇报表。如果该场比赛中出现过警告、罚令出场或其他事故，则还要及时填写裁判员报告书。

2. 助理裁判员的分工

（1）助理裁判员是裁判员的助手，在比赛中应全力协助裁判员进行工作。其主要职责是指示球出界、角球、球门球、换人，并重点协助裁判员观察越位。根据裁判员的要求，有时也协助在其附近的犯规，以及裁判员身后的一些犯规动作。助理裁判员在协助裁判员执行裁判工作时，应根据比赛事实情况和规则用旗示向裁判员提供信号，但最后判决仍取决于裁判员。

（2）助理裁判员也应认真做好赛前各项准备工作，主要包括重温和领会各项规则精神，特别是自己职责内容部分及裁判员所交给的工作职权；坚持锻炼，保持充沛体力；劳逸结合，调整到良好的竞技状态；修饰仪表仪容；临赛前协助裁判员认真检查场地器材设备。同时，在运动员进场前要检查队员人数及装备是否符合规则要求等。

（3）如遇裁判员因受伤不能继续工作的情况，由第一助理裁判员代替裁判员上场工作。

因此，第一助理裁判员要随身带齐与裁判员相同的比赛用品。在正常情况下，第一助理裁判员还应协助裁判员记录进球、警告、罚令出场队员的号码等。

3. 第四官员

第四官员（我国叫预备裁判员或记录员）虽不直接参加场上裁判工作，但也是裁判组工作的重要成员之一。他坐在中线与边线交接处外设立的记录台上执行工作，其职责分工如下。

（1）赛前负责提醒裁判员和助理裁判员检查自己的装备和所携带的用品（如比赛用球、巡边旗及记录表格等）。

（2）参加赛前裁判组准备会，工作时穿着如裁判员的一切装备，可加着运动套装。当场上第一助理裁判员担任裁判员时，由第二助理裁判员担任第一助理裁判员，替补助理裁判员则上场接替第二助理裁判员工作。

（3）赛前半小时收审双方队员上场登记表并填写在比赛成绩记录表上；队员入场前，核对上场队员号码；比赛开始后协助裁判员将进球时间和进球数，以及队员替补情况、被警告与罚令出场时间等填写在比赛成绩记录表上。

（4）做好场外管理工作，主要包括下列内容。

① 比赛双方替补席的人数应当符合规程要求，并制止替补席上的任何人员离开替补席大声喊叫或到边线、端线附近去指挥。

② 未经裁判员允许任何人不得进入比赛场地，需护理伤号时只允许两名有关人员入场，但必须事先征得裁判员的同意。

③ 制止准备上场的替补队员在边线附近做准备活动。

④ 制止记者超越摄影人员限制线和使用闪光灯。

⑤ 严格履行替补手续和认真执行替补程序。

⑥ 保管好比赛备用球。

（三）裁判员与助理裁判员的跑位

1. 裁判员的一般跑动路线和范围

一般来说，裁判员的跑动路线是沿球场 AB 对角线跑动，这样既能尽量接近球，有利于准确地观察情况，又能随时看到边旗，便于与助理裁判员取得联系。但裁判员不应受 AB 对角线的束缚，他应在以球为中心的前提下积极跑动，沿着 AB 对角线的方向尽量扩大自己的活动范围，力求接近球、接近争夺场面，全面而准确地观察比赛情况，尽可能做到恰当地选择观察位置和视野角度。

正确的选位应既距球近，又不妨碍和干扰比赛：既跑得上去，又退得回来；既对攻守两队情况看得清楚，又能随时看到助理裁判员的活动。因此，裁判员积极争取在球的左侧范围活动，使球保持在自己与助理裁判员之间。即使有时裁判员的位置处在了球的右侧范围，切记不使自己跑到球与助理裁判员之间的直线上去，以免形成背对助理裁判员的局面，而应前后撤出一定的距离，尽可能适当地缩小自己与球和助理裁判员形成的夹角，以使球和助理裁判员始终处在自己的视野范围之内。

2. 助理裁判员的一般位置和活动路线

助理裁判员在本方半场区的边线外活动，一般应以人为中心，紧跟守方倒数第二个防守队员来移动，因为这是判断进攻队员是否越位的标志线。当球已超越倒数第二个防守队员时，助理裁判员不应再盯人，而应随球移动，保持与球处在同一条平行线上，因为此时判断进攻队员是否越位已不是以人为标志而是以球为标志。当球发展到对方半场，守方队员全部压过中线时，助理裁判员一般站在中线与边线的交点外，因为此时判断越位的标准应以中线为标志。

三、裁判员与助理裁判员在比赛中的具体配合方法

（一）死球时的配合方法

1. 中圈开球

裁判员站在中线与中圈交点附近面向进攻方向，这样既便于同助理裁判员保持适当的视线角度，又便于观察中圈开球双方是否出现违例现象，同时也有利于裁判员及时跑动和选位。第一助理裁判员和第二助理裁判员分别与两队的倒数第二个防守队员跟齐，保持在一条平行线上。开球后，裁判员根据比赛的发展及时选位与移动。

2. 角球

踢角球时，裁判员应在该罚球区内选择有利的观察位置，但要注意不要影响和干扰攻守双方队员的活动。因为此时罚球区内，特别是球门区附近，攻守双方队员人数密集。通常在裁判员一侧发角球时，观察位置应选在同侧球门区线与端线的交点外，这样便于观察角球是否出界和门前激烈争夺过程中的犯规，特别是便于判断球是否进门。在助理裁判员一侧发角球时，双方队员大都背对裁判员，加上人多重叠，因此裁判员应与一侧助理裁判员相对站立，在远端罚球区选择适当位置进行观察。无论角球从哪边发出，助理裁判员都应站在角球区后面的端线延长线上。一方面观察球的整体是否放于角球区内，另一方面观察角球发出后是否越出端线，同时应特别注意进球情况。如果在发角球时，对方队员追近 9.15 米距离内，助理裁判员也可站在距角球区 9.15 米的端线处，球发出后应迅速回到自己边线外的位置上。

3. 球门球

裁判员选位应在中圈附近观察场上攻守发展情况。第一助理裁判员应站在正对罚球区线延长线的边线外观察球门球是否直接发出罚球区。比赛恢复后，第一助理裁判员应立即跟上倒数第二个防守队员。第二助理裁判员在本半场内同样也要跟上倒数第二个防守队员，随时准备观察进攻队的情况。

4. 任意球

（1）后场任意球一般有两种情况：一是向后回传守门员；二是在后场进攻短传配合。裁判员此时应退至中场附近，以便观察攻势的发展。两个助理裁判员应分别跟住各自半场内倒数第二个防守队员。如任意球回传守门员，该半场的助理裁判员则应在守门员将球发出前，站在罚球区线延长线的边线处，观察守门员发球是否越出罚球区违例。球发出后，该助理裁判员应迅速跑动跟上倒数第二个防守队员。

（2）中场任意球一般也有两种情况：一是在中场进行配合传递；二是从中场直接将球传至罚球区附近。因此裁判员应提前移动到球可能到达的落点附近选择观察位置。第二助

理裁判员应盯住防守队倒数第二个队员，第一助理裁判员仍应站好自己的位置并做好攻守转换的准备。

（3）罚球区附近的任意球多采用一次性传球射门或直接射门的方法。裁判员如选择在观察越位的位置，第二助理裁判员则应下到端线处主要观察进球情况。如裁判员选位在端线附近，第二助理裁判员就应把注意力重点放在观察越位上。此时，第一助理裁判员仍应按常规站好位置。

5. 罚球点球

罚球点球时，裁判员应站在罚球点的左侧前方、球门区线的延长线附近，观察球是否放在罚球点上、主罚队员的罚球动作和其他队员（包括守门员）是否违例，以及进球情况。第二助理裁判员应站在右侧罚球区与端线的交点处，主要协助裁判员观察球是否进门。第一助理裁判员则按常规站位。

6. 掷界外球

在从第二助理裁判员处掷界外球时，裁判员应移动靠近掷球落点附近，主要观察掷球队员是否违例和球进场后可能出现的犯规。第一助理裁判员迅速盯紧倒数第二个防守队员，同时协助裁判员重点观察掷球队员的违例动作。第一助理裁判员按常规站位。在从第一助理裁判员远端边线外掷界外球时，裁判员应及时跟到掷球队员附近，以便观察掷球队员是否违例和球进场后可能出现的犯规。第一助理裁判员和第二助理裁判员则按常规站位。

7. 换人（当要求替补时）

比赛成死球状态后，当某队要求替补时，场上两位助理裁判员应及时用旗示向裁判员示意，裁判员此时应向中线入场处靠近，待退场队员从规定地点离场后，方可允许替补队员入场。

8. 出现伤号时

在激烈的比赛中，伤号时有出现。死球后护理伤号时，裁判员应及时跑到受伤队员处观察伤情，此时第一助理裁判员及第四官员应密切注视场外护理人员，在未得到裁判员的允许前不得将场外护理人员放入场内。如经裁判员示意允许进场护理，只能放行两名有关人员进场，其他人员不得入内。

9. 上、下半场结束时

上、下半场结束时，裁判员应带好比赛用球，两位助理裁判员应迅速向裁判员集中，三人列队一起退场。

（二）比赛进行中的配合方法

1. 阵地进攻

阵地进攻指按部就班、稳扎稳打的常规配合进攻，是足球比赛中主要的进攻方法。由于推进速度较慢，裁判员有充裕的跑位时间。无论进攻一方是通过两边路或是中路发动进攻，裁判员都应在对角线跑动的基础上，选择既距球近，又不妨碍和干扰攻守双方的技术行动和战术配合的区域观察比赛的发展，同时还应考虑到与助理裁判员的位置关系。特别是进攻一方沿左路推进时，裁判员一定要前后扯出一定的角度，注意与助理裁判员保持密切的联系。两名助理裁判员此时应按常规选位，如进攻队从右路进攻，临近一侧的助理裁判员除观察越位和球出界外，还应根据裁判员的要求做好犯规情况的协助工作。

2. 转移进攻

比赛中边路进攻和中路进攻相结合的主要手段是通过中长传转移进攻方向来实现的。在这种情况下，裁判员要随时注意改变自己的跑动路线，及时跟上比赛形势的发展。一般从中场进行大范围转移传球时，裁判员应多采用直线冲刺跑和快速跟进跑。如在前场进行转移传球，裁判员则应多采用横向快速移动，以便选择好自己的观察区域。

3. 快速反击

当一方在球门前进攻失误后，另一方有时通过长传或迅速推进，趁对方后方空虚、防守失调进行快速反击，往往使对手猝不及防。由于长传距离远、突然性强，加之队员奔跑速度快，裁判员常会感到力不从心，如果再对比赛的发展缺乏敏锐的预见性就会跟不上比赛的形势。因此，裁判员要对比赛形势的发展做出各种预测。一旦出现快速反击，裁判员应沿最短的跑动路线以最快的奔跑速度迅速跟进，第二助理裁判员此时应高度注意反击的发展情况，在排除越位的前提下，全速跟上反击的队员，并协助裁判员观察犯规和进球情况。第一助理裁判员仍应跟上本方半场倒数第二个防守队员。

四、裁判员开始比赛的程序与执法信号

（一）开始比赛的程序

通过掷币，猜中的队如决定选择进攻方向，则另一队开球并开始比赛。下半场比赛开始两队互换位置，并由上半场选择球门一方的队开球并重新开始比赛。

开球是比赛开始和重新开始的一种方式，包括在比赛开始时、在进球得分后、在下半场开始比赛时、在每节决胜期开始时。

开始比赛的程序为所有队员在本方半场内；非开球队的队员应距球至少 9.15 米，直到比赛进行；球应放在中心标记上；裁判员发出信号；当球被踢并向前移动时比赛即为进行；开球队员在球未经其他队员触及前不得再次触球；一队进球得分后，由另一队开球。

（二）执法信号

1. 裁判员的鸣哨

为了不延误比赛时间，使双方尽快投入比赛和避免做出对犯规队有利的判罚，一般在执行球出界掷界外球、踢球门球、踢角球或罚任意球时，如果队员的动作符合规则规定，裁判员可以不鸣哨，而用手势示意恢复比赛，使双方尽快进入比赛状态。

2. 裁判员的手势

裁判员鸣哨后，应立即做出手势。手势应简单、清楚、示意确切。手势的作用主要在于示意下一步比赛应如何进行，因此，对于队员的犯规动作，裁判员一般没有模仿的必要。

裁判员的手势如下。

直接任意球——单臂前平举，手臂要清晰地指示方向。

继续比赛——双臂斜下举，手臂稍向前做连续挥动。

罚球点球——单臂向前斜下举，明确指向罚球点，可以不跑向该处。

球门球——单臂向前斜下举，指向球门区。

角球——单臂斜上举，指向角球区。

罚令队员出场和警告——对队员罚令出场和进行警告时，分别出示红牌、黄牌。使用红牌、黄牌时，应一手持牌直臂上举，面向被处罚队员，并稍做停顿，使场内外均能看清是对哪一名队员进行处罚，同时须记录该队员的号码。

3. 助理裁判员的旗示

助理裁判员的旗示是提示裁判员注意的，所以，要便于裁判员观察。助理裁判员沿边线往返跑动时，应习惯于灵活地换手持旗，使持旗的一侧手臂朝向场内。不做旗示时，应使旗自然下垂。跑动时，持旗的一臂不应大幅度地摆动，以免造成裁判员的错觉。

助理裁判员的旗示如下。

掷界外球——持旗侧上举，指向进攻方向。

角球——持旗斜下举，指向近端的角球弧（不论远端或近端球越出界）。如有怀疑，助理裁判员须先举旗示意球已出界。同时，他应注意裁判员的动作，以防裁判员已做出了与助理裁判员不同的判决。

替换队员——当某队请求替换队员时，助理裁判员应待成死球时双手持旗横举，置于头的上方，向裁判员提出某队请求换人。

球门球——持旗前平举，指向球门区。

除上述旗示外，经裁判员委托，助理裁判员亦可以旗示向裁判员提供协助。例如，助理裁判员发现在自己附近范围内队员有犯规行为，而裁判员未觉察到时，助理裁判员可将旗上举加摇晃动作；当裁判员见到旗示并令比赛停止时，助理裁判员应将旗倾斜上举，指向踢任意球的方向。又如，助理裁判员发现在自己附近的掷界外球、角球、球门球等有不符合规则情况时，应将旗上举加摇晃动作，提示裁判员予以纠正或另做判罚。

思考

1. 简述足球的起源。
2. 足球比赛中哪些情况的犯规应判罚间接任意球？
3. 足球比赛中判断队员越位必须满足哪些条件？
4. 足球比赛中出现队员受伤，裁判员应该如何处理？

第九章　乒乓球运动

导论

乒乓球运动是由两名或两对选手用球拍在中间隔着一道球网的球台两端轮流击球的一项球类运动。据资料记载，乒乓球运动起源于英国，是从网球运动中派生的。当时使用的羔皮纸球，拍击到球和球碰台后发出“乒乓”的声音，于是人们模拟其声音把它叫作“乒乓球”，其后也称“桌子上的网球”。

学习目标

1. 了解乒乓球运动的特点与价值。
2. 熟悉乒乓球运动的技术要点。
3. 知道乒乓球运动的评分标准。

第一节　乒乓球运动概述

一、乒乓球运动的起源与发展

关于乒乓球运动的起源，有各种各样的说法，按多数人的看法，乒乓球运动始于英国，并由网球运动派生而来。受到网球运动的启示，在英国一些大学生中流行着一种类似现在乒乓球运动的室内游戏，叫作“戈西马”。它没有统一的规则，有 10 分、20 分为一局的，也有 50 分或 100 分为一局的。发球时，可将球直接发到对方台面，亦可先将球发到本方台面再跳至对方台面。球拍是空心的，用羊皮纸贴成，形状为长柄椭圆形。大约在 1890 年，有位名叫詹姆斯 • 吉布的英格兰人到美国旅行时，偶然发现了一种空心玩具球的弹力很强。于是，他就将这种球稍加改进，之后逐步在英国和世界各地推广起来。也许因为此球在桌上打来打去发出了“乒乒乓乓”的声音，英国一家体育用品公司首先用“乒乓”（Ping-Pang）一词作为广告上的名称，就这样，乒乓球得到一个如此绘声之名。

1926 年，国际乒联正式成立，负责每两年一届的世界乒乓球锦标赛和世界杯赛，比赛分为男、女团体，男、女单打，男、女双打和混合双打。1988 年，汉城奥运会把乒乓球列为正式比赛项目。

二、乒乓球运动的特点与价值

乒乓球运动的特点是球小、速度快和变化多，不同身体条件、年龄和性别的人都可参加，场地设备比较简单，运动量可大可小，健身价值较高。虽然乒乓球是英国人发明的，但真正把乒乓球运动推向登峰造极水平的是中国人。在中国，乒乓球运动是普及程度非常高的体育项目，深受男女老少的喜爱，被誉为“国球”。经过几代优秀乒乓球运动员的不断努力与创新，乒乓球运动逐渐形成了独特的“快、准、狠、变”的风格，这一风格在世界赛场上为中国赢得了无数荣誉，为中国外交工作和推动世界乒乓球运动的发展做出了巨大贡献。

第二节　乒乓球的基本技术

一、基本站位与准备姿势

（一）基本站位

站位是指运动员开始击球前的基本位置。不同类型打法的运动员，其基本站位的范围大小也不相同。比赛中，运动员站位是否合理，对其技战术水平的发挥有直接影响。

乒乓球运动员的站位通常分为近台、中近台、中远台和远台。近台指运动员离球台 40～50 厘米的范围，适合于左推右攻打法的快攻运动员；中近台指运动员离球台 50～70 厘米的范围，适合于直拍单面拉弧圈球打法的运动员；中远台指运动员离球台 70～100 厘米的范围，适合于削球打法的运动员；远台指运动员离球台 100 厘米以外的范围，适合于削球运动员和拉弧圈球的运动员。

（二）准备姿势

准备姿势是指运动员准备击球时或还击球时的身体各部位姿势。运动员在还击每个球之前，均应当使身体保持正确的基本姿势：要求两脚开立，比肩稍宽，两膝微屈并稍内扣，前脚掌内侧用力着地，重心置于两脚之间；上体略前倾；两眼注视来球；前臂、手腕、手指自然放松，持拍手自然弯曲，置于体侧。

二、握拍法

握拍法指运动员手握乒乓球拍的方法，包括直拍握法和横拍握法两种。选用何种握法因人而异，可根据个人的身体条件、兴趣、爱好、技术特点选择一种适合自己的握拍法。

正确的握拍法对调整击球时的引拍位置、拍形角度、拍面方向、发力方向等有重要作用。它对掌握乒乓球基本技术和提高乒乓球技巧十分关键。

（一）直拍握法

握拍方法：食指和拇指自然弯曲，食指的第二指关节和拇指的第一指关节分别压住球拍的两肩，两指间距离适中（一般以一指宽距离为宜）；中指、无名指、小指自然弯曲倾斜形重叠，以中指第一关节偏左侧部托于球拍背面上 1/3 处。这种握拍法是目前直拍近台快攻打法最常用的握拍法。

直拍握法的优点和缺点如下。

1. 优点

手腕与手指比较灵活，易于调节拍形角度和拍面方向；正反手击球时摆臂速度快；发球和攻台内球时多变、灵活。

2. 缺点

手腕不易固定，使拍形相应难以稳定；反手正面攻球时，不易掌握和发力；拍柄延伸长度短，左右照顾范围小。

（二）横拍握法

横拍握法因人而异，分深握和浅握两种。

握拍方法：虎口压住球拍肩部，拇指和食指自然弯曲，分别握在拍身前、后两面；中指、无名指、小指弯曲握住拍柄；拇指稍稍向内扣，食指自然伸直。

深握拍时虎口紧贴球拍，击球时拍形较稳定，发力相对集中，扣杀比较有力，削球容易控制。但手腕不够灵活，处理台内和中路偏右的短球较困难。

浅握拍时虎口轻微贴拍，击球时手腕较灵活，利于制造旋转变化，但因手腕较活，拍形不固定。

横拍握法的优点和缺点如下。

1. 优点

手指、手掌与球拍的接触面积稍大，故握拍相对稳定，左右照顾球的范围也较大，反手进攻易于发力，也适于拉弧圈球或由相持转入进攻。

2. 缺点

在回接左右两边的来球时，需要转动拍面，因此挥拍的摆速稍慢，中路较弱。另外，正手处理台内球和发球的变化不及直拍。

三、步法

步法是指乒乓球运动员为选择合适的击球位置所采用的脚步移动方法，它是乒乓球击球环节中的一个重要组成部分。乒乓球步法主要包括单步、并步、跨步、跳步、交叉步、侧身步等。步法要求判断快、移动灵活。

四、发球与接发球技术

（一）发球技术（以右手为例）

1. 反手平击发球

站位左半台，离台 30 厘米，右脚稍前，身体略向左转，左手掌心托球，右手持拍于身体左侧。持球手轻轻向上抛球，同时持拍手向后引拍，上臂自然靠近身体右侧，待球下落低于球网时，持拍手以肘关节发力，由左后向右前挥拍击球中部，拍面稍前倾，第一落点在本台中区。

2. 正手平击发球

站位中近台偏右，左脚稍前，身体稍右转，球向上抛起，持拍手由右后向前挥动。其余动作要点同反手平击发球。

3. 反手发急球

准备姿势同反手平击发球。抛球的同时持拍手向左后方引拍，待球下落到网高时，持拍手由左后向右前加速挥拍，拍面稍前倾，以前臂和手腕发力为主，击球中上部，第一落点靠近本方端线，第二落点在对方端线附近。

4. 反手发右侧上（下）旋球

站位及准备姿势同反手平击发球。抛球的同时持拍手向左后引拍，用前臂带动手腕向右前上方挥动，拍面逐渐向左稍前倾，拇指压拍，手腕内转，从球的中部向右侧上摩擦，第一落点在本方端线，第二落点在对方左角。若发落点短的球，则前臂向前力量减小而增强手腕摩擦力量，第一落点在本方中区；若发下旋球，击球时拇指加力压拍，使拍面略后仰，从球的中部向侧下摩擦。

5. 正手发左侧上（下）旋球

站位左半台，抛球的同时持拍手迅速向右上方引拍，身体随即向右转，手臂自右上方向左下方挥摆，球拍从球的右侧中下部向左侧面摩擦。若发左侧下旋球，则手臂自右上方向左前下方挥摆，拍从球的右侧中部向左侧下部摩擦，第一落点在本方端线附近。

（二）接发球技术

采用哪一种方法接发球，应根据对方发球的旋转性能、落点及双方打法特点等因素而定。首先是站位的选择。站在球台左半台，离球台端线的距离远近视来球的落点而定，便于前后移动接长、短球，一般离台 30～40 厘米。其次是对来球的判断——判断是接好发球的前提。判断对方发球的旋转性质、旋转程度或缓急、落点变化，主要应依据对方球拍在触球的瞬间的挥动方向和击球的部位与用力方向。

1. 回接对方左侧下旋球

球触拍后从自己的右侧下方弹出。接这种球一般采用推、挤、搓、削为宜。搓球回接时拍面稍后仰，并略向左偏斜以抵消来球的左侧旋；若采用攻球方法回接，宜用拉抽，拍触球时向上、向前摩擦球。

2. 回接对方左侧上旋球

球触拍后向自己的右侧上方弹出。接这种球一般采用推、攻为宜。回接时，拍面触球的中上部，适当下压，拍面所朝方向向左偏斜以抵消来球的左侧旋，要调节好拍面方向和用力方向。采用攻、拉球方法回接时，同样道理，应向对方挥拍方向相反的方向回接，以抵消来球的侧旋性能；同时，也应调节拍形适当下压，防止球飞出界外。

3. 回接对方右侧下旋球

球触拍后向自己的左侧下方弹出。接这种球一般拍面略向右偏斜。具体可采用搓、拉、点、削等方法。

4. 回接对方右侧上旋球

球触拍后向自己的左侧上方弹出。接这种球时，拍面应根据来球旋转程度适当向右偏斜，用推、拨、攻、拉、削等手段回接。触球时，调节拍面，使拍形前倾击球中上部。如上述两种发球，球为近网短球，上步移动步法宜采用推、拨、点、搓、攻、摆等手段回接。

五、推挡

推挡球是初学者应首先学习的一项基本技术，是我国近台快攻传统打法的独特技术，也是教师最重要的教学技能。

其动作要点（以右手为例）说明如下。

（一）挡球

近台中偏左站位，左脚稍前，屈膝提踵，含胸收腹，重心在前脚掌上，持拍手置于腹前，上臂靠近身体，前臂与台面平行，球和手腕顺来球路线向前伸出主动迎球，上升期击球中部，拍面与台面几乎垂直，拍触球后立即停止，迅速还原成准备姿势。

（二）推挡球

近台中偏左站位，左脚稍前，击球时提起前臂上臂后收肘部贴近身体，在上升时期或高点期击球中上部。转腰动作加手腕发力，并用中指顶住拍背向前用力。

挡球与推挡球的重点、难点是正确的拍面、身体的协调配合和准确的线路落点。

六、攻球

从大的动作结构来讲，攻球可分为正手攻球和反手攻球两大类。攻球是快速进攻最重要的一项技术，杀伤力强，是快速结束战斗的有效方法。

其动作要点（以右手为例）说明如下。

（一）正手攻球

近台中偏右站位，左脚稍前，身体斜对球台，持拍手自然放松置于腹前，拍半横状。顺来球路线略向右侧齐高，拍面与台面约成 80°角，前臂与台面基本平行。当球从台上弹起时，持拍手由右侧向左前上方挥动，以前臂快速内转沿球体做弧线挥动，在上升期击球的中上部，击球位置在身体右前方一前臂距离处。

（二）反手攻球

站位近台，右脚稍前，持拍手自然弯曲置于腹前偏左，重心偏于左脚。顺来球线路向后引拍，当球弹起时，从台左后向右前上加速挥拍，以前臂发力为主，手腕外转，拍面前倾，重心移至右脚，在右胸前击上升期的球的中上部。

攻球的重点、难点是挥拍发力和正确的击球点。

若拍面前倾不够，纠正方法是做平击发球练习，体会击球时手腕的外旋动作。

第三节　乒乓球考试内容与评分标准

一、反手推挡

（一）方法

陪考者将球回击到受测者球台中线附近的反手区，受测者用反手推挡，在 20 秒内将球分别推到对方球台的左半区和右半区。

（二）规则

受测者推球的落点必须为对方球台的左边一个、右边一个，不得连续推到一边，否则该球以错区计分。

（三）评分标准

受测者所推的球落在规定的对方台区得 5 分，错区得 2 分，失误为 0 分。得分之和为达标分（满分 100 分），反手推挡得分占 70%，技术评定分占 30%，两者得分之和为该项目考试得分。

二、搓球

（一）方法

陪考者用中等旋转强度搓球，将球依次搓到受测者的左半区和右半区。受测者在 30 秒内依次用正手搓球和反手搓球，依次搓球到对方球台的左半区和右半区。

（二）规则

受测者击出的球的飞行路线为斜线或直线（没有硬性规定），只按照球的落点计分。

（三）评分标准

球搓到规定的对方球台区得 5 分，错区得 2 分，失误为 0 分。得分之和为达标分（满分 100 分），搓球得分占 70%，技术评定分占 30%，两者得分之和为该项目考试得分。

三、正手近台攻球

（一）方法

陪考者用推挡或攻球将球回击到受测者正手区。受测者用 15 秒正手攻球，连续回击到对方球台的右半区，再用 15 秒正手攻球，连续回击到对方球台的左半区。

（二）规则

受测者击出的球，其飞行路线为斜线或直线（没有硬性规定），只按照球的落点计数。

（三）评分标准

回击球的落点在规定的对方球台区得 4 分，错区得 2 分，失误为 0 分。得分之和为达标分（满分 100 分），正手近台攻球得分占 70%，技术评定分占 30%，两者得分之和为该项目考试得分。

四、左推右攻

（一）方法

陪考者用推挡连续依次送到受测者球台的中线两侧。受测者在 15 秒内连续左推右攻，将球回击到对方的右半区，再用 15 秒连续左推右攻，将球回击到对方球台的左半区。

（二）规则

受测者必须运用并步（双脚交替移动）或跳步（双脚同时移动）进行步法移动，反手位和正手位必须使用反手推挡（拨球、反手攻）和正手攻球技术回接。达不到以上要求者，属于犯规，不计板数。

（三）评分标准

回击球的落点在规定的对方球台区得 4 分，错区得 2 分，失误为 0 分。得分之和为达标分（满分 100 分），左推右攻得分占 70%，技术评定分占 30%，两者得分之和为该项目考试得分。

思考

1．简述乒乓球运动的起源。
2．乒乓球运动的特点是什么？
3．直拍握法和横拍握法的优点和缺点各是什么？

第十章　羽毛球运动

导论

现代的羽毛球运动在 19 世纪 60 年代起源于英国。随着该项运动的发展，各类赛事越来越多，目前世界性的赛事就有将近十项。羽毛球运动集技巧性、智能性、对抗性和观赏性于一体，对人的身心具有全方位的锻炼价值。

学习目标

1. 了解羽毛球运动的起源。
2. 知道羽毛球运动的特点与价值。
3. 熟悉羽毛球的基本技术。
4. 了解羽毛球考试内容与评分标准。

第一节　羽毛球运动概述

一、羽毛球运动的起源与发展

现代羽毛球运动诞生在英国，由网球派生而来。1873 年，在英国格拉斯哥郡的伯明顿镇，在一位伯爵开的游园会上，有几个从印度回来的退役军官向大家介绍了一种隔网用拍子来回击打锤球的游戏，引起了人们很大的兴趣。这项活动极富趣味性，很快在上层社会的社交场上风行开来。“伯明顿”（Badminton）即成为羽毛球的名字。

1875 年，世界上第一部羽毛球比赛规则诞生于印度的普那。在巴塞罗那奥运会上，羽毛球被列为正式比赛项目，共设男、女单打，男、女双打及混合打共五项比赛。羽毛球比赛很多，如汤姆斯杯、尤伯杯、苏迪曼杯，以及世界羽毛球锦标赛等。

二、羽毛球运动的特点

（1）羽毛球运动具有全方位性。

（2）羽毛球运动不受场地限制。

（3）羽毛球运动适宜人群广。

三、羽毛球运动的健身价值

（1）羽毛球运动能够提高身体健康功能。

（2）羽毛球运动能够提高心理健康功能。

（3）羽毛球运动能够提高社会适应能力。

第二节　羽毛球的基本技术

一、握拍技术

有人曾说："羽毛球的球拍是选手手臂的延伸。"因此，正确的握拍可使其与人的手有机地融为一体，选手可用这只"延长的手"随心所欲地迎击不同方向、不同速度的来球，以达到手与球拍之间的完美结合。羽毛球的握拍分为正手握拍和反手握拍。但对于一名高水平的选手来说，握拍不是一成不变的。在实战中为了更好地控制球的落点，应视具体情况，因时、因地地调整握拍姿势，但所有这些调整都是建立在正、反手两种基本握拍技术的基础上的。

（一）正手握拍法

正手握拍技术的动作要领如下。

（1）先用左手握住球拍的中杠，使拍框与地面垂直。

（2）张开右手，使虎口对准拍柄斜棱上的第二条棱线，此时眼睛从左至右可同时看见四条棱线，然后用近似握手的方法握住拍柄，拇指和食指贴在拍柄两侧的宽面上，其余的三指自然握住拍柄。

（3）拍柄与掌心不要过紧，应留有空隙。握拍的位置可视各人的情况而定，一般以球拍柄端靠近手掌的小鱼际为宜。

（4）握拍力度适宜，似握着一个鸡蛋，重则破损，轻则滑落；握拍不要很紧，要尽量放松握拍手指，发力时需要握紧。

（二）反手握拍法

一切在身体左侧的反手反拍面击球都采用反手握拍法。反手握拍技术的动作要领如下。

（1）在正手握拍的基础上，将拍柄稍向外旋，拇指顶贴在拍柄第一斜棱旁的宽面上，也可将大拇指放在第一、二斜棱之间的小窄面上，食指稍向下靠。

（2）击球时，靠食指和拇指以外的三指紧握拍柄，同时拇指前顶发力击球。

（3）为了便于发力，掌心与拍柄间要留有充分的空隙。

（三）其他握拍方法

处理网前球时，主要靠拇指和食指来控制球拍，其他手指辅助。处理中后场球时，主要靠无名指和小指来握拍，其他手指要虚握，为发力留出空间。

二、发球技术

发球技术是运动员在发球区将球由静止状态，到用球拍击出，使之在空中飞行，落到对方的接发球区的技术动作。通过不同的发球手法，发出各种线路和不同落点的球，为己方创造进攻或得分的机会。发球技术可分为正手球技术、反手球技术。一般来说，发高远球、平高球、网前球均可采用正手发球法。

（一）正手发高远球

发球时，左手把球举在身体的右前方并自然放下，使球下落，右手同时持拍由大臂带动小臂，从右后方沿着身体向前并向左上方挥动。当球落到右手臂向前下方伸直能触到球的一刹那，握紧球拍，并利用手腕的力量向前上方发力击球。击球之后，球拍顺势向左上方挥动缓冲。

（二）正手发平高球

姿势、动作和正手发高远球一样，只是发力方向和击球点不同。平高球运行的抛物线不大，会使球迅速地越过对方场区空中而落到底线附近，球在空中的路线和地面形成的仰角为45°左右。

（三）正手发网前球

正手发网前球就是把球发到对方发球区内的前发球线附近，球拍触球时，拍面从右向左斜切击球，使球刚好越网而过，落在对方前发球线附近。

（四）反手发网前球

反手发网前球是运用反手发球技术把球发至对方发球区内前发球线附近。击球时，球拍由后向前推送击球，使球运行的弧线最高点略高于网顶；球拍触球时，拍面呈切削式击球，使球落到对方场区的前发球线附近。

（五）反手发平球

反手发平球与发正手球的球路、角度、落点一样。发球时，球拍的挥动方向与反手发网前球一样，只是在击球的一刹那，手腕有弹性地击球，拍面与地面的角度接近垂直，将球击到双打后发球线以内的区域。

三、接发球技术

（一）接发球的站位和准备姿势

要提高接发球技术，首先要有正确的站位和准备姿势。有的人在羽毛球比赛中发挥不利，往往跟站位和准备姿势有关系。单打和双打中的站位和准备姿势也是有区别的。

1. 单打接发球站位和准备姿势

单打接发球站位应离前发球线约1.5米，在右发球区站位应偏靠中线一些、左发球区应站在中间的位置（以防备发球员通过发平快球的方式直接进攻反手部位），这样接发球不会变得被动。

准备姿势（以右手持拍为例）：侧身对网，通常都是左脚在前，右脚在后，两脚自然开立；身体重心放在前脚上，后脚脚跟稍微提起，双膝微屈，含胸收腹，左手自然抬起、屈肘，球拍举于右侧体前，全神贯注，目不转睛，盯着对方及来球的方向。

2. 双打接发球站位和准备姿势

由于发高远球容易被对手扣杀，因此双打比赛中多以发网前短球为主。接发球员在接发球时要站在靠近前发球线的地方，这样既比较容易对付对方的网前球，也便于快速上网击球。

准备姿势：与单打接发球准备姿势基本一致，不同之处是对身体重心没有规定，可前可后，放在哪只脚上都可以，但球拍要举得高些，以取得更高的击球点。在右发球区接发球时，发球员有可能采用发平快球突袭反手部位，对此要注意做好防备。

（二）接发各种来球

在对方发高远球或平高球时，己方可用平高球、吊球或杀球还击。一般来说，接发高远球是一次进攻的机会，还击得好，就掌握了主动。一些初学者常因后场技术没掌握好，还击球的质量较差，以致遭到对方的攻击（图 10-1：虚线为对方发来的高远球，“1”为还击高球；“2”为还击吊球，“3”为还击杀球）。

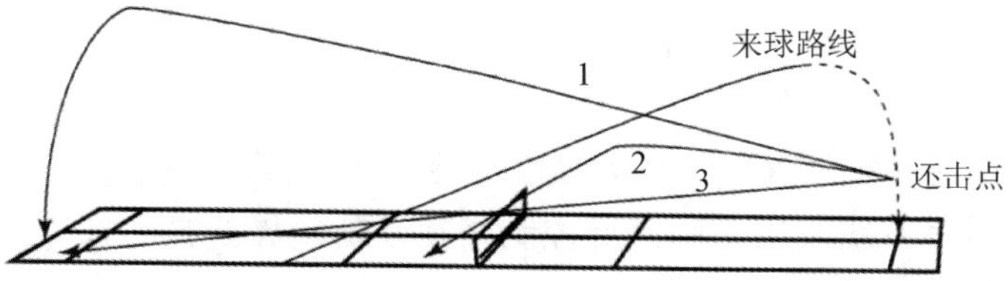

图 10-1

在对方发来网前球时，己方可用平高球、高远球、网前球、平推球还击；如对方发球质量不好，也可用扑球还击。关键要洞察对方发网前球的意图，如果是要发球抢攻，而己方的防守能力又不强，那就发网前球或平推球还击，落点要远离对方的站位，控制住球，不让对方进攻。当对方连续发球抢攻时，接发球一定要冷静、沉着，若疏忽麻痹，回球质量稍差，就可能让对方抢攻得手。

在对方发来平快球时，己方可用平推球、平高球还击，以快制快。由于接球方还击的击球点比发球方高，所以下压得狠些可以夺取主动。此外，亦可以高远球还击，以逸待劳。但不能仓促以网前球还击，因为击球质量稍差，就有可能遭受对方的攻击（图 10-2）。

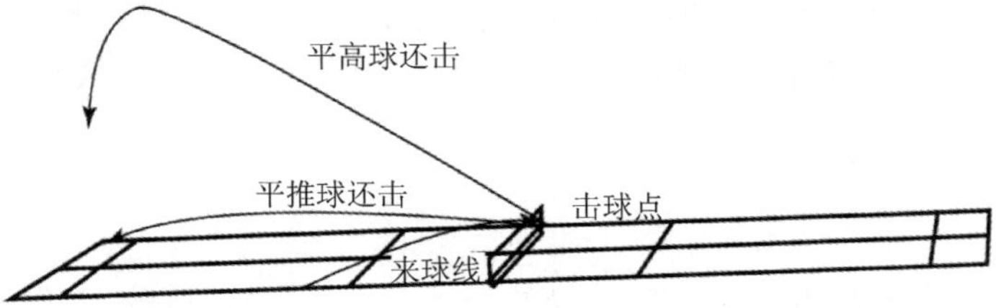

图 10-2

四、击球技术

击球技术是羽毛球技术中的核心和重点。因为球的飞行形式千变万化，所以击球技术也是多种多样的，基本可分为高远球、平高球、平射球、吊球、杀球、网前击球、抽球、快挡击球、半蹲快打击球和接杀球等。下面选择几个比较典型的进行讲解。

（一）高远球

高远球击球方式可分为三种，即一般高远球、过顶高远球和平高球。其中前两种击球技术在比赛中应用较多，因此，在平时训练中要有意识地花时间练习。

与攻击性很强的扣球相比，高远球主要以防守为目的，在情况对己方不利时打高远球能有效地改变状况。因为球的弧线高，在空中飞行时间长、距离远，对手就不得不退到最远的底线去接球，这样就不利于对手马上组织进攻，也就减弱了其进攻威胁。在己方处于被动时，就有了更多的时间来调整站位，摆脱被动局面。所以，高远球技术的好坏能直接影响战局的发展。

（二）平高球

高远系列的击球方式一般都以防守为主，但并不是说不具备攻击性，如果打得好，也可以给对手带来很大威胁。其中平高球的攻击性最强。

打平高球时应注意的事项如下。

（1）击出的球要有一定的高度，如果高度不够，在飞行途中就会被对手中途拦截。

（2）由于平高球呈直线飞出，因此要控制好，以防出界。具体来讲，就是要控制好击球力度、球的飞行方向、速度和距离。

（3）击球时通常都是把球击到端线附近或左右场区的空当位置，还可以直接击向对手的身体，那样更有攻击性。但是，要控制好球的高度，以防在中途被对手扣杀。

（三）平射球

与平高球相比，平射球速度更快、飞行时间更短、飞行弧度更小，可以有效限制对手进行强有力的进攻。由于击出的球速度极快，角度又很小，往往造成对手在接球时措手不及，因此，在遇到反应迟缓、动作反应慢、腰部柔韧性不好的对手时，发平射球往往可以创造直接得分的机会，特别是正手直线平射球威胁更大。但是，打平射球存在一定的限制性，即只适用于两边线直线球，不宜用于对角线球。

平射球可分为上手正手击平射球、上手反手击平射球和上手头顶击平射球。

动作要领：准备姿势、击球的动作要领均同击高远球，不过动作略小一些，而且在击球瞬间拍面要与地面垂直，并击中球托的中下部，这样做的目的是使球的飞行弧度比平高球更小，速度也更快。

（四）吊球

吊球技术最大限度地利用了羽毛球本身的特性。球的飞行弧线与夹头发的发夹那样的曲线类似，角度很大。吊球时要尽可能靠近球网击球，使球贴网而过，并在过网后迅速垂直下坠。吊球的方向没有限定，既可以是直线球，也可以是对角线球。击球时，不仅要注意控制好球拍，还要掌握好身体的重心，以免由于失去身体平衡而让对手有机可乘，借此反击。

（五）网前击球

网前技术包括网前的放、搓、推、勾、扑、挑球等，其中搓、推、勾、扑球属于进攻技术，这几种技术开始时的准备动作都大同小异，只是在最后的击球刹那发生变化；握拍要灵活，动作要细腻，手腕、手指要灵巧，以控制好球的落点。

前场击球具有很大的威胁性，因球飞行距离较短、落地快，常使对手招架不住，从而直接得分。即使不能直接得分，也能迫使对手被动回球，为己方创造下一拍的机会。网前击球是调动对手、寻找战机的重要手段。若对网前进攻和中后场进攻能驾轻就熟、灵活运用，并能将二者紧密结合起来，就能在前、后场的连续进攻下使对手眼花缭乱、应接不暇，没有还击之力，只能跟着己方的节奏走，这样就把主动权牢牢掌握在了己方手中。

（六）接杀球

接杀球是指击球者将对手扣杀过来的球还击到对手场区的技术方法统称。接杀球是转守为攻的打法，如果接杀球技术好，可以在比赛中取得主动或能直接得分。

由于杀球速度比较快，往往气势汹汹，因此接杀球时精神要保持高度集中，全身心应对。关键要做到反应快、引拍快、动作幅度小。击球时，主要依靠前臂、手腕和手指发力，同时注意借助对手杀球的力量控制好拍面和击球力度。

接杀球时，为了能自如地运用手腕和手指的力量以变换击球的拍面和用力的大小，应尽可能地抢在自己的身体前方击球。在接对手杀来的追身球时，也应尽可能地用反手方式还击。

第三节　羽毛球考试内容与评分标准

一、考试内容

羽毛球专项考试总分 100 分，包括发球（30 分）、击球（30 分）、教学比赛（40 分）三部分。

二、评分标准

（一）发球

1. 考试方法

发高远球。

2. 评分标准

（1）达标（20 分）。
每人发球 5 个，每发到位 1 个球得 4 分。
（2）技评（10 分）。
10 分：动作正确、协调，发球弧度适当、到位。
9～8 分：动作正确、协调，发球弧度较为适当、基本到位。
7～6 分：动作基本正确、协调，发球弧度较为适当、基本到位。
5 分及以下：动作基本正确、协调，发球弧度不好、不到位。

（二）击球

1. 考试方法

（1）击后场直线高远球 3 个。

（2）击后场斜线高远球 2 个。

2. 评分标准

（1）达标（20 分）。
每人击球 5 个，每击到位 1 个球得 4 分。
（2）技评（10 分）。
10 分：动作正确、协调，击球到位。
9～8 分：动作正确、协调，击球基本到位。
7～6 分：动作基本正确、协调，击球基本到位。
5 分及以下：动作基本正确、协调，击球不到位。

（三）教学比赛

1. 考试方法

单打比赛。

2. 评分标准

40～36 分：技术应用合理，步法移动到位，击球线路清晰、到位。
35～30 分：技术应用合理，步法移动基本到位，击球线路较为清晰、到位。
29～24 分：技术应用较为合理，步法移动基本到位，击球线路不清晰、基本到位。
25 分及以下：技术应用不合理，步法移动基本到位，击球线路混乱、不到位。

思考

1. 羽毛球运动的特点有哪些？
2. 羽毛球运动的健身价值表现在哪些方面？
3. 羽毛球发球技术主要表现在哪几个方面？

第十一章　网球运动

导论

网球，是球类运动项目。网球运动场地是一个长方形，长 23.77 米，单打场地宽 8.23 米，双打场地宽 10.97 米；中间隔有网，比赛双方各占球场的一方。网球最高级别的组织机构为国际网球联合会，1913 年在法国巴黎成立。中国的最高级别的组织机构为中国网球协会，1953 年在北京成立。

学习目标

1.了解网球运动的发展。

2 熟悉网球的基本技术。

第一节　网球运动概述

网球运动起源于法国，诞生在英国，开始普及和形成高潮在美国。1896 年，在雅典举行的第一届奥运会上，网球的男子单打与双打被列为正式比赛项目。后来，由于国际奥委会和国际网球联合会在职业运动员与业余运动员的定义上有分歧，已经连续 7 届奥运会都进行的网球比赛被取消。直到 1984 年的洛杉矶奥运会上，网球被列为表演项目。1988 年的汉城奥运会上，网球又重被列为正式比赛项目。

从其诞生到现在经过几个世纪的发展，最初的贵族运动已经步入了平民百姓之中，现盛行全世界，成为一项深受人们喜爱的运动项目。

网球运动具有较强的观赏性和娱乐性。它的击球动作舒展、优美、大方，给人以美的享受。一场精彩的网球比赛，多变的战术，双方智慧的较量，更能使人从中体验到网球运动的乐趣。它将文明、情操、修养完美地结合在一起。正是其特有的魅力，吸引着越来越多的人喜爱并参与这项运动。世界四大网球公开赛分别是温布尔登网球锦标赛、法国网球公开赛、美国网球公开赛、澳大利亚网球公开赛。

第二节　网球的基本技术

一、握拍法

握拍是打网球的第一步，也是十分重要的技术。正确的握拍会使技术动作掌握和提高得更快。

（一）东方式握拍法

东方式握拍法分为正手握拍法和反手握拍法。

1. 东方式正手握拍法

动作要领：正手握拍和平时与人握手的姿势十分相似，握拍时使球拍与地面垂直，拍柄各部分如图 11-1 所示。拇指与食指成 V 字形，虎口放在球拍把手的右上斜面，食指与相邻二指分开，握住拍柄；拇指稍弯曲，握住左垂直面；掌根与拍柄 F 端齐平，如图 11-2 所示。

2. 东方式反手握拍法

动作要领：反手握拍是在正手握拍的基础上，手沿逆时针方向旋转半个平面，即拇指和食指的 V 字形虎口在把手的左上斜面，如图 11-3 所示。其他手法基本与正手相同。

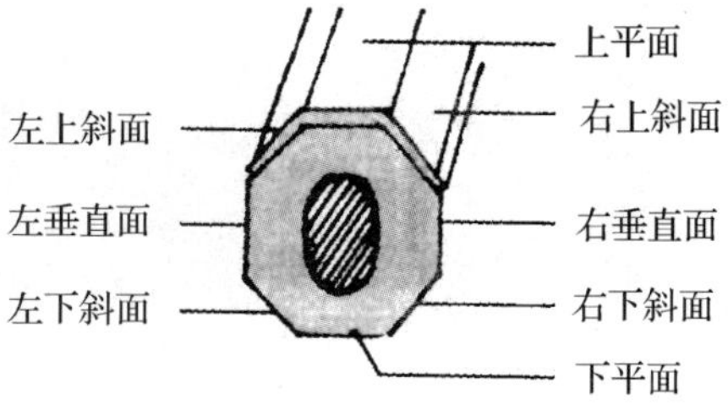

图 11-1

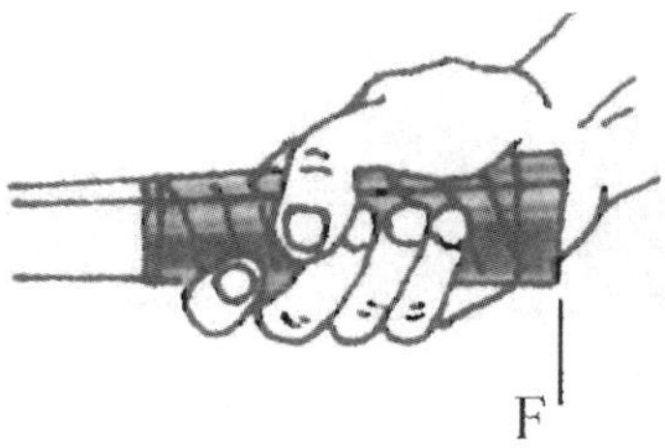

图 11-2

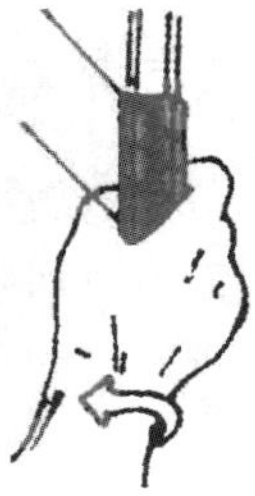
图 11-3

（二）大陆式握拍法

动作要领：拇指和食指所形成的 V 字形虎口放在球拍把手的上平面与左上斜面的交界线上，掌根贴住上平面，与拍柄下端齐平，食指与其余三个手指稍微分开，握住拍柄，如图 11-4 所示。

图 11-4

（三）西方式握拍法

1. 西方式正手握拍法

动作要领：将球拍平放在地面上，用手抓起来（俗称“一把抓”）。拇指直伸压住拍柄上平面，食指下关节握住右上斜面，手掌指根贴住右下斜面，与拍柄下端平齐。

2. 西方式反手握拍法

动作要领：西方式反手握法是在正手握拍的基础上，手腕按顺时针转动，拇指直压拍子左垂直面，食指下关节压住上平面，手掌根部贴住左上斜面，与拍柄下端平齐。简单来说，就是把拍柄上、下平面颠倒过来，正、反用同一拍面击球。

二、准备姿势

面对对方场区站立，两脚开立，略宽于肩。两膝微屈，上体略前倾，脚跟稍抬起，重心置于两脚前脚掌间，右手握拍柄，左手扶着拍颈部位，持拍于体前。两眼注视对手或来球，如图 11-5 所示。

图 11-5

三、移动步法

（一）常用的移动步法

1. 滑步

两脚平行站立。向左滑步时左脚先向左侧迈出一步，右脚同时迅速跟上做滑步动作。滑步移动时身体重心变化快而移动速度较慢，宜在短距离移动中运用，通常在来球距体侧稍近时采用。

2. 交叉步

两脚左右开立。向右侧交叉移动时身体稍向右转，左脚从右脚前向右后交叉迈出一步，然后右脚再向右侧方向跨出一大步，同时重心移至右脚，身体转向来球方向，保持击球前的姿势。其特点是步大，动作快，便于制动。

3. 跨步

前膝部弯曲，上体前倾，身体重心移至跨出脚上。跨步时，一腿用力蹬地，另一腿向来球方向跨出一大步，后腿随重心前移自然跟上。其特点是跨距大，便于向前、斜前方降低重心回击反弹球或切削击球。

4. 跑步

一脚蹬地起动，另一脚迅速向前跟上，两脚交替进行，两臂配合摆动，不要过早做击球动作的准备，直到接近球时才尽力去击球。其特点是移动速度快，便于随时改变方向。

5. 垫步

垫步是网球运动中常用的一种步法。它是移动过程中最后一步的制动步法，要求两脚同时落地，身体重心下降，两手持球拍于体前，为下一步击球做准备。

（二）移动步法的练习方法

（1）准备姿势做好，听口令或手势运用各种步法移动练习。
（2）分组练习：两人一组，一人抛球，另一人运用各种步法在球落地前将球接到。
（3）球感练习：持拍拍球、垫球练习。

四、正手击球法

1. 动作标准

在准备姿势中判断来球后，即开始转动上体和肩，同时球拍后拉，重心移到后脚上。向后拉拍时，球拍不要下垂，拍头应高于手腕。击球时，踏出前脚，重心前移，腰部转动带手臂和球拍，向前挥拍击球，注意绷紧手腕、紧握球拍。击球后，球拍继续向前挥动至左肩前上方，完成挥拍跟球运动。

2. 练习要求

（1）挥拍练习，体会动作要领。
（2）自己抛球，待球跳起后击球练习。
（3）对墙击球练习。
（4）两人一组，一人送球，一人正手击球练习。
（5）两人正手击球对练，可进行斜线、直线练习。
（6）正手击球，斜线、直线结合练习。

五、反手击球法

（一）常用的反手击球法

1. 反拍上旋球

动作标准：击球前将拍改为东方式反手握拍法。身体向左侧转，重心在后脚上。球拍后摆，拍头略低，击球时右脚向前跨，转腰带动上臂、前臂向前上方挥拍，手腕绷紧，握紧球拍，击球后继续向上做随挥动作，至右肩前上方。

2. 反拍下旋球（切削球）

动作标准：反拍下旋球时采用大陆式握拍法。球拍后摆时拍头向上翘起，击球时向前向下挥拍，拍面略仰，手腕绷紧，重心自后向前移，击球后手臂继续向前做随球动作。

3. 双手反拍击球

动作标准：双手反拍击球时右手反手握拍，左手正手握拍，转动身体向左后拉拍，拍略低于来球。击球时右脚跨步向前，重心前移，转腰带动双手挥拍向前向上，在腰部高度、膝部前击球。击球后随势挥拍至左肩前上方结束。

（二）反手击球法的练习要求

（1）挥拍练习，体会动作要领。
（2）自抛球落地弹起后击出。
（3）对墙击球。
（4）一人送球，另一人反拍击球。
（5）两人一组，反拍击球对练。
（6）各种线路的结合练习。

六、发球

发球是一种主要技术，好的发球可直接得分或为争取主动创造条件。

1. 发球的基本要求

（1）正确的站位：在端线后两脚开立与肩同宽，前脚与端线成45°角，身体侧对球网，重心在后脚上。

（2）持球与抛球：持球时，可手持两个球或一个球，用拇指和另外两三个手指的顶部拿着将要发的球；抛球时，手臂向身体的右前上方直臂抬起，到肩部与头部之间位置时撒手将球推向空中，尽量使球垂直上抛，球落下时在身体前脚的右前方，不要在头顶上。

（3）引拍和击球：当抛球手向上时，握拍手也应该向后上方运动，为击球做好准备，如两手配合不协调，可采用计数法：先把球和球拍都放在齐胸处，数一时两手往下放；数二时两手往上，但抛球手在前，持拍手往身后；数三时击球，击球的高度在身体和握拍手臂充分伸展时球拍的上部。

2. 发球方法

（1）切削发球。

动作标准：采用反手握拍法，站在端线后 7～10 厘米处，身体侧对球网。发球时将球和球拍置于与胸同高，抛球时球拍后引在背后，肘关节抬起，身体向后屈。当球拍从后向前上方挥动时，要加快手臂挥拍速度，同时身体充分伸展，在最高点击球。击球瞬间手腕向前叩击，拍面从球的后部向前上擦击，使球产生旋转。击球后，球拍向前下左侧落下，重心前移，向前上步。

（2）平击发球。

动作标准：平击发球时要尽可能地用力击球。动作方法基本同切削发球，只是在击球的一刹那，拍面不绕球切削，而是正对球的后部，用力击打。要充分利用身体、手臂的力量，以及身体重心向前的力量。

3. 发球的练习方法

（1）原地徒手做抛球、挥拍练习。
（2）持球手向上抛球练习。
（3）多球练习发球。

（4）不同落点的发球练习。
（5）不同力量和旋转的发球练习。

七、截击球

截击技术是单、双打比赛中网前取得成功的关键，是一项不可缺少的技术。

1. 动作标准

（1）正拍截击：准备时膝盖要弯曲，重心稍前，球拍在身前，采用大陆式握拍法。击球前，必须转动上体和肩部，带动球拍向后。击球时，握紧球拍，绷紧手腕，在身体前面 15～50 厘米处迎击球；拍头上翘，拍面稍向后仰，向前向下挥拍击球。

（2）反拍截击：击球前要转肩使上身和球飞来的路线成平行方向，同时球拍后摆至肩部，拍头向上。击球时，拍向前做简短的撞击动作，在身体前面击球。拍触球时，手腕绷紧，握紧球拍。

2. 练习要求

（1）正、反拍截击球挥拍练习。
（2）对墙近距离击空中球。
（3）两人一组，在网前练截击球。
（4）两人一组，一人发球，一人在网前练习截击。

八、高压球

高压球是将对方挑出的防御性高球凌空或落点弹起后向前下打出，绝大多数高压球采用正拍击球。

1. 动作标准

侧身对网，移动到球下落的稍后方。准备击球时在身前举起球拍，然后球拍后引至肩后。击球时前臂将拍向下挥动，整个手臂伸直，触球时手腕用力下压，拍面向下。

2. 练习要求

（1）徒手挥拍练习。
（2）一人送高球，另一人练习高压球。
（3）一人在底线挑高球，另一人练习高压球。
（4）不同落点的高压球练习。

九、挑高球

挑高球分防守性和进攻性两种。防守性挑高球是为了赢得时间，摆脱困境；进攻性挑高球是在对方上网时，将球挑到对方后场较深处，使之被动或失误。

1. 动作要领

准备时将球拍做好充分的后摆。击球时向前上挥拍，打球的下部，手腕绷紧，挥拍动作要尽可能向前、向上送出。

2. 练习方法

（1）徒手挥拍练习。
（2）自抛球挑高球练习。
（3）两人挑高球练习。
（4）一人挑高球，一人高压球或抽球练习。

十、放小球

1. 动作要领

反拍放小球动作与反拍下旋球相似，但在触球时，球拍向下用力较多，减少球的前冲，同时体会拍面在球侧绕转的感觉。

2. 练习方法

（1）手挥拍练习。
（2）一人送中场球，一人放小球练习。
（3）在两人反拍底线球练习中练习放小球。

思考

1．发球有哪些基本要求？
2．简述正手击球法的动作要领。
3．常用的移动步法有哪几种？

第十二章　游泳运动

导论

游泳运动是指人体在水里凭借自身肢体动作与水的相互作用，在水上漂浮前进或在水下潜泳的一种有意识的技能活动。长期坚持游泳锻炼可以提高人体的新陈代谢能力，有效改善体温调节机能，促进身心健康发展。

学习目标

1. 了解游泳运动的含义。
2. 知道游泳运动的特点。
3. 掌握游泳运动技术。
4. 熟悉游泳运动竞赛规则。
5. 记住游泳注意事项。

第一节　游泳运动概述

一、概况

游泳是一种有意识的技能活动，是人类在长期生产劳动和与大自然的斗争中产生的。它一直与人类的生存、生产、生活相联系，随着人类社会的形成、发展而出现和发展。

游泳运动在不断演变的过程中形成以模仿动物的动作取名的蛙泳、蝶泳；按身体姿态取名的仰泳、侧泳；根据动作形象取名的爬泳——爬泳的技术结构比较合理，速度最快，现代高水平的自由泳比赛一般都采用爬泳。

目前，游泳运动按其竞赛的性质分为两大类。

一是按竞赛规则所规定的比赛项目，分男女、不分年龄同池角逐的竞技游泳——采用规定的泳式，在不同的距离里比速度。这类比赛有很高的观赏性，如国际上的奥运会游泳比赛、世界锦标赛、国际游联杯赛（世界杯赛）等，以及我国的全运会游泳比赛、全国锦标赛、全国冠军赛及全国短池游泳赛等。此外，还有一种分男女、分年龄组的比赛，虽属竞技游泳类别，但被赋予了特定的含义。

二是根据民间普遍采用，在军事、生产和生活上使用价值较大的泳式进行活动的实用游泳——通常包括爬泳、蛙泳、反蛙泳、潜泳、踩水、水上救护、武装泅渡等。在全民健身的热潮中，实用游泳对提高全民健康、自娱自乐、开展广泛的大众游泳活动具有一定的促进作用，其竞赛方法、项目可根据不同的要求而设定。

二、我国游泳运动的发展情况

游泳作为生产和生活的重要手段而不断发展，原始社会渔猎生活时期就有“刳木为舟”的记载，春秋战国时期要求士兵有较高的游泳技能、掌握水上作战的本领。齐国“扶身之士五万人，以待战于曲蓄”，打败越国。《武林旧事• 观潮》一文中生动描绘出宋代江南水乡人民高超的游泳技能，“吴儿善泅者数百，皆披发文身，手持十幅大彩旗，争先鼓勇，溯迎而上，出没于鲸波万仞之中，腾身百变，而旗尾略不沾湿，以此夸能”。近代，林则徐曾重振水师，演习水兵本领、抵御外强。

近年来，群众性健身游泳活动呈现出蓬勃发展的局面。过去，游泳活动的对象多数为中小学生，时间也只是在炎热的夏季；现在，全国大中小城市都新建了规模不一的游泳馆，一年四季均可参加游泳健身活动，吸引了不同层次的爱好者。人们已不满足夏天纳凉、嬉水，冬季洗浴、玩耍，更需要在游泳活动中科学锻炼身体、陶冶情操，达到健身的目的。

第二节　游泳运动的特点和作用

一、提高身体运动系统的机能

游泳时，从颈部到足踝的各个关节都参与了运动，全身的肌肉力量、速度、耐力和关节灵活性都会有所提高。游泳使身体得到协调发展，实现了全面的锻炼，时间长了就自然形成肩宽、胸厚、腰窄、腿部肌肉匀称的流线型健美体形。另外，实践证明，自幼参加游泳系统训练的人，由于骨骼、肌肉和关节得到充分的锻炼，他们的身体发育远远超过了不参加游泳锻炼的人。看来，学游泳要从小抓起，坚持锻炼，会使人一生受益。

二、塑造优美的体型

人体肥胖多是由内分泌、营养、遗传等因素引起的，缺乏运动的人较易肥胖。人在低于常温下的水中进行有氧运动，散发更多的热量，这样就势必消耗更多的能量，因此，经常参加游泳运动就可逐渐去掉体内过多的脂肪，从而变瘦。当瘦人经常参加游泳之后，他的机体也会因经常接受低温刺激而消耗更多的能量。于是，运动的需要和他的消化机能就发生了矛盾，出现了“供不应求”的现象，而为了达到供求平衡，只能多吃，这样从食物中得到的营养超过了身体总量的需要，久而久之，皮下脂肪会相对增厚，同时，身上肌肉所占比例也会增加。

三、在其他方面的作用

坚持游泳，不但能使神经、呼吸和血液循环等系统的机能得到改善，而且也是人在大自然中自救生存的本领。同时，游泳在生产建设上有很高的实用价值，如水上作业、水利建设、防洪抢险、渔业等，只有掌握好游泳技能才能更好地完成生产、建设任务。在国防建设上，游泳是军事训练项目之一。此外，游泳是我国重点发展的体育运动项目。游泳被誉为 21 世纪人们最喜爱的体育娱乐活动之一，对丰富人们的精神文化生活有积极作用。

第三节 游泳运动技术及训练

蛙泳是人类模仿青蛙动作的一种游泳姿势，它有平稳、省力、呼吸自然、泳距长等优点。爬泳是身体俯卧在水中，成较好的流线型，两腿上下交替打水，两臂轮流向后划水，运动结构简单，推进力均匀，既省力又能产生最大速度的一种泳姿。仰泳也叫背泳，即人仰卧在水中游泳的一种姿势，脸露出水面，呼吸方便。蝶泳是由蛙泳演变而来的，因其移臂动作像展翅飞舞的蝴蝶而得名，采用海豚式打腿。

下面就蛙泳和爬泳两种泳姿的技术及教学方法逐一介绍。

一、蛙泳

（一）身体姿势

蛙泳在游进中身体必须保持较好的流线型姿势，充分发挥手臂和腿的推进作用（图 12-1）。

身体水平地俯卧于水中，稍抬头，头部置于两臂间，掌心朝下，两眼俯视前下方，这时身体纵轴与水平面成 5°～10°角；吸气时，下颏露出水面，肩部升起，这时身体与水平面的角度较大，约 15°。

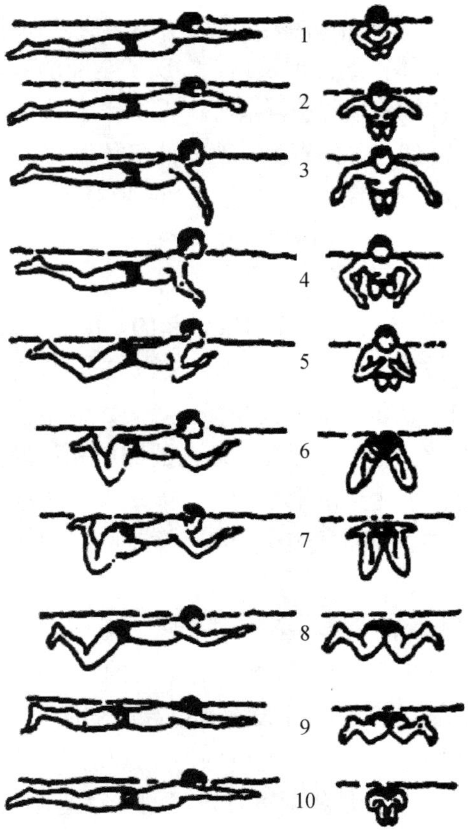

图 12-1

（二）腿部动作（图 12-2）

蛙泳腿部动作是推动身体前进的主要动力。腿部动作由收腿、翻脚、蹬夹、滑行四部分组成。

1. 收腿

开始收腿时，两腿随着吸气动作自然向下，两膝逐渐自然分开，小腿向前回收，脚踵向臀部靠拢，边收边分。收腿时，力量要小，放松、自然，两脚和小腿回收时要收在大腿的投影截面内，以减少回收时的阻力。收腿结束后，大腿和躯干成 110°～140°角，两膝内侧与髋关节同宽。

2. 翻脚

收腿结束时，脚仍向臀部靠拢，这时两膝向外侧翻开，以使脚和小腿内侧对着蹬水方向，并加大对水面积，这样为大腿发挥更大力量做好了积极准备。

3. 蹬夹

蹬夹动作实际包含蹬水和夹水。在两腿并拢时腿有向下压的动作，这种动作可以使身体升起，有利于向前行。

蹬夹动作效果的好坏取决于下列三个因素。

（1）腿部关节移动路线和方向。

当向后蹬水时，蹬水方向尽量能使人体产生向前的作用力，要以大腿发力，先伸髋关节，接着伸膝关节、踝关节，使蹬水的方向尽量向后。

（2）蹬夹时对水面积的大小。

蹬夹时对水面积大，则能造成较大的推进力。脚掌外翻、小腿尽量处于垂直部位，是造成增大对水面积的重要条件。

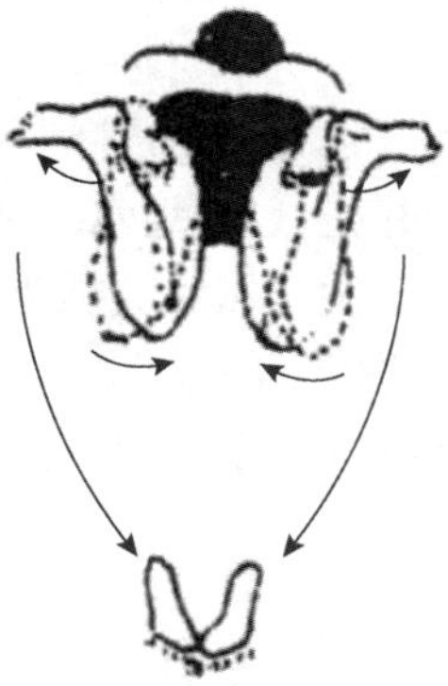

图 12-2

（3）蹬夹速度。

由于阻力与速度的平方成正比，蹬夹动作速度越快，所造成的推进力也越大，游速也越快，因此，蹬夹时要充分发挥腿部肌肉力量，同时加快鞭水动作。

4. 滑行

蹬夹结束后，腿处于略低的位置，脚距离水面 30～40 厘米，这时人体应随着蹬夹效果向前滑行，使腿保持较高的位置，以减小阻力。

（三）臂部动作

现代蛙泳技术强调充分发挥臂划水的作用。臂部动作由开始姿势、抓水、划水、收手和伸臂五个阶段紧密相连。

1. 开始姿势

两臂自然向前伸直，两臂与水平面平行，掌心向下，手指自然并拢，使身体成一条直线，形成较好的流线型。

2. 抓水

从开始姿势起，手臂前伸，并使重心向前，前臂和上臂立即内旋，掌心向斜下方并稍勾手腕，两手分开向侧斜方压水，当手掌和前臂感到有压力时就开始划水。抓水一方面能给划水创造有利条件，另一方面还能造成身体上浮和前进。

3. 划水

划水是产生牵引力的最有效阶段，在紧接抓水动作后，加速向后划水，整个划水过程保持肘部较高的位置。蛙泳划水主要是拉的力量，其方向是向侧、下、后、内方。划水路线是椭圆曲线。

划水时肘部保持较高的位置，这样做是为了臂能在最有效的角度内向后划水。

划水中前臂和上臂的夹角是不断变化的。一般优秀运动员的划水主要阶段肘关节都屈成接近 90°角，因为这个角度能发挥最大的力量，同时能很好地利用胸大肌肉群的力量。手臂划至与两臂的夹角约为 120°角时，即应连续过渡到向里做收手动作。划水和收手时，手走的路线应在肩的前下方。

划水技术的特点：划水路线较宽，屈臂、高肘、手较深。

蛙泳中的臂划水是一个完整的动作，划水轨迹是：向侧→向下→向后→向内→向前移动（图 12-3）。划水力量由小到大，划水速度由慢到快。目前强调高肘划水，在划水过程的前部分，注意以肘关节为支点，发挥前臂屈肌的作用。在划水最有效部分，应注意以肩关节为支点。动作方向是两臂向后拉，并内收，要发挥肩带肌肉的作用，配合紧张有力的蹬水，使动作连贯而不间断地产生向前的牵引力。

图 12-3

4. 收手

收手是划水阶段的继续。收手过程也能产生较大的推进力和上升力。动作是由内向上收缩到头的前下方，继而成两手掌向上，最后掌心向下并拢前伸。收手动作应当有利于做快速前伸动作。在整个收手过程中，手的动作应积极地、快速地、圆滑地来完成。收手结束时，肘关节低于手，前臂和上臂成锐角。

5. 伸臂

伸臂动作包括伸直肘关节和伸直肩关节，掌心由朝上逐渐转为朝下，同时向前伸出。

现代蛙泳中伸臂的技术特点是快速伸臂、紧密配合腿的动作。因此，在伸臂的同时，肩要向前伸，不能有停顿现象。

由于蛙泳是臂、腿相互交替产生向前的推进力，因此，臂、腿配合的时机是十分重要的。配合得好，游速均匀效果好；配合得不好，出现减速效果差。

臂划水时腿伸直放松，收手时收腿，臂将伸直时开始蹬腿，接着臂、腿伸直滑行。

（四）呼吸与动作配合

蛙泳的呼吸是和手臂划水动作紧密配合的。呼吸方法是用口吸气、用口或鼻呼气。当前的蛙泳呼吸技术有早吸气和晚吸气两种（图 12-4）：早吸气是两臂划水开始时，头和口露出水面将气吐完，并迅速深吸气，继而随伸臂低头闭气，当两臂开始滑下时逐渐呼气；晚吸气是随着臂的有力划水动作，头和肩上升时吸气。

初学者应采用早吸气技术较有利，运动员则适合采用晚吸气的技术。

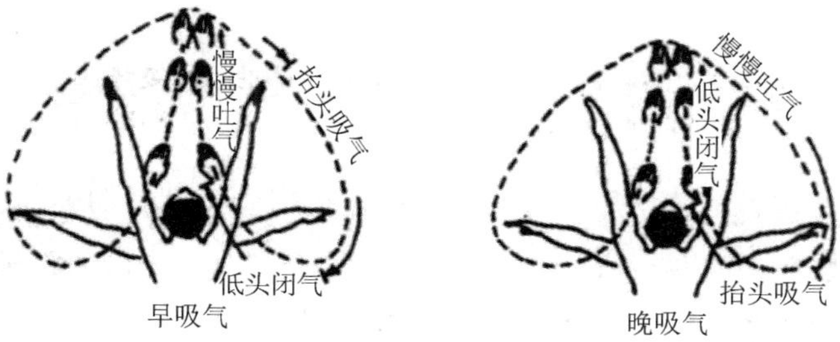

图 12-4

（五）蛙泳技术的学习

1. 熟悉水性

熟悉水性是游泳学习中一个重要的环节，是学习游泳的必经阶段。熟悉水性练习应在齐腰深的水中进行。

（1）水中行走练习。

其目的是体会水中的阻力和浮力，初步掌握身体在水中维持平衡的能力。水中行走练习方式如下。

① 扶池边向前、向后、向两侧行走。

② 集体手拉手向前、向后、向两侧行走。

③ 用两手保持平衡，并变换方向的行走。

④ 各种方向的走、跑、跳、转身、下沉、跃起等。

（2）水中呼吸练习。

其目的是初步掌握游泳的呼吸方法、呼吸过程、呼吸节奏，适应头浸入水中的刺激，消除怕水心理。水中呼吸练习方式如下。

① 扶池槽或在同伴帮助下，用口吸气后闭气，慢慢下蹲把头浸入水中，停留片刻后起。口鼻出水后，先呼气后吸气。

② 吸气后，头浸入水中，停留片刻后鼻慢慢将气呼完，然后起立在水面上用口吸气。

③ 吸气后，头浸入水中，稍闭气后，用口鼻开始呼气。随着缓慢地起立而逐渐加大呼气量，口接近水面时加速将气呼完，紧接着用口在水面上快而深地吸气，多次重复。

④ 两脚左右开立，吸气后上体前俯，将脸浸入水中，随着头逐渐向前上抬（或向侧转）而开始加大呼气量。

水中呼吸是学习游泳的难点，水中呼吸练习要贯穿游泳学习的始终。

（3）浮体练习。

其目的是体会水的浮力，学会控制身体平衡和水中站立的方法，为进一步练习打下基础。

① 原地站立，深吸气后闭气，下蹲低头，抱膝团身，用前脚掌轻轻蹬离池底，自然漂浮于水中。站立时，松手，两臂前伸下压，抬头，同时两腿下伸，脚触池底站立，两臂侧分水维持平衡。

② 在抱膝浮体的基础上闭气，松手，两臂、两腿自然伸直。站立时，收腹、屈膝、收腿，两臂下压，抬头，两腿向下伸，脚触池底站立。

2. 腿部动作的学习

其目的是建立蛙泳腿的“收”“翻”“蹬”等概念，学习腿部的完整技术。

（1）陆上模仿练习。

① 坐在岸上或池边，上体稍后仰，两手后撑，按口令做蛙泳的腿部动作练习，开始分四拍做，体会收、翻、蹬夹、停的动作，再过渡到两拍，最后是一拍的完整练习，注意翻脚动作。

② 俯卧在凳上或出发台上，做蛙泳腿的模仿练习，先由同伴帮自己被动做（图 12-5），再自己主动做（图 12-6）；先分解练习，再逐渐过渡到完整动作练习。注意收腿角度、动作路线和节奏。

图 12-5

图 12-6

（2）水中练习。

① 一手抓池槽，一手反撑池壁成俯卧姿势，由同伴帮助做同陆上练习的内容。重点练习翻脚和蹬夹动作（图 12-7）。

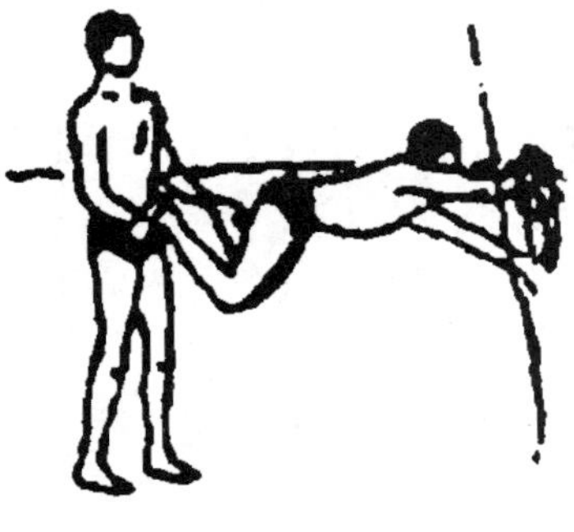

图 12-7

② 两手扶浮板中后部，两臂向前伸直，由同伴帮助做练习。

③ 扶板蹬腿练习，逐渐加长游距，改进和提高腿的动作。注意动作节奏和放松（踝关节放松）。

蛙泳腿的练习重点是收、翻、蹬夹动作中的连接、节奏、时机，以及蹬腿的方向和路线。

3. 手臂与呼吸配合学习

（1）陆上模仿练习。

① 两脚开立，上体前倾，两臂向前伸直相并，掌心朝下，先按划、收、伸三拍做蛙泳臂动作，再按划、伸两拍练习，最后只用一拍做完整练习。

② 同上练习加呼吸配合，滑下时开始抬头，划水时吸气，收手时低头闭气，伸臂时呼气，整个呼气由小到大（开始呼气量要小，然后逐渐加大呼气量）。嘴将出水时进一步加速将气呼出，注意呼与吸之间无停顿，嘴一出水面应顺势快而深地吸气。

（2）水中练习。

① 站立于齐腰深的水中，做同陆上模仿练习①的连贯动作（图 12-8）。划水不要用力，着重体会划水时的方向和路线，收臂时动作不停，臂伸直稍停。

② 同“陆上模仿练习②”内容。

③ 在水中走动做臂与呼吸的配合练习。

④ 由同伴抱住腿或大腿夹浮板做臂与呼吸的配合练习（图 12-9，图 12-10）。

图 12-8

图 12-9

图 12-10

开始可几次划臂配一次呼吸，逐渐过渡到一次划臂一次呼吸，划臂不可过大、过后。学习重点是划水的方向路线和臂与呼吸的配合时间；学习难点是呼吸动作与节奏，应在水上反复练习。蛙泳臂的动作不宜分解过多，收手时不要停顿。

4. 完整动作学习

其目的是学习正确的臂与呼吸及腿的配合技术，以及手、腿依次用力的相互关系。

（1）陆上模仿练习。

① 站立，两臂向上伸直并拢，一腿支撑、一腿做模仿练习。两臂向两侧划水，收手同时收腿，收腿即将结束时开始翻腿。臂将伸直时蹬腿。臂、腿伸直稍停，然后连贯做。

② 同上练习加呼吸。

（2）水中练习。

在水中练习完整配合时，开始阶段应强调慢频率、低游速、小划臂、有明显的滑行，以保证学习者集中注意力，体会臂领先、腿和呼吸跟臂配合的技术。在采用完整技术能游 20 米左右后，应加长距离游，尽量学习晚吸气配合技术（初学蛙泳时一般表现为早呼吸），并加大划臂幅度。

二、爬泳

游泳时，人在水中成俯卧姿势，两腿上下交替打水，两臂轮流划水，动作很像爬行，所以称为爬泳。它是四种竞技游泳中速度最快的一种姿势。根据规则，自由泳比赛可采用任何一种姿势，因而人们通常都采用爬泳技术。为了便于分析，这里将爬泳分成几部分。

（一）身体姿势

身体较平直地俯卧于水中，身体纵轴与水平面成 3°～5°夹角，头部自然抬起，与身体纵轴成 20°～30°角（图 12-11）。两眼注视前下方，头的三分之一露出水面。游进中由于受两臂交替划水和转头换气动作的影响，躯干有节奏地围绕身体纵轴左右转动，转动时肩轴与水平面构成 35°～45°夹角（图 12-12）。

图 12-11

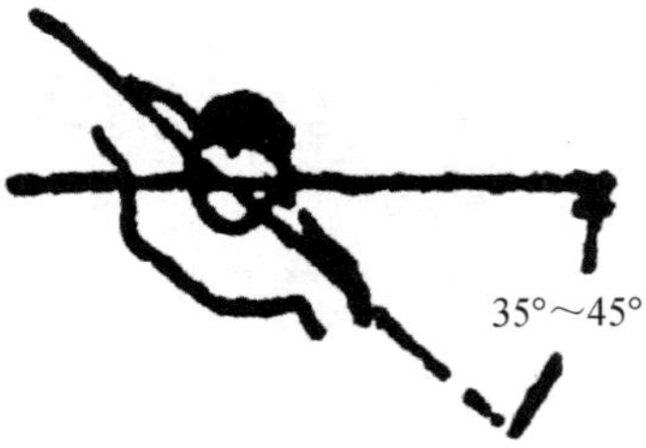

图 12-12

（二）腿部动作

腿部动作主要是打水动作，起平衡和保持身体成流线型的作用。正确的打水动作是脚稍内转，呈内八字形，踝关节放松，向上和向下打水的动作应从髋关节开始，由大腿肌群发力，带动小腿和脚，进行鞭状的打水动作。向上打水结束时，膝关节屈约 160°，脚接近水面，两脚尖上下打水的最大距离不超过 30～40 厘米。整个打水动作应连贯、有节奏，向下打水是产生推进力的主要动作，所以应以较大的力量和较慢的速度进行。

（三）臂部动作

爬泳的两臂划水是推动身体前进的主要动力。为了便于分析臂划水的动作，这里将整个划水动作分为入水、抱水、划水（拉水和推水）、出水和空中移臂几个阶段，但它们是一个不可分割的连续过程。

1. 入水

入水时，肘关节略屈并高于手，手指自然并拢，手心朝外，以大拇指领先切入水中，或以手指斜下方切插入水。臂入水的顺序是：手—前臂—上臂。入水点在身体纵轴线到同侧肩向前的延长线上或之间。

2. 抱水

入水后手臂积极插向前下方。当手臂滑至与水平面成 15°～20°时，手掌转向斜内后方，并屈肘、屈腕；在抱水结束时，大臂与水平面约成 40°，肘关节屈至 150°左右，此时动作就像用臂前伸去抱一个圆桶一样。

3. 划水

划水是产生最大推进作用的主要阶段。划水阶段是从抱水结束至手臂在体后与水平面成 15°～20°（约至大腿旁）这一动作过程。整个划水阶段可分为拉水和推水两部分，从整个臂部划至肩下方与水面垂直之前称拉水，过垂直面后称推水。

（1）拉水。

屈臂进行，抱水结束继续屈肘，当臂划至肩下方时，手在体下靠近身体纵轴，屈肘为 90°～120°。整个拉水动作保持高肘姿势，且前臂的移动速度快于上臂。

（2）推水。

推水是由屈臂到伸臂来完成的。推水时肘关节要向上、向体侧靠近，而手掌在划水过程中必须始终与水平面保持垂直，从而以最大的面积对水，有利于推水时产生更大的反作用力和手臂向上出水动作的进行。这就需要在推水时逐渐伸开腕关节，展开手，与前臂构成 200°～220°角。在整个划水动作中，从水平面来看，手的轨迹是一条 S 形的路线，即划水的开始阶段，手在肩前；划水的中间阶段，手在胸腹下；划水结束时，手在大腿旁。从侧面看，手的轨迹并不在一个平面上，而实际轨迹是一个复杂的三度曲线。

4. 出水

划水结束后，借助推水的惯性，由上臂带动，肘部向外上方做提拉动作，将前臂和手提出水面，掌心向后上方。出水时，肩和上臂几乎同时出水，接着是前臂和手掌出水。手臂的出水动作要柔和、迅速而不停顿。

5. 空中移臂

移臂开始时，肘的位置较高，微屈，手腕放松，手心向后，由肘带动前臂和手向上、向前移动。此时手落后于肘关节（图 12-13）。当手前摆过肩时，手和前臂赶上肘部，并逐渐加快向前移动速度，向内和向下伸臂入水，手心向后、向下转向斜外方做入水动作。

下面介绍一下两臂的配合。

爬泳在游进中是以两臂交替划水推动身体前进的。因此，两臂配合的正确、协调是保持匀速和高速的重要条件。划水时，依照两臂所处位置，可以分为三种配合形式，即前交叉、小交叉和后交叉。初学者一般用前交叉配合技术，因为这种技术容易维持身体平衡，便于掌握呼吸和体会动作。

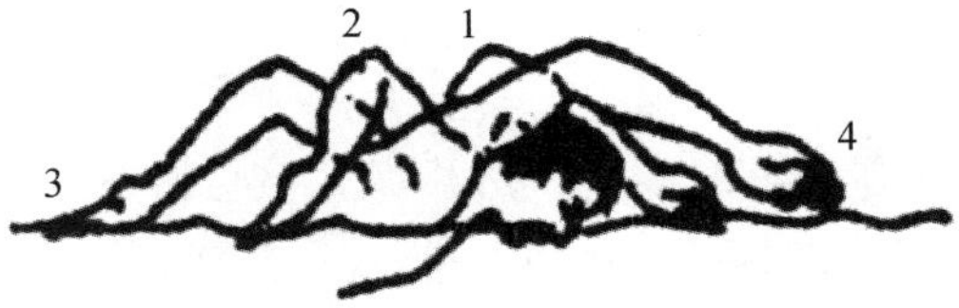

图 12-13

（四）呼吸动作

一般在两臂各划一次的动作过程中，做一次完整的“口呼气—吸气—憋气—呼气”动作。以右转头吸气为例，当右手入水后口和鼻慢慢呼气，头开始转动；右臂划至肩下时，向右侧转头，呼气量加大，右臂向上划水将结束时呼气量进一步加大；右臂出水后，张口吸气，移臂至肩平线时吸气结束并开始向左转头，臂继续移动，转头憋气，头部复原；当头部动作稳定时，右臂入水，开始慢慢呼气。

（五）完整的配合技术

完整的配合技术主要有三种：其一有 6-2-1 的配合，即打六次腿，双臂各划一次，呼吸一次；其二有 4-2-1；其三 2-2-1 的配合。此外，还有不规则的混合次数打腿技术的配合。对不同的人来说，采用何种的配合技术应根据不同的情况和特点。

（六）练习方法

（1）腿打水练习（图 12-14、图 12-15、图 12-16、图 12-17、图 12-18）。

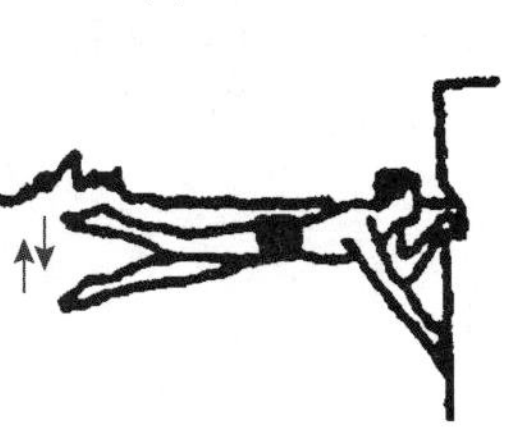

图 12-14

图 12-15

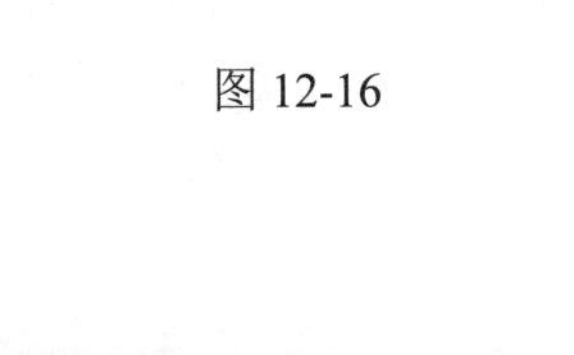

图 12-16

图 12-17

图 12-18

（2）体前屈 90°，单臂或双臂的划水练习（图 12-19、图 12-20）。

图 12-19

图 12-20

（3）手扶板，一手练习（也可配合呼吸）。
（4）水中走动做划水练习（也可配合呼吸）。
（5）腿夹浮板做划水练习。
（6）由同伴托其下肢做划水练习。
（7）憋气配合游。
（8）两臂轮流划水几次，配合一次呼吸。
（9）两臂划水各一次，做一次呼吸。

（七）易犯的错误及纠正方法

易犯的错误主要有如下几种。
（1）屈膝过大。
（2）屈髋过大。
（3）勾脚尖打水。
（4）直腿打水。
（5）入水点不正确。
（6）直臂入水和划水。
（7）划水时摸水。
（8）空中移臂没有保持高抬肘姿势，而是直臂移动。
（9）吸气时怕呛水而选择抬头吸气，或身体翻转过大。
（10）游进时，身体没有伸展成流线型，而是呈 S 形。
（1）～（4）纠正方法：强调正确技术概念，多做练习，体会关节依次屈伸的鞭状式。
（5）～（8）纠正方法：多做模仿练习，体会动作。
（9）～（10）纠正方法：做立或俯卧姿势的转头换气模仿练习，建立肌肉感觉；有意识地控制腰部肌肉的紧张感，保持身体的充分伸展。

第四节 游泳运动竞赛规则简介

一、比赛项目

在奥运会上，男子和女子各有 16 个比赛项目，除了男子 1500 米自由泳、女子 800 米自由泳，其他项目男女一样。奥运会目前正式比赛项目有四种泳姿：自由泳、仰泳、蛙泳和蝶泳。其中，仰泳、蛙泳和蝶泳的比赛距离都在 100 米到 200 米之间；自由泳则分 50 米、100 米、200 米和 400 米，以及女子 800 米和男子 1500 米。个人混合泳也是奥运会的比赛项目，它的长度有200米和400米两种，运动员必须在比赛过程中分别使用四种不同的泳姿游相同的距离，顺序依次是蝶泳、仰泳、蛙泳和自由泳。而在混合泳接力项目中，四名运动员也必须分别使用不同的泳姿，顺序则是仰泳、蛙泳、蝶泳和自由泳。其他的接力项目还有 4×100 米和 4×200 米自由泳接力。奥运会游泳比赛使用的是 50 米长的标准池，所有距离在 50 米以上的比赛都必须在途中折返。

二、技术规定

（一）转身

在转身的时候，自由泳和仰泳允许运动员使用身体的任何部分来触及池壁，这就允许运动员可以在水下转身后，用脚去蹬池壁。转身的一个例外的规则就是在个人混合泳当中，当在从仰泳转换泳姿到蛙泳的时候，运动员必须保持仰泳的姿势直到触及池壁。

（二）开始和结束

奥运会上，任何一个运动员在出发时如果有错误都会被取消比赛资格。在悉尼奥运会上，所有的游泳运动员的比赛时间和地点都是由一个电子系统自动决定的。运动员出发的时候，出发台上的压力板将记录数据。每条泳道两边的墙上都有触摸板，当运动员触壁的时候也会被记录。由于触摸板和出发台是互联的，因此相关人员可以判断参加接力比赛的运动员是不是在他的队友触壁以后才入水的。在接力比赛当中，如果任何一个运动员在他的队友触壁前 0.03s 之前离开出发台的话，这个队将被自动取消比赛资格，除非犯规队员回到起点重新开始（运动员可以在队友触壁的时候做跳水动作，但是脚必须接触出发台）。在自由泳和仰泳中，到达终点的时候，运动员可以只用一只手触壁，而在蛙泳和蝶泳中，运动员必须使用双手触壁。

（三）预赛分组和排位

在每一项比赛中，根据最快的 24 名运动员的报名成绩分成三组参加预赛，每组 8 名运动员。在游泳比赛中，最快的运动员排在最后一场预赛的第 4 道，第二名排在第二场预赛，第三名排在第一场预赛，第四名排在最后一场预赛。如果在一项比赛中有超过 24 名运动员通过了报名资格，剩下的运动员将被安排参加开始的附加比赛。

在 400 米或者更长的接力和 11 项个人项目中，最快的 8 名选手将直接进入决赛。而对于 200 米及更短的所有项目，预赛中成绩最好的 16 名选手将参加两场半决赛。排位将决定半决赛的形式。预赛中成绩最好的选手在半决赛中排在第4道，第二名排在第5道，他们被安排在泳池的中间两道，第三名排在第3道，第四名排在第6道，以此类推。

（四）泳姿

1. 自由泳

自由泳其实并不是规定一种泳姿，而是自由选择，大多数选手都会选择爬泳。在混合泳里面，自由泳实际上有着严格的规定：在自由泳阶段，运动员必须使用爬泳。涉及自由泳的主要规则是：在整个比赛过程中，身体的一部分必须一直保持在水面以上，运动员不能在水下游。也就是说，除比赛开始和转身阶段可以在水下游15米外，其他时段必须一直保持身体的一部分在水面以上。

2. 仰泳

仰泳运动员在开始的位置必须保持他们的脚和脚趾在水面以下。从仰泳这个名字我们可以知道，运动员在游泳过程中要保持背部朝下脸部朝上，但也可以做一定数量的旋转动作。

3. 蛙泳

蛙泳运动员必须脸朝下，使用水平的划水动作，脚和手在一个水平面内一起运动。在开始和转身阶段，运动员在水下游动时，手和脚分别只能做一次划水和踢腿动作。除此之外，在每一次完整的划水动作之后，运动员的头部都必须露出水面。在比赛结束及转身时，运动员必须双手触及池壁。

4. 蝶泳

蝶泳是从蛙泳的规则中发展出来的，和蛙泳很相像，除了划水和踢腿动作，都是在垂直平面上进行。和蛙泳运动员相比，蝶泳运动员除了开始阶段和每次转身以后可以在水下潜行最多15米，必须脸部朝下在水面游。运动员在转身和结束的时候也必须使用双手触壁。在蝶泳中，两臂膀必须一起向前摆动，脚必须一起踢出去（大多数蝶泳运动员都采用海豚踢）。

（五）泳池

悉尼奥运会使用的泳池长50 米，深3 米。整个泳池分10道，最外面的两道在比赛中不使用。泳道之间使用泳道线来标记，从结束端看，从右向左依次标记一到八号。在奥运会期间，泳池的水温必须保持在25～27℃。

第五节　游泳注意事项

第一，正在生病者不宜下水游泳，如伤风感冒、扁桃腺炎、腹泻、严重沙眼、红眼病、外伤化脓等。如果勉强下水游泳，则会加重病情。

第二，游泳前要认真做准备活动。人的内脏器官有一定的惰性，从安静状态过渡到运动状态需要一定时间，否则会出现四肢无力、动作不协调、关节活动不灵活等现象。认真做好准备活动，能提高神经系统的兴奋性，促进血液循环，使皮温上升、肌肉的弹性增强，加大关节的活动范围，从而动作协调，有利于身体适应游泳活动的需要，并可防止肌肉痉挛和拉伤。一般准备活动包括慢跑、徒手操、游泳模仿操等，要注意使各关节充分活动开。

第三，参加游泳活动的时间应放在饭后 1 小时后。饱腹参加游泳容易引起胃痉挛、打嗝，出现腹痛或呕吐。空腹时人体血糖降低，尤其饥饿时游泳会产生头昏、四肢绵软无力，甚至昏厥。所以，空腹者游泳前 0.5 小时应适当补充些食物。在身体疲劳时，身体的应激能力下降，肌肉活动不协调，不宜进行游泳。饮酒后，人体的运动功能普遍下降，身体反应迟钝，动作笨拙，在水中极易发生危险，因而酒后不宜游泳。

第四，活动时间长短因各人的体能状况而异，如天气寒冷水温较低、身体感到不适，水中活动时间可短些。如出现寒战、嘴唇发紫、皮肤出现鸡皮疙瘩，应立即起水保暖，起水后应迅速擦干身体或热水淋浴，及时穿上衣服。为防止患眼病感染，起水后应点些眼药水。

第五，女性月经期因子宫内膜脱落形成创伤面，子宫颈口略扩大，所以不宜下水游泳，以防感染疾病。

第六节 游泳救护

游泳救护是保障游泳安全的重要环节。加强游泳救护，贯彻以防为主的精神，对于保障游泳者的生命安全，顺利开展群众性游泳活动，都有重要意义。因此，在广泛开展游泳活动的同时，加强救护工作，掌握和学会一定的救护知识和技能是非常必要的。

游泳救护包括间接救护、直接救护和岸上急救等。

一、间接救护

间接救护是指利用救生器材对溺者施救的一种方法。此法既省力，又安全迅速。常用的救护器材及其使用方法如下。

（一）救生圈

在救生圈上系一条绳子，当发现溺者时，可将救生圈掷给溺者。如在江河里，就向溺者的上游掷去，在溺者得到救生圈后，将其拖带至岸边。

（二）竹竿

在溺者距离堤岸（或船）较近时，可用竹竿将其拖至岸（或船）边。

（三）绳索

在使用绳索时，先在绳索的一端结一个鲜明的漂浮物，另一端结一个套，并套在左手，然后将盘起来的绳子掷在溺者的前方，以便溺者抓住将其拉回。

（四）木板

在没有其他救生器材的情况下，木板也可用来救护溺者。将木板掷给溺者，亦可扶木板游向溺者，在接触到溺者后将其拖带上岸。

以上介绍的救护器材及其使用方法是对神志还比较清醒的溺者使用的。

二、直接救护

在没有救护器材，溺者离岸较远，或溺者处在神志不清的状态下，救护者必须入水进行直接救护。这种救护要求救护者必须具有舍己为人的精神，并具备较好的游泳技术和救护的基本知识。

（一）入水前的观察

入水前，要对周围环境做简单的观察，如辨别水流方向、水面的宽窄等。救护者要遵循入水后尽快游近溺者进行施救的原则，迅速选择入水地点。

（二）入水

救护者入水要快，并注意安全和目标。根据不同的环境，救护者可采用不同的入水方法。

（1）在熟悉的水域或游泳池，可采用游泳出发入水，但出水动作要快，以免失去目标。

（2）在不熟悉的水域，则应采取跨步式方法以脚先入水。动作要领是：起跳后，两臂侧前举，两腿前后分开，前腿稍屈前伸，后腿屈膝；当身体接触水面时，两腿向下夹水，手臂迅速压水，使身体处于较高位置，头露出水面。这样既能看清目标，起游及时，而且入水浅比较安全（图 12-21）。

此外，若在离水面较高的地方入水，亦可采用屈膝团身法入水。

图 12-21

（三）游近溺者

游近溺者速度要快，并保持镇静、沉着，不要失去目标。在接触溺者时，为了避免被溺者抱住，一般要从溺者背后接近。若要正面接近，一种方法是在离溺者 3～4 米处，深吸一口气后潜入水中，两手扶住溺者的髋部将其转体背向自己，然后拖带（图 12-22）；另一种方法是在游近溺者后，用左（右）手反握住他的左（右）手，用力向左（右）边拉，借助惯性使溺者背向自己，然后进行拖带（图 12-23）。

图 12-22

1 2

图 12-23

（四）水中解脱

在水中救护过程中，遇到头脑不清、正在挣扎的溺者时，救护者一定要冷静、沉着。这时溺者只要抓住东西，就不会放手。如被抓住或抱住，则应进行水中解脱。

1. 虎口解脱法

虎口指溺者拇指与食指之间部位。当救护者臂部任何部位被抓住时，都可采用这样的方法。例如，溺者双手从上抓住救护者的两手腕，救护者可紧握双拳向溺者的拇指方向外旋，肘内收，即能解脱（图 12-24 之 1）。另外，如溺者的两手从下抓住救护者的一只腕，则被握的手可紧握拳头，另一手从溺者的两臂中间穿出，握住自己被抓的手，突然向下拉即可解脱（图 12-24 之 2、3）。

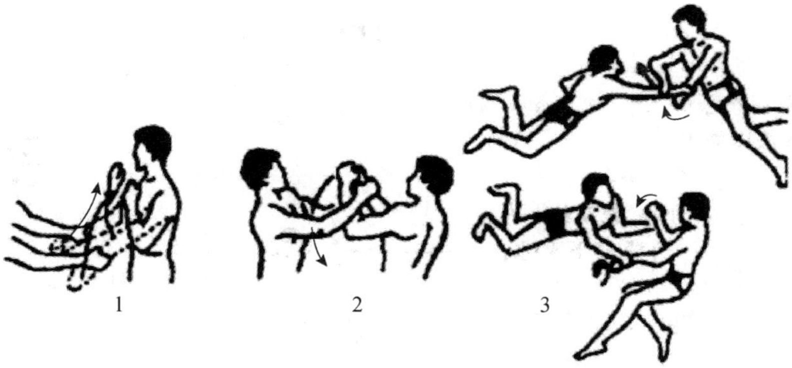

1 2 3

图 12-24

2. 托肘解脱法

当溺者从正面或后面抱住救护者的头或颈时，救护者可一手抓住溺者的手腕往下拉，另一手将其肘部向上托，自己顺势向下滑脱，并迅速将溺者转至背向自己（图 12-25、图 12-26）。

3. 推扭解脱法

当被溺者从正面抱住腰部时，救护者可一手接住溺者的后脑勺，另一手托其下颌，并用力向上、向后推，或向外扭转他的头部，并趁势将溺者转至背向自己，即可解脱（图 12-27 之 1）。

图 12-25

图 12-26

4．扳指解脱法

若被溺者从后面抱住腰部，救护者则可用两手分别抓住溺者两手的一指，向两侧用力扳开，然后放开溺者的一只手，另一手用力向侧牵拉，使其转体背向自己（图 12-27 之 2）。

5．外撑解脱法

若上体和两臂同时被溺者抱住，救护者则用力将自己的两臂向左右两侧撑开，同时身体迅速下沉，然后用两手托住溺者的两肘用力向上举，头从溺者的两臂中间钻出来，解脱后使溺者转体背向自己（图 12-27 之 3）。

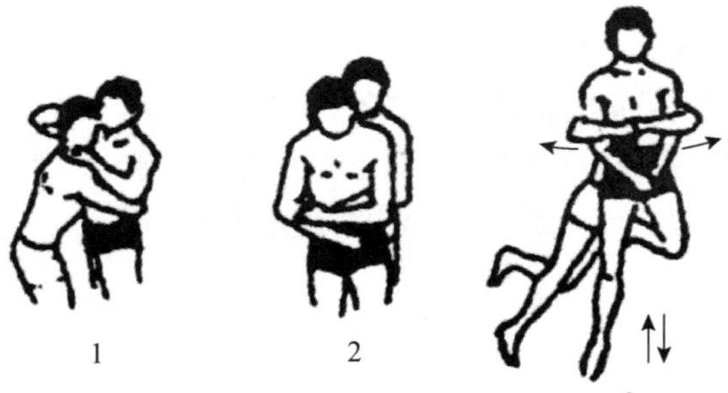

图 12-27

（五）拖带

拖带溺者一般采用侧泳和反蛙泳两种泳式进行。

1. 侧泳拖带法

一种是先使溺者仰卧水中，然后用一手托住溺者的后脑，另一手在体侧划水，两腿做侧泳的蹬剪水动作，游向岸边（图 12-28 之 1）。另一种是先一手从溺者的胸前抱住对侧下腋，然后用上述动作进行拖带（图 12-28 之 2）。

1 2

图 12-28

2. 反蛙泳拖带法

救护者仰卧水中，两手扶住溺者的两颊或两腋，用反蛙泳的蹬腿动作使身体前进（图 12-29）。

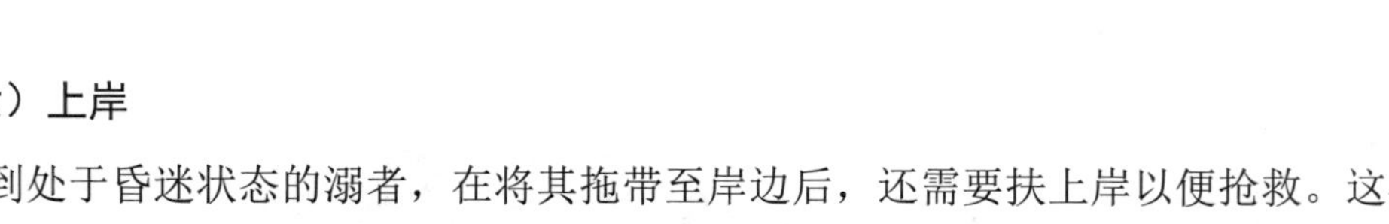

1 2

图 12-29

（六）上岸

遇到处于昏迷状态的溺者，在将其拖带至岸边后，还需要扶上岸以便抢救。这在浅滩或斜坡的河岸比较容易，但在游泳池或陡坡上岸就比较困难。方法是：救护者用一手握住溺者的右臂，将其右手放在岸上，并用自己的另一手压在溺者的右手上，自己先上岸，接着两手握住溺者的两只手腕，将其往水中沉一沉，之后借助水的浮力将其拉上岸。

三、岸上急救

（一）清除口鼻中的异物

将溺者的衣服和腰带解开，擦干身体，清除口鼻中的淤泥、杂草、泡沫和呕吐物，使其上呼吸道畅通。如有活动假牙，应取出，以免堕入气管内。如溺者牙关紧闭，救护者应用力摩擦他腮上隆起的肌肉，使口张开；或在溺者头后，用两手大拇指由后向前顶住溺者的下颌关节，并用力向前推，同时两手食指与中指向下扳其下颌骨，使口张开。

（二）空水

在完成上一步的处理后，应立即进行空水，将进入溺者呼吸道、肺部和腹中的水排出。方法是：救护者一腿跪地，另一腿屈膝，并将溺者腹部放在腿上，使溺者的头下垂，然后，用一手扶住溺者的头，使溺者的嘴向下，另一手压溺者的背部，使水排出（图 12-30），并立即进行人工呼吸。

图 12-30

（三）人工呼吸

1. 口对口吹气法（图 12-31）

这种方法简便易行，效果比较好。操作方法是：将溺者仰卧，救护者在溺者的身旁，用一手捏住溺者的鼻子，另一手托住溺者的下颌，深吸一口气，然后用嘴紧对溺者的嘴吹气；在吹完一口气后，嘴和捏鼻子的手同时离开，并用手压溺者的胸部，帮助呼气。如此有规律地进行，每分钟做 15～20 次。开始稍慢些，之后可适当加快，直至溺者呼吸正常为止。

图 12-31

2. 俯卧压背法（图 12-32）

这种方法也比较简单，容易掌握，优点是溺者为俯卧位置，可减轻呼吸的阻塞。操作方法是：将溺者俯卧于平板或平地上，一臂前伸，另一臂弯曲垫于头下，脸向侧，使口鼻呼吸畅通；救护者两腿跪在溺者大腿两侧，两手按住溺者后背的肋腰部位（操作时要注意拇指相对，靠近脊柱，四指稍分开，俯身向前下方推压），将溺者肺内空气压出，形成呼气；然后，救护者身体还原，同时两手放松，让溺者的胸廓扩张，使空气进入肺内，形成吸气。按上述方法操作，每分钟约做 18 次，直至溺者的呼吸恢复正常为止。

图 12-32

思考

1．游泳运动的特点是什么？
2．游泳运动对人体有哪些作用？
3．游泳运动的技术要点有哪些？
4．游泳时有哪些注意事项？

第十三章　休闲运动

导论

休闲运动的发展与同一个时期的社会、经济、文化发展密切相关，一个时期的社会、经济、文化越发达，休闲运动开展得就越好。随着我国经济的发展，国民生活水平逐步提高，闲暇时间逐步增多，人们越来越关注自身的发展，特别是越来越关注精神上的需求。休闲运动自身所具备的功能与特征，在一定程度上满足了人们的精神需求，其因活动内容、形式的灵活多样而受到越来越多的人的喜欢。

学习目标

1. 了解轮滑运动。
2. 知道轮滑运动的技术要点。
3. 了解极限飞盘运动。
4. 知道冰壶运动。
5. 懂得冰壶运动的技术要点。

第一节　太极拳

一、太极拳运动渊源

据资料记载，太极拳传自张真人，真人，辽东懿州人，道号三丰，生宋末。身高七尺，鹤骨松姿，面如古月，慈眉善目，修髯如戟，顶作一髻寒暑唯一箬笠，手持拂尘，日行千里。洪武初，至蜀太和山修炼结庵玉虚宫，经书一览成诵。洪武二十七年，又入湖北武当山，与乡人论经书谈说不倦。一日在屋诵经，有喜雀在院，其鸣如争论，真人由窗视之，雀在柏树，如鹰下观，地上有一长蛇蟠结，仰视，二物相争，雀鸣声飞下展翅扇打，长蛇摇首微闪，躲过雀翅，雀自下随飞树上，少时性燥，又飞下翅打，长蛇又蜿蜒轻身闪过，仍作盘形，如是多次并未打着，后真人出，雀飞蛇走，真人由此而悟，蟠如太极，以柔克刚之理，由按太极变化而组成太极拳，养精气神，动静消长，通於易理，故传之久远，而功效愈著。

二、24 式简化太极拳

24 式简化太极拳是以杨式太极拳为基础简化改编的，是一项松紧自然、正稳细绵的武术运动。它易学易练，圆活轻柔，舒展大方，适合初学者练习和用于健身治病。在校学生中，有些同学因各种疾病处在恢复期，不适合参加过于剧烈的运动项目，而这套拳术正好适合这些同学进行锻炼。

1954 年，国家体委（后改组为国家体育总局）对武术工作制定了“挖掘、整理、研究、提高”的方针，成立了武术研究室，决定从太极拳着手，编定统一、规范的武术教材，为普及开展武术活动创造条件。为此，国家体委邀请多位太极拳名家共同商讨，完成了精简太极拳初稿——其内容由各流派太极拳的代表性动作组成。初稿公布后，普遍反映内容不够简明，广泛普及比较困难。1955 年，国家体委武术处专家再次研究，决定以流传面和适应性最广泛的杨式太极拳为基础，按照简练明确、易学易练的原则，选择主要内容重新编排，保留太极拳的传统风貌，突出太极拳的群众性和健身性。遵循上述方案，经过反复修订，中华人民共和国第一部由国家体育主管部门编审的统一武术教材《简化太极拳》完成。因这套太极拳共有 24 个动作，故又称 24 式简化太极拳。

下面是 24 式简化太极拳的动作口令及典型动作配图。

1. 起势（图 13-1）

①两脚开立；②两臂前举；③屈膝按掌。

图 13-1

2. 左右野马分鬃（图 13-2）

左野马分鬃：①抱球收脚；②转体上步；③弓步分手。
右野马分鬃：①转体撇脚；②抱球收脚；③转体上步；④弓步分手。

图 13-2

3. 白鹤亮翅（图 13-3）

①跟步抱手；②后坐转体；③虚步分手。

图 13-3

4. 左、右搂膝拗步（图 13-4）

左搂膝拗步：①转体摆臂；②摆臂收脚；③上步屈肘；④弓步搂推。
右搂膝拗步：①转体撇脚；②摆臂收脚；③上步屈肘；④弓步搂推。

图 13-4

5. 手挥琵琶（图 13-5）

①跟步展臂；②后坐引手；③虚步合手。

图 13-5

6. 左、右倒卷肱（图 13-6）

右倒卷肱：①转体撤手；②退步卷肱；③虚步推掌。
左倒卷肱：①转体撤手；②退步卷肱；③虚步推掌。

图 13-6

7. 左揽雀尾（图 13-7）

①转体撤手；②抱球收脚；③转体上步；④弓步棚臂；⑤转体摆臂；⑥转体后捋；⑦转体搭手；⑧弓步前挤；⑨后坐引手；⑩弓步前按。

图 13-7

8. 右揽雀尾（图 13-8）

①转体分手；②抱球收脚；③转体上步；④弓步棚臂；⑤转体摆臂；⑥转体后捋；⑦转体搭手；⑧弓步前挤；⑨后坐引手；⑩弓步前按。

图 13-8

9. 单鞭（图 13-9）

①转体运臂；②勾手收脚；③转体上步；④弓步推掌。

图 13-9

10. 云手（图 13-10）

①转体松勾；②云手收步；③云手并步；④云手收步。

图 13-10

11. 单鞭（图 13-11）

①转体勾手；②转体上步；③弓步推掌。

图 13-11

12. 高探马（图 13-12）

①后脚跟步；②后坐翻手；③虚步推掌。

图 13-12

13. 右蹬脚（图 13-13）

①穿手提脚；②上步翻手；③分手弓腿；④抱手收脚；⑤翻手提腿；⑥分手蹬脚。

图 13-13

14. 双峰贯耳（图 13-14）

①屈膝并手；②上步落手；③弓步贯拳。

图 13-14

15. 转身左蹬脚（图 13-15）

①转体分手；②收脚合抱；③提膝翻手；④分手蹬脚。

图 13-15

16. 左下势独立（图 13-16）

①收腿勾手；②屈蹲开步；③仆步穿掌；④弓腿起身；⑤独立挑掌。

图 13-16

17. 右下势独立（图 13-17）

①落脚勾手；②屈蹲开步；③仆步穿掌；④弓腿起身；⑤独立挑掌。

图 13-17

18. 左右穿梭（图 13-18）

右穿梭：①落脚转体；②抱手收脚；③上步错手；④弓步架推。
左穿梭：①转体撇脚；②抱手收脚；③上步错手；④弓步架推。

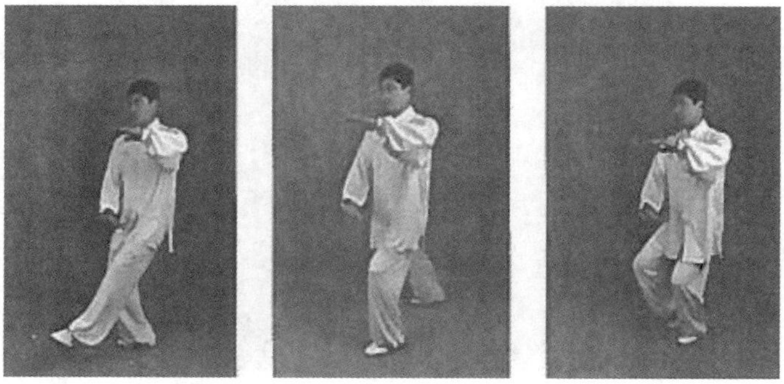

图 13-18

19. 海底针（图 13-19）

①后脚跟步；②后坐提手；③虚步插掌。

图 13-19

20. 闪通臂（图 13-20）

①提手收脚；②上步分手；③弓步推掌。

图 13-20

21. 转身搬拦捶（图 13-21）

①转身扣脚；②转体握拳；③垫步搬拳；④转体收拳；⑤上步拦掌；⑥弓步打拳。

图 13-21

22. 如封似闭（图 13-22）

①穿手翻掌；②后坐收引；③弓步按掌。

图 13-22

23. 十字手（图 13-23）

①转体扣脚；②弓腿分手；③转体落手；④收脚合抱。

图 13-23

24. 收势（图 13-24）

①翻掌分手；②垂臂落手；③并脚还原。

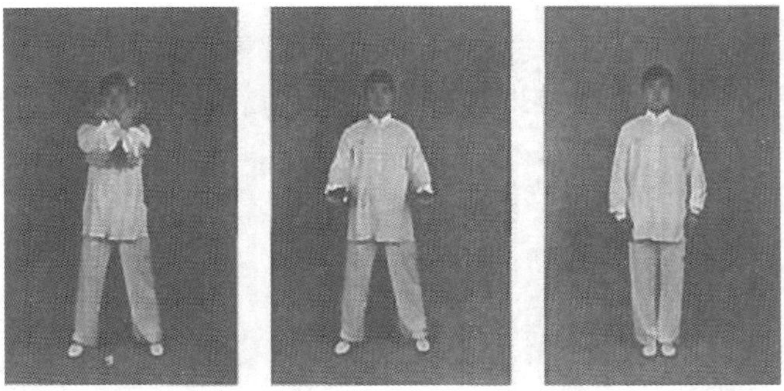

图 13-24

第二节 轮滑

一、轮滑运动发展概述

（一）轮滑运动的锻炼价值和特点

轮滑运动是一项集健身、竞技、趣味、娱乐、技巧、休闲、惊险于一体的全身性运动。轮滑运动要求练习者能够灵活变换重心，维持动态平衡。轮滑运动在腿部用力上有侧蹬用力的特点，在学习过程中必须克服陆地上走或跑时后蹬用力的习惯，建立向侧用力的概念，掌握正确的用力方法。

（二）轮滑运动的装备

1. 轮滑鞋

根据形式的不同，轮滑鞋分为双排轮滑鞋和直排轮滑鞋两种。双排轮滑鞋主要应用在花式表演和轮滑球运动中；直排轮滑鞋主要应用于速度比赛、轮滑球运动和室内外休闲运动，是目前轮滑鞋的主流。

2. 护具

护具是最容易被忽视但又很重要的一项装备，包括头盔、护肘、护腕和护膝。戴护具不仅能保护自己，还能保持良好的练习心态。

二、轮滑运动基本技术

（一）站立、平衡和移动

1. 站立姿势

（1）丁字形站立。

将左脚跟紧靠在右脚的内侧（或将右脚跟紧靠在左脚的内侧），使双脚成丁字形。双膝微屈，重心稍偏位置居后的脚，上体略前倾，抬头，双眼平视前方，两臂在体侧自然打开，以控制身体平衡。

（2）八字形站立。

双脚成八字形自然分开，双脚跟靠近，双膝微屈，上体微屈，身体重心放在两脚之间，保持身体平衡。

（3）平行站立。

双脚分开，与肩同宽。两脚尖稍内扣，上体微前倾，双膝微屈，身体重心放在两腿之间，保持身体平衡。

2. 原地移动重心

（1）动作要点。

在平行站立的基础上，上体向一侧移动，并逐步将身体重心完全移至这一侧的支撑腿上，待平稳后，上体再向另一腿上移动，并将身体重心完全移到该腿上，反复练习。

（2）易犯错误。

在练习时，易使两脚变成八字形站立，这样在重心移动时，就会造成重心不能完全移到支撑腿上。

（3）纠正方法。

保持两脚并行站立。

3. 原地踏步

（1）动作要点。

在八字形站立的基础上，重心移到一腿上，另一腿微屈上抬，使脚离地面 5～10 厘米再落下，重心移至另一脚。交替练习。

（2）易犯错误。

步幅过大，重心不稳。

（3）纠正方法。

抬腿要低，速度要慢。当重心完全移到一条腿上时再进行交换。

4. 原地蹲起

（1）动作要点。

在平行站立或八字形站立的基础上做下蹲、起立动作，身体重心放在两腿之间，两臂自然打开。

（2）易犯错误。

在起立时身体先前倾弓身，再直立；只做腿的蹲伸动作。

（3）纠正方法。

开始时可以先做半蹲，速度稍微慢些，然后逐渐过渡到深蹲，快速完成，保持身体的垂直升降，注意动作的协调性。

5. 两脚原地前后滑动

（1）动作要点。

在平行站立的基础上，做一脚向前、一脚向后的来回滑动练习，两臂前后摆动，像走路一样配合双腿运动。

（2）易犯错误。

在滑动过程中，重心落在一条腿上，双脚不能保持平衡。

（3）纠正方法。

保持双脚平衡，两腿伸直，大腿发力做前后滑动练习，或手扶栏杆、同伴进行练习。

6. 向前八字走

（1）动作要点。

在丁字步或八字步的基础上，一脚向前迈出一小步，脚尖向外侧，成八字形落地，同时身体重心迅速跟上。当重心完全落到前脚时，后脚再抬起向前迈，两脚交替进行，移动身体重心。

（2）易犯错误。

先迈脚，后移重心，前脚被移重心的惯性推向前滑走，使重心无法落在前脚上。

（3）纠正方法。

小步幅、慢节奏练习。重心随迈出的脚同时前移，脚落地，重心跟上。

7. 横向迈步移动

（1）动作要点。

在平行站立的基础上，一腿向侧迈出一步，随之身体重心迅速跟上，另一腿收回，在内侧靠拢着地，并承接重心。换腿练习。

（2）易犯错误。

滑行时脚尖向外，重心在两腿之间。

（3）纠正方法。

开始练习时步子要小，在向右移动时，左脚适当加大蹬地的力量；在向左移重心时，右脚适当加大蹬地的力量。可以在同伴的帮助下完成，也可以通过语言进行提示。

（二）滑行

1. 走步双滑行练习

连续几步向前八字走，然后双脚迅速并拢，两脚由八字形变为平行，借助惯性向前滑行。动作的关键是重心保持在两脚之间。

2. 低姿交替蹬地滑行

（1）动作要点。

两脚八字形站立，膝、踝微屈，两脚同时向外侧蹬地，使双脚同时开始向前滑行，重心随之偏向左脚，左腿成支撑腿。右脚在稍加蹬地后迅速回收，向左脚靠拢，脚尖向外侧，落地自然成八字步，同时重心向右腿上移，左脚开始蹬地，如此交替进行。

（2）易犯错误。

重心处于两腿之间，滑行的步子较小，收腿较快。

（3）纠正方法。

做横向迈步移动练习，逐渐提高单腿支撑能力。

3. 高姿交替蹬地滑行

（1）动作要点。

在低姿交替蹬地滑行的基础上，右脚侧蹬地，重心随之移向左脚，成左脚支撑滑行。右脚落地后成右腿支撑滑行，然后收左腿，两脚交替蹬，交替滑行。

（2）易犯错误。

蹬地后收腿困难。

（3）纠正方法。

尽量在短促的蹬地动作结束后马上回收，膝、踝全屈，重心落在前脚掌处。

4. 向前直线滑行

（1）动作要点。

原地两脚成 T 字形站立，左脚在前，右脚在后，两腿稍弯曲，用右脚内侧蹬地，重心慢慢移至左脚。右脚蹬直后右腿蹬离地面，成左脚向前滑行，然后右脚在左脚的侧面落地后，左脚重复上述动作，成右脚向前滑行。两脚交替向前直线滑行，在整个滑行过程中，两手自然向侧分开，帮助维持身体平衡。

（2）易犯错误。

重心在两脚之间，不能形成单脚支撑。

（3）纠正方法。

在双脚曲线滑行的基础上，身体重心逐渐移至单脚上，成单脚滑行，另一脚在滑行脚后抬起。

5. 蛇形向后滑行

（1）动作要点。

平行站立开始，两脚分开（约一脚距离），两腿弯曲。用右脚内侧蹬地，身体重心移向左侧，成左脚向后滑行。右腿在体前伸直，随即右脚放在左脚侧面，恢复成开始姿势，然后用左脚蹬地，重复上面动作。做蛇形向后滑行要注意在滑行中上体始终保持前倾姿势，两膝保持弯曲，两手在体侧分开侧举。

（2）易犯错误。

在滑行的过程中身体直立或后仰。

（3）纠正方法。

在完成后葫芦滑行获得一定速度后，进行蛇形向后滑行。左、右脚各蹬地滑行一次，依靠滑行的惯性两脚平行站立滑行一次，身体保持正确的滑行姿势，反复练习。

（三）滑行停止法

1. 八字形停止法

（1）动作要点。

在获得一定的向前滑行速度后，两脚平行分开站立，随后脚尖内转，两脚以内侧轮柔和地压紧地面。

（2）练习方法。

① 在向前滑行时，两脚平行分开站立，右脚脚尖内转，以内侧轮柔和地压紧地面，身体重心稍向左移，反复练习。

② 在能够完成前面动作的基础上，再按照内八字形停止法进行练习。速度可由慢到快，循序渐进。

2. 倒滑停止法

（1）动作要点。

在向后滑的过程中，将两脚变为前后开立，身体重心移到前脚的前方，同时抬起两脚脚跟，后轮离地，制动胶着地与地面摩擦而停下来。停止时，身体稍前倾，两臂侧举，以维持平衡。

（2）练习方法。

① 手扶栏杆或在同伴的扶持下，原地抬起脚跟，身体稍前倾，以制动器支撑站立。

② 向后慢速滑行，两脚平行站立滑行，随后抬起脚跟，以制动器压紧地面至停止。

（四）弯道滑行

弯道滑行技术与直道滑行技术有很大的区别，弯道滑行技术特点在于练习者用交叉步滑行，由于向心力的作用，上体不仅前倾，而且还要向后侧倾。

1. 走步转弯

动作要点：在向前做八字走或半走半滑时，如向左转弯，则在每一次脚落地时脚尖都向左转动一点，身体也随之向左转动一点，逐渐成弧形的走滑路线。如向右转弯，则动作方向相反。

2. 惯性转弯

动作要点：在滑行获得了一定的速度后，两脚平行稍靠近些，如向左转，则左脚略靠前，右脚靠后，重心落在两脚之间 1/3 处，前腿略弓，后腿直，身体重心压在左脚和右脚的左侧，利用惯性向左侧滑一段较大的弧线。如向右转，则动作相反。

3. 短步转弯

动作要点：在学会惯性转弯技术的基础上，身体姿势较低，重心完全落在左腿上，甚至超出左腿的支点，右脚向右侧蹬后迅速收回，靠近左脚落地做非常短暂的支撑；此时左脚迅速向左稍转脚尖，右脚再迅速向侧蹬出，连续做此动作就可以加速转弯。如向右转，则动作方向相反。

4. 左脚支撑，右脚连续蹬地滑行

动作要点：从站立姿势开始，左脚用外侧蹬地后迅速与右脚并拢，接着右脚再做一次蹬地动作，左脚继续做前外曲线滑行。

5. 在圆弧做不连贯的交叉步滑行

动作要点：在圆弧上用直线滑行方法，中间插入弯道交叉步，当左脚有稳定的平衡时，右脚向左脚左侧前方迈一小步。

第三节　极限飞盘

一、极限飞盘运动概述

极限飞盘运动自诞生之日起，在短短的发展历史中吸引了世界上无数的爱好者投身其中。该项运动之所以如此迷人，是因为它集足球、篮球和美式橄榄球的优点于一身，更重要的是它的技术易于掌握，强调团队的配合，便于消遣。极限飞盘运动是一项团体性的竞技运动，场上队员无性别要求，同时比赛中除了需要表现出速度、耐力、灵敏性和弹跳力，还有各种巧妙的抛盘、飞身鱼跃接盘技术和默契的团队配合。

（一）中国极限飞盘运动的发展

随着我国经济的迅速发展和对外交流的日益频繁，极限飞盘运动亦如其他新兴运动一样，虽然起步较晚，但它以"深圳"速度创造着奇迹。目前，主要由留学生和外教带动起来的极限飞盘运动在国内已经有近万人在玩，而它以北京、上海、深圳、天津、大连、宁波、重庆、成都、昆明、西安和香港这些城市为代表，不断扩大着自身的影响范围。

（二）极限飞盘精神

极限飞盘是一项极具娱乐性的团体比赛项目。比赛由双方各 7 名队员参加，每队的目标是在差不多有半个足球场大小的场地内将一张飞盘传递到对方的得分区内，攻击方在对方得分区内接住盘则得 1 分，先得到 17 分的一方为获胜者（现在的比赛一般为 13 分制）。极限飞盘的玩法类似于足球、篮球和美式橄榄球的综合。虽然它们同为集体项目，但极限飞盘不允许在比赛中进行任何的身体接触，恐怕也是所有竞技运动中唯一进行自我裁判的项目。极限飞盘是一项追求公平、公正的团体竞技运动，更强调运动精神的培养。

（1）相信没有运动员会故意犯规，所以对于犯规行为没有过于严厉的处罚，但是仍会使用一个让比赛继续进行的办法，就像原来没有发生犯规情况一样。

（2）参赛队员在两个队出现矛盾时要做到公正，因为他们都是场上的裁判员。在这种情况下，双方队员需要做到这几点：熟悉规则，公平和客观，诚实，使用文明的语言。

（3）鼓励进行激烈的高水平比赛，但是绝不能无视双方队员之间的相互尊重，或是破坏比赛规则和比赛最基本的乐趣。

（4）以下表现被认为是好的行为：当队友给出了一个错误的或不必要的示意，以及出现了犯规或违例行为时，应当及时给他以提醒；当遇到争议时，千万不要生气或着急，要保持冷静。

（5）需要避免违反"极限飞盘精神"的行为：危险或幅度过大的行为；故意犯规或违例的行为；嘲笑或欺负对方队员；误导对方的队员将飞盘传给自己。

（6）每个队伍都必须遵循"极限飞盘精神"，并做到如下几点：有责任向本队队员讲解比赛规则，倡导良好的竞技精神；对一些竞技精神较差的队员给予批评和惩罚；给其他队伍提出客观的建议，使他们知道如何提高自身的竞技精神。

（7）如果有新手因不了解规则而犯规，有经验的队员就有责任向他们解答所违反的规则。

（8）有经验的队员可以观察新手或年轻选手的比赛，然后主动传授他们一些规则和在场上比赛的经验。

（9）在比赛中，比赛规则由参赛队员直接执行，或者让拥有最佳视觉角度的队员来执行。除队长外，不在场上的队员应该避免参与讨论。如果解决不了矛盾和争议，也应该把飞盘交还给前一个无争议的传盘队员。

二、极限飞盘运动的入门之道

极限飞盘技术并不复杂，但如果想成为一名高超的极限飞盘运动员，就需要了解飞盘飞行的基本原理，并能够在不同的天气情况下合理而又熟练地运用极限飞盘的基本技术。

（一）反手掷盘

1. 握法

大拇指扣紧飞盘的正面，其余四指则扣紧飞盘的边缘，并要求食指顺着盘缘，且第二关节刚好与飞盘的边缘卡在一起，尾三指置于盘沟。

2. 掷法

反手掷盘是极限飞盘比赛中较常用的一种传盘方式。传递的飞盘要尽量平，如果倾斜得太厉害就会造成接的困难。反手掷盘时，右手持盘的队员，右脚在前（左手持盘则相反），飞盘尽量保持在低位出手。要尽量使扔出的飞盘旋转，以降低风对飞盘线路的影响。

（二）正手掷盘

1. 握法

大拇指扣紧飞盘的正面，其余四指则扣紧飞盘的边缘。握住边缘的四指中的食指、中指应紧扣住飞盘内边缘，而无名指、小手指要卷曲并扣住外边缘，以便能够紧紧地握住飞盘。

2. 掷法

正手掷盘时，可以通过半蹲或将右腿后撤一步（如果是用右手扔的话）来降低重心，虽然这样不能快速地将飞盘传出，但可以使传的飞盘更加有力量，而且可以通过后撤一步来避开防守队员的封堵。当然，也可以不用降低重心而直接将飞盘传出，这种情况往往可以有效地提高进攻速度，更好地把握战机，但是由于这种方法力量小，因此一般用于短传。

（三）双手接盘

双手接盘比较稳定，在所有的接盘技术中也最常用。

1. 双手夹盘

要求五指微张，一手在上，一手在下，两手合力夹住飞盘；接盘时，要主动迎接飞盘，并顺势接住。

2. 双手腰上接盘

双手抬起，五指自然张开，四指在上，大拇指在下；盯紧盘，伸手向前迎接，顺势接盘；接盘瞬间，五指扣紧。

3. 双手腰下接盘

双手抬起，五指自然张开，四指在下，大拇指在上；盯紧盘，伸手向前迎接，顺势接盘；四指拖住盘，拇指扣紧。

（四）进攻和防守的站位与技巧

进攻和防守是组成比赛的主要因素，而站位是否合理又决定着进攻和防守质量的高低。因此，初级选手掌握进攻和防守的站位与技巧是提高实战能力的关键。

1. 掷盘手的站位与技巧

（1）无防守传接盘练习。
要求：一次正手传盘，一次反手传盘；传盘时，左右上步幅度要大，尽量传低位盘。
（2）两人模仿练习。
要求：两人间模仿摆脱防守掷盘练习，十次后互换。注意步法和站位。
（3）三人练习传接盘。
要求：一人防掷盘手的传接盘练习，传盘失败后进行互换，失误者进行防守。

2. 防掷盘手的站位与技巧

一般来说，防掷盘手的站位以防其反手为主，逼迫掷盘手传正手盘，同时，其他防守队员也需要注意掷盘手传出正手盘的路线，并封锁掷盘手的传盘。另外，防掷盘手的队员要与掷盘手之间保持一盘的距离，防守时应降低重心，张开双臂，扩大防守范围。
（1）一对多人练习。
要求：一人防掷盘手，注意防守反手盘，一轮之后换人练习。
（2）两人模仿练习。
要求：两人间模仿防守技术，十次后互换。
（3）三人练习传接盘。
要求：一人防掷盘手的传接盘练习，防守成功后进行互换，失误者进行防守。

3. 接盘手的站位与技巧

（1）一人对多人练习。
要求：一人掷盘，多人按顺序在跑动中接盘；一次反手位接盘，一次正手位接盘，一轮之后进行互换。
（2）三人练习。
要求：一人防接盘手，接盘成功后继续，防守成功后互换。

4. 防接盘手的站位与技巧

防接盘手的队员保持面向对手，同时降低重心，张开双臂，防止摆脱；站位守住内线，防止对手的内切；当听到出手的信号后，兼顾飞盘，破坏对手接盘。

（1）二对二练习。

要求：两人一组，一组进攻，一组防守，进攻失败即进行互换。

（2）三人练习。

要求：一人防接盘手，接盘成功后继续，防守成功后互换。

（五）短传

短传是战术组成的基础，也是极限飞盘初级选手必备的基本技能之一。比赛中，短传的稳定性直接决定着整体控盘的能力，同时，区域间的短传配合也是调动对方防守、打开防守空间的有力武器。

比赛中，短传可以采用正手、反手和上手传盘，但在多数情况下，掷盘手应传出弧线盘，这样可以防止防守队员的拦截。短传配合是控盘手经常运用的技术手段，掷盘手与控盘手之间穿插接应，通过直传、斜传、回传来进行飞盘的转移和控制，而控盘手也可以通过短传配合进行 2～3 人间的快速推进。

1. 初学者练习短传的方法

（1）两人短传练习。

两人相距 15 米左右站立，进行各项技术的传接盘练习。

（2）两人移动短传练习。

两人一组进行行进间的半场地短传练习（100 米左右）。传盘时要求一人正手传盘，一人反手传盘，同时注意传盘的时机和位置。到达底线后，互换位置，继续传盘返回起点。

（3）多人传盘练习。

多人传盘练习，可以进行一人对多人的传盘练习，也可以进行两组间的传盘练习。一人对多人的传盘练习要求接盘队员接到盘后，迅速掷回，并返回到排尾的位置进行轮换；两组间的传盘练习要求每隔一人手持一盘，接到盘后迅速持盘返回到排尾进行轮换。

2. 提高者练习短传的方法

（1）两人短传练习。

已经具有稳定的传接盘技术的队员在进行两人短传练习时，持盘队员传盘到接盘队员的侧方，接盘队员接到盘后迅速传回，然后，持盘队员再将盘传到接盘队员身体的另一侧。要求传出的落点与接盘队员的跑位正好合拍，注意把握节奏和力度。

（2）多人传盘练习。

多人传盘练习要求跑前接应，接应的同时要做假定的摆脱防守，接盘队员在接到盘后迅速跑向对方队列后进行轮换。此项练习均在移动中完成，要求传盘队员把握好传盘的时机，并且传盘稳定、准确；接盘队员摆脱防守后的跑动要及时，接盘要迅速、稳定。

（3）捉兔子。

捉兔子一般采用五打二的练习（人数可随机自定），持盘队员不能传盘给相邻的队员，只能传给隔一人的队员。练习中，一名防守队员负责防守持盘队员，另一名防守队员负责封锁传盘队员的传盘路线，争取断盘。断盘后，失误的队员进去防守，里面的一名防守队员替换失误队员的位置（防守队员按照先后顺序进行替换），练习继续进行，以此类推。

（六）长传

长传也是战术的组成部分之一，同时是掌握基本传接盘技术的初级选手需要进一步提高的技术。比赛中，长传是发动快攻的有力武器，也是破解密集防守很好的方法，但不宜在刮风天使用。

比赛中，强队经常采用这种技术突破防守和得分。另外，在对方采用区域防守时，中路防守比较密集，往往可以通过长传边路，利用边锋队员的速度来打破对方的防守。掷盘手可以采用正手或反手掷出弧线盘，从高位出手，同时增加飞盘的速度，越过邻近的防守队员，防止飞盘被拦截。长传进攻需要在有把握的情况下进行，同时还需要接盘队员有一定的身高和良好的速度。

练习长传的方法如下。

1. 两人长传练习

两人长传练习即一人传盘，一人接盘，两人进行远距离传接盘练习。长传中的动作应该基本在一个平面内，离开平面的动作会让盘摇晃，影响准确性和飞行距离。

2. 三人长传练习

三人长传练习即一人传盘，一人接盘，一人防守，防守的位置比进攻落后半步，接完盘后回收盘，归队时记得绕开场地。

3. 四人长传练习

四人长传练习即二对二的练习，需要结合防守与摆脱。当进攻方摆脱防守后，掷盘手迅速掷出飞盘，接盘手应判断准确、果断。接盘手在接到飞盘后，继续进行练习，失误后则需要轮换进攻。

三、比赛场地和装备

（一）比赛场地

（1）比赛场地周围的边线是由两条与比赛场地等长的边线和两条与比赛场地等宽的底线组成的。场上所有边线的宽度应该在 75～120 毫米。

（2）比赛场地分为长 64 米和宽 37 米的中间正式比赛场地，以及长 18 米和宽 37 米的两端得分区。

（3）标点是由两条 1 米长的线交叉所形成的点。在正式比赛场地中，其位置在离两条得分线的中点 20 米远的距离。

（4）使用 8 个颜色鲜艳、质地柔软的物体（如塑料角标）来标示正式比赛场地和得分区的边角。

（5）在练习赛或其他一些非正式的飞盘比赛中没有必要划定比赛场地的边界。

（二）比赛装备

（1）允许使用任何一种经过世界飞盘联合会（WFDF）批准的飞盘。

（2）每一位上场的队员都必须穿着能够区分于其他队伍的队服。

（3）比赛队员不允许穿着或者带有可能给其他队员造成伤害的物件，如手表、搭扣、带长钉或尖钉的鞋、突出的首饰等。

第四节　花式跳绳

一、认识跳绳运动

跳绳运动是借助绳的旋转并按绳重复回旋的节奏不停跳跃的一项运动。由于跳绳运动具有不受季节、场地、人数、年龄、空间与时间限制的特性，因此跳绳运动已成为一项开展广泛并深受各年龄阶段人群喜爱的休闲体育活动。下面介绍一些具体的实践方法。

二、跳花绳

（一）跳交叉摇双长绳

1. 摇绳方法（图 13-25）

两名摇绳者左手先按顺时针方向摇其中一条绳，当这条绳转至最高点时，右手按逆时针方向再摇另一条绳。这样，一条绳摇至最高点，另一条绳恰好摇至最低点，如此两绳一上一下地交错转动。

图 13-25

2. 跳绳方法

跳绳人在摇绳人左前方靠近绳转区的位置准备上绳，上绳时只需观察离自己近的这条绳，不用考虑另一条绳，因为另一条绳正好离自己远去。第一跳，跳近绳；第二跳，跳远端转下来的绳；第三跳，仍是跳第一跳跳过的那条绳。如此反复。

3. 下绳（跑出）方法

下绳的方法如同上绳一样，也应以一条绳为目标，如跳绳次数为单数，可按上绳方向跑出；如跳绳次数为双数，则可从上绳的同侧跑出。

（二）跳长绳耍球（图 13-26）

摇绳人匀速慢摇绳，跳绳人持球（如篮球、排球、足球等）上绳。跳绳人边跳绳边连续拍球，或脚落地时向上扔球、跳起后在空中接球；可高抛球，也可低抛球，还可以边跳绳边用双手将球在腰部绕环。

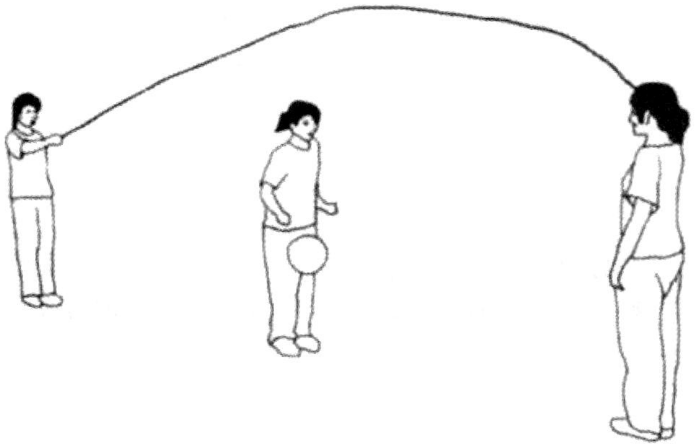

图 13-26

（三）跳长绳触脚跳（图 13-27）

跳绳人在跳长绳的同时向上跳起，双手触双脚，要求直腿、直臂，连续跳起。

图 13-27

（四）跳平行绳（图 13-28）

两名摇绳人双手各握两条长绳的一端，匀速摇绳，两条绳都要碰地。跳绳人上绳，每次跳起时两条绳要同时通过脚下。等动作熟练后，可尝试同时跳三条绳、四条绳。

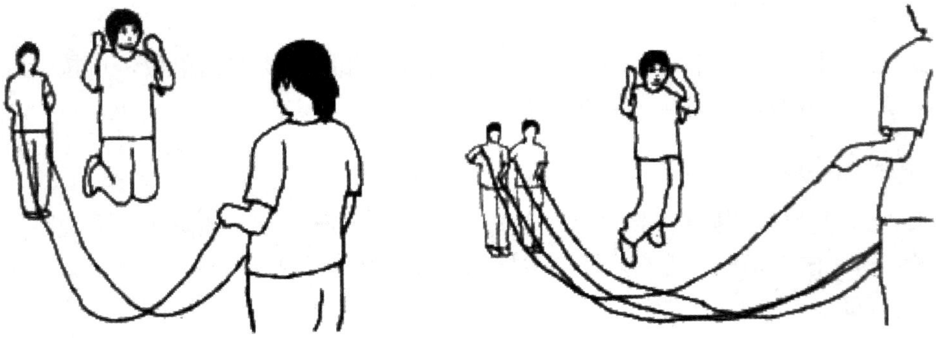

图 13-28

（五）跳十字绳

1. 摇绳方法（图 13-29）

四名摇绳人摇两条绳，使两条绳交叉成“十”字。注意：四名摇绳人同时摇正绳，上边那条绳要比下边这条绳摇得高一些，但两条绳都要同时落地；要保证两条绳同时起落，摇速要慢，以一条绳为准，就能把握好节奏。

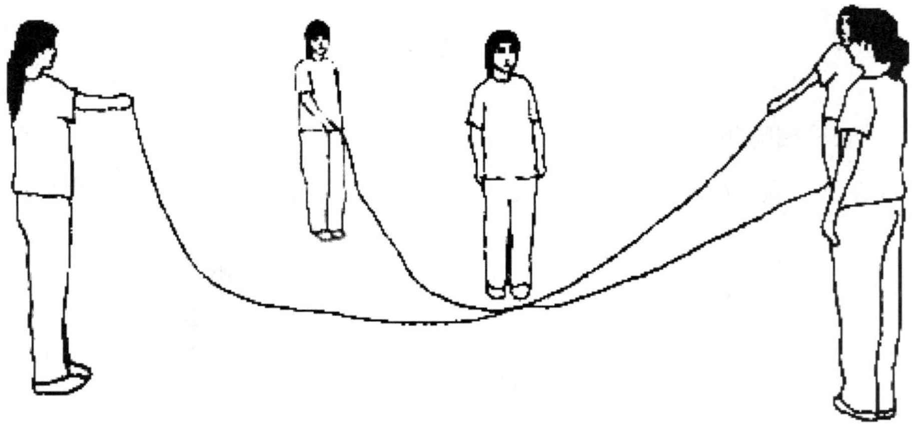

图 13-29

2. 跳绳方法

跳绳人站在靠近绳转区，准备上正绳，最好上到两条绳的交叉点上；上绳后可连续跳，也可跳一次后向前跑出。

（六）跳绳网（图 13-30）

把三四条绳交叉一齐摇转，就像一张网，所以称为跳绳网。摇绳的人站在对称的六角位置上，摇三条或四条交叉的正绳，同时起落，但以最上边最长的那条绳为准。

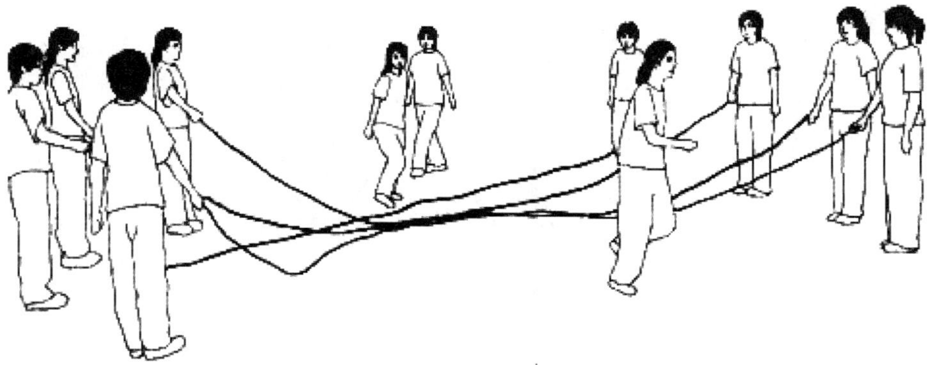

图 13-30

第五节　冰壶

一、冰壶运动概述

冰壶也叫冰上溜石，是在冰上进行的一种以队为单位的投掷性竞赛项目。冰壶曾多次被列为冬季奥运会的表演项目。

冰壶运动起源于苏格兰。最初，冰壶是苏格兰人在池塘或河堤内进行的一种类似地滚球的游戏。最早的冰壶比赛出现于 16 世纪。18 世纪，冰壶运动随着英国移民传入北美。1795 年，第一个冰壶俱乐部在苏格兰创立。1938 年，著名的苏格兰冰壶俱乐部为这项运动制定了正式的比赛规则。从此，冰壶运动作为一项冬季运动在欧洲和北美洲逐渐开展起来。20 世纪初，冰壶运动在加拿大兴起，冰壶俱乐部和地区性的冰壶协会纷纷建立。特别是通过加拿大冰壶爱好者的努力，这项运动的比赛规则和方法日趋完善，并且由室外逐渐移入室内。1927 年，加拿大举行了首次全国性的冰壶比赛，当时称为麦克唐纳·布赖尔锦标赛，1980 年该比赛更名为拉巴特·布赖尔锦标赛。1955 年冰壶运动传入亚洲。

二、掷冰壶技术

冰壶比赛（图 13-31、图 13-32）时，运动员需身着运动服，脚穿比赛鞋。两只比赛鞋的底部不同，蹬冰脚的鞋底部为橡胶，而滑动脚的鞋底由在冰上容易滑行的塑料制成。

投掷冰壶时，蹬冰脚踏在起蹬器上，身体下蹲，用灵活而有力的手持冰壶，另一手持冰刷——冰刷的底部贴放在身体外斜前方冰面上，以帮助保持身体平衡。投掷开始时，滑动脚先略向前移，同时向前推动冰壶，身体抬起，重心由蹬冰腿移向滑动腿。然后，滑动腿收回，重心后移，并将冰壶拉回至体侧后方。接着，蹬冰腿用力蹬冰，滑动腿膝部弯曲，脚尖外展，两腿成弓箭步，向前滑出。冰壶在身前，用伸直的手臂推动并控制冰壶向前滑动。当冰壶接近前卫线时，将手松开，使冰壶边旋转边画着适当的曲线向前移动。在一般情况下，以冰壶转动一圈半至两圈半到达目标最为理想。

图 13-31

另外，在投掷时必须使冰壶越过对方的前卫线而不超过后卫线，否则将失去比赛资格。在投掷过程中，为了使冰壶滑行得更远并准确地到达目标，同队可有两名队员手持冰刷，在冰壶运行的前方用力向左右擦刷冰面，以改变冰壶滑行的速度。当对方投掷时，为使其冰壶滑离圆心更远，也可以在冰壶的前面擦扫冰面。为获取比赛的胜利，队员在力求将冰壶投向圆心的同时，也可以根据战术需要，在主力队员的指挥下，将对方的冰壶撞出营垒或将本队的冰壶撞向圆心。

图 13-32

三、冰壶比赛场地及规则简介

（一）比赛场地

冰壶的比赛场地为长方形。场地四周设有 2 英寸高、4 英寸宽的木框（1 英寸≈2.54 厘米），以防冰壶滑出界外。从木框的内缘算起，场地长 44.5 米，宽 4.32 米。冰壶比赛用的标准冰壶是由苏格兰产的不含云母的花岗岩凿琢而成的。冰壶的直径为 29 厘米，厚度为 11.5 厘米，重 19 千克。

比赛前要用喷洒器向冰面均匀地喷洒水珠，以使冰面形成点状麻面。在场内有六条与端线相平行的横贯全场的蓝线，中间的两条称前卫线，两端的两条称后卫线。前卫线的宽度为 4 英寸，后卫线的宽度为 1 英寸。在前卫线和后卫线的中间有一个纵横交叉的十字线，称丁字线。丁字线的交叉点即营垒的中心点。以中心点为圆心，向外分别各画一个半径 0.15 米、0.61 米、1.22 米及 1.83 米的同心圆，外面的两圈之间涂上蓝色，里面的两圈之间涂上红色。在场内两端距离端线 1.22 米处中心线上各安装有一个高 2 英寸、宽 18 英寸用木螺丝固定在木块上的斜面橡胶起蹬器。

（二）比赛规则

冰壶比赛每场有两队参加，每队由四人组成，共进行十局。方法是：比赛双方按一垒队员、二垒队员、三垒队员及主力队员的顺序，先交替各投一次，然后依次投第二次。在比赛开始时，两队投掷冰壶的顺序通过抽签决定，从第二局开始，则由上一局的优胜队首先投掷。每局以两队的冰壶距离大本营（亦称营垒）圆心的近远决定胜负。假如 A 队有两枚冰壶距离圆心比 B 队离圆心最近的一枚冰壶还近，则 A 队得 2 分（图 13-33）。比赛结束时以得分多的队为胜。

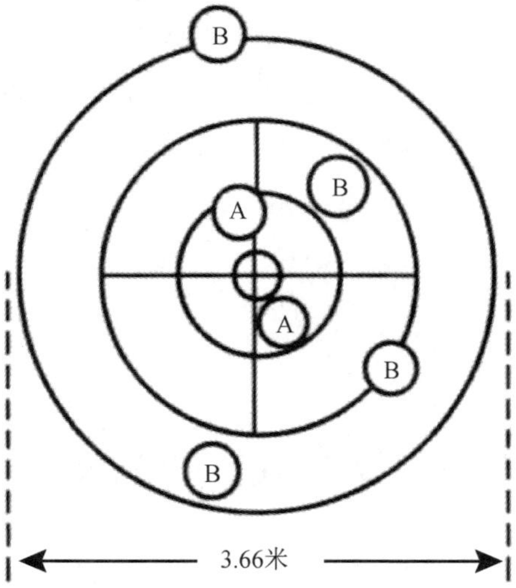

图 13-33

思考

1．轮滑运动的锻炼价值和特点是什么？
2．轮滑运动中有哪些安全措施？
3．极限飞盘的技术要点是什么？
4．跳花绳有哪几种？
5．冰壶比赛的规则是什么？

第三篇 体育运动与艺术

第十四章 体育欣赏

导论

体育运动是现代生活方式中增强体质、保持身体健康的积极手段，建议每个人都养成良好的体育运动习惯。运动是良医，运动要科学。科学的体育运动要求运动者遵循运动健身的基本原则，了解体育锻炼的常识与误区，制订科学的运动健身方案，合理安排准备活动与放松活动，在体育活动中处处体现美的价值。

学习目标

1. 了解体育欣赏的意义和作用。
2. 知道欣赏体育比赛应具有的修养。

第一节 体育欣赏的意义和作用

体育欣赏指通过体育竞赛及竞技表演来丰富人们的文化生活，满足人们的精神需要。精彩的体育竞赛和竞技表演吸引着亿万观众，紧张、激烈、惊险、拼搏的场面扣人心弦，令人回味无穷，并鼓舞、激励、感染着人们不断进取。

体育起着越来越重要的作用。体育欣赏可以给个人、家庭带来乐趣和幸福，给集体带来干劲和凝聚力，给社会带来安定，能有效地占领社会主义思想文化阵地。体育欣赏能使更多的人认识体育运动、参与体育运动，从而促进体育运动的进一步发展。

在体育欣赏的过程中，人们可以学到许多体育方面的知识——通过播音员对现场的解说及观众之间的相互交流，可以了解到许多体育项目的发展状况、许多优秀运动员的情况、许多国家和地区的民俗风情，以及许多项目的比赛规则等。

在大型的国际比赛中，国歌奏响、国旗缓缓升起的时刻更能激发人们的爱国热情和民族自豪感。当我国体育健儿在奥运会上实现“零”的突破，在“冲出亚洲，走向世界”的征途中夺得一个又一个世界冠军、打破一项又一项世界纪录时，他们为中华民族赢得了荣誉，给人民以极大的鼓舞和激励。当我国男排健儿在国际比赛中战胜强队获取胜利后，北京大学的师生欣喜若狂，第一次喊出了“团结起来，振兴中华”的口号，使我们整个民族具有强大的凝聚力，使我们的民族朝气蓬勃、充满生机，使人民对生活、对国家的前途充满信心。体育比赛的胜负具有很好的教育作用，对社会主义精神文明建设也起着重要的作用。

体育比赛的作用好像DVD演示教学的大课堂。它能给我们提供一个学习运动员拼搏进取、无私奉献、为国争光精神的大课堂。一位在异国他乡打破世界纪录的运动员，站在冠军领奖台上，眼含着热泪望着在庄严的国歌声中冉冉升起的五星红旗，他没有在掌声和鲜花中陶醉，他首先想到的是自己的祖国，是教练的辛勤培养、同伴的热情鼓励。他说，自己是大海里的一滴水，之所以永不干枯，就在于寄身于海洋；自己是岸边的礁石，之所以能经受风浪的考验，就在于祖国和人民的培养；自己是一棵树，之所以枝叶茂盛，就在于植根于祖国肥沃的土壤。当中国女排第一次夺取世界冠军时，香港报刊称赞中国女排精神，中国女排为中华民族争了光，是中国最美的人，是民族美的化身。

这种竞争意识、竞争精神集中地反映了人类勇于接受挑战、敢于拼搏、善于拼搏、顽强进取的风貌和勇于战胜一切困难的决心。这充分说明了人们征服自然、改造社会、超越自我的理想和信念。

第二节　体育比赛的美学欣赏

一、运动美的欣赏

（一）动作美的欣赏

在运动过程中，人的动作姿态、动作一瞬间的造型所展现的美，称为动作美。从体育运动的实质看，运动的整个过程都体现了一个“动”字。运动，是一种青春活力的美，是对生命活力的具体展现。体育比赛恰恰巧妙地编织出了技术动作动与静的结合，使体育比赛更具有观赏性。

对动作美的欣赏，主要是对体育比赛中技术动作完美性的欣赏，首先观赏动作姿态、动作速度、动作节奏、动作表情；其次观赏动作的衔接，包括技术动作的动与动、动与静衔接的表现力。

（二）技术美的欣赏

技术美是指人在完成各种技术动作时，在动作技术、技巧方面所展现出来的美。在观赏优美的高、难、险、新的运动技术时，人们会获得赏心悦目的美感享受。

对技术美的欣赏不仅体现在欣赏技术动作的高、难、险、新等方面，还应结合技术动作的合理性、准确性和技巧性等方面。合理、准确给人以稳定、有效、安全之感，技巧给人以惊讶、好奇、兴奋之感。

（三）风格美的欣赏

风格美包括思想风格和技术风格两个方面。

1. 思想风格

思想风格是指运动员在比赛中所表现出来的思想品质、道德修养、行为风格等综合思想、道德情操所体现的美。在观赏体育比赛时，欣赏运动员良好的思想风格同样是一种享受。

2. 技术风格

技术风格实际上是个人技术的升华。一个运动员在技术、战术方面，根据自身的条件和特点，创造出与众不同的风格，构成自己独特的风格之美。

思想风格与技术风格之间有密切的联系，这两种风格在其形成上往往是相互促进、相互制约、共同表现出来的。

二、身体美的欣赏

现代人之所以喜欢体育比赛，一个很重要的原因就是运动员的身体美吸引着人们。体育运动能塑造健美的人体，而健美的人体又能给人以美的享受。对身体美的欣赏，能给人一种特殊的美感，同时会产生一种生机勃勃的感受。

身体美由多种因素构成，基本包括健康美、强壮美、体态美、体型美、风度美等。

（一）健康美

健康美，不仅表现在人体的外部形态上，如身高、体重、胸围等，还表现在机能、身体素质、运动能力等方面。人的精神面貌状况和心理发展水平，如积极进取、乐观向上、对事业充满信心等，也是健康美的具体表现。

（二）强壮美

强壮美，是一种魁梧美、健壮美，表现为身体魁梧、肌肉发达，给人以壮实、充满生命活力和能量的感觉。

（三）体态美

体态美，是指人的形态和姿态的美，表现在身体比例合理、线条和谐等方面。

身体比例合理，是体育运动项目选才的标准之一。对此，人们提出了“黄金分割方法”和“头身比例法”。数学上黄金分割的比例关系（1∶1.618）同样适用于人体。如人体以肚脐分界，如果下半身长，人体就显得美。还有头和身的比例，头和身体的比例为 1∶8 的人就很美。

匀称的身体能充分地表现出体态美。两臂不一样长、两腿不一样粗的人肯定是不美的。

身体的线条是指人身体的外部轮廓。人们的一般审美观点是男性魁梧高大，具有阳刚之气，体态线条多平直，有棱角，显出一种刚劲有力、粗犷豪放之美。女性的魅力在于阴柔之美，其体态线条圆润，显示出秀美、柔和，流动感很强。

（四）体型美

体型是指人的身体结构。一个人的体型受遗传、环境和饮食的影响。但是，它可以通过体育锻炼加以改变，并进一步塑造出优美的体型。和谐、匀称、适中的身体结构类型是美的体型。

（五）风度美

风度美，是指人的风采、气质的美。运动员在长期的体育实践和体育比赛中形成一种气质，进而表现为一种风度，并且具有较高的审美价值。例如，举止大方、语言文明、乐于助人、服从裁判、仪表端正等，往往给人以高尚、典雅的感觉。

第三节　观赏体育比赛应具有的修养

在观赏体育比赛时，由于观众的生活经历、文化教育、个人素养和审美观点不同，因此观看体育比赛的水平存在着一定差异。一般来讲，这种差异可以分为两种类型：第一种，是不成熟型观众，其特征是对比赛胜负极感兴趣，通常以纯功利因素来支配情绪；第二种，是成熟型观众，他们虽然注重比赛胜负，也受一定功利因素的影响，但在观赏比赛的过程中，心理因素表现得相当丰厚博大，很有气度，决不会受功利欲的制约。

成熟型观众是推动体育事业前进的一种动力。如果赛场上有一定数量的成熟型观众，就会呈现热烈而活跃的气氛。

一、思想修养

大家知道，在赛场上有成功，也有失败。当运动员（队）夺冠时，作为观众都应该为他们祝贺，即使成绩不佳也绝不能产生抱怨、沮丧的情绪，甚至指责。

在荣誉问题上，观众也应正确对待。在观赏比赛时，只有严格区分爱国主义和狭隘的民族主义、集体主义与个人主义、博大思想和功利思想，才能提高观赏比赛的水平。

二、审美修养

在观赏体育比赛的过程中，观众会按照一定尺度来判定美与丑，这种尺度就变成了人们的审美标准。然而，审美标准是受年龄、性别、民族、知识结构、个体差异的影响的，因此，审美标准具有一定的差异性。

尽管在观赏体育比赛中没有统一的审美标准，但是观众要从赛场上获得美的享受，就必须不断地提高自己的审美标准。

作为观众，要提高审美修养，主要通过学习美学知识、艺术知识、体育知识、心理学知识、体育竞赛规则和参与一定的体育实践活动来实现。

三、道德修养

所谓道德，是调整人与人之间、个体与社会之间关系的行为准则和规范的总称。观赏体育比赛，观众必须不断加强道德修养，否则，就很难对体育比赛中的各种行为、是非观念做出正确的判断，甚至出现伤害他人或社会的行为。

提高道德修养，不仅是观赏者的需要，也是社会的需要。观众道德修养的不断提高，不仅有助于净化社会空气，而且还推动了体育事业的不断发展。

第四节　体育比赛的技术和战术欣赏

体育比赛极富趣味性和观赏性。人们经常把观赏时的感觉比作绝妙的艺术享受。高、难、险、新的场面扣人心弦，使人在观赏高水平体育比赛的过程中得到美的享受。为了改善观赏效果，我们应从以下几个方面入手。

（1）学习体育理论知识和比赛规则。

（2）从技术、战术视角欣赏比赛可以得到美的享受。

（3）了解国内外明星队员的基本情况，能增加观赏比赛的兴趣。

体育运动中的技术美包括技巧美、统一美、韵律美、力量美和适应美等要素。例如，在武术比赛中，运动员动静疾徐、刚柔虚实，不仅有固定套路，还有两人或多人斗智斗勇的格斗，对此我们既能欣赏到勇猛、快速，又可领略到轻快、矫捷，富于韵律之感。

下面介绍几类体育比赛的技术和战术欣赏。

一、球类

（一）足球

在欣赏足球比赛时，人们特别喜欢看精彩的射门。足球射门是进攻的归宿，一般来说，射门的次数越多，获胜的可能性就越大。在第十二届世界杯赛上，意大利球星罗西中路快速突破射门得分的整个过程一气呵成，快而不乱。在第十三届世界杯赛中，阿根廷球星马拉多纳摆脱对手，快速带球，躲过4名对手的阻截射门得分，其技术之精湛令人叹为观止。在第三届世界杯女子足球赛上，中国运动员刘爱玲在半决赛对挪威队的两个精彩的远距离射门已被国际足联作为女足射门的典型范例——这场比赛，使观众无不欢欣鼓舞。

足球比赛中的战术更是灵活多变、复杂多样。在战术上首先要解决的是比赛阵形，而阵形的选择主要依据本队的特点及队员技术水平的差异，同时也要考虑双方力量对比及其他客观条件。

（二）篮球

篮球运动是将球投入对方的球篮，以得分的多少决定胜负的集体球类运动项目，在全世界范围内经常举行世界性、地区性的大赛，国际交往比较频繁，发展非常迅速，已成为最受人们喜爱的竞技运动项目之一。

篮球运动的发展很快，新技术不断出现，如跳起空中换手投篮、勾手投篮、乔丹的后仰投篮，以及单双手正、反扣篮、三分投篮等。除此之外，人们还可以欣赏到运动员传接球、运球、突破、抢篮板球及防守等技术。

现代篮球运动还具有灵活、快速、多变的战术，在进攻过程中的基本战术配合包括传切、突分、掩护和策应等，防守过程中的基本战术配合包括挤过、绕过、交换防守、关门、补位和夹击等，以及攻防转换过程中的战术变化等。

（三）排球

排球比赛中除移动、传球、发球、扣球、拦网等常见的基本技术得到迅速发展外，快球技术发展得也很快。我国排球健儿还创造和发展了时间差、位置差等快球技术，能起到自身掩护、甩掉拦网的作用。

现代排球战术在不断发展、变化，过去的高、快结合逐渐变成高、快、灵；主要战术有中一二、边一二、两次球、后排插上、后排进攻、拦网等。两次球战术（当一传垫到网边扣球点的位置时，前排队员随即扣球）的运用真真假假、虚虚实实，让对手捉摸不透，防不胜防，能起到突然袭击的作用。战术的内容和质量是很重要的，有时简单的战术形式也可以打出高质量、多变的球。

二、体操

体操比赛对运动员的技术动作要求不仅包括高、难、险、新，而且要求动作舒展、大方、流畅、准确、优美、幅度大等。在欣赏体操比赛时，要首先了解规则、套路编排的技巧、动作完成的难度和效果。

随着体操动作技术水平的发展和提高，会出现许多高、难、险、新动作。例如，美国运动员雷顿在高低杠上表演了腹弹低杠，然后后摆前空翻坐高杠；李宁在自由体操和双杠比赛中表演的托马斯全旋。一套高水平的体操动作就是一件精美的艺术品，它是教练员精心设计、运动员刻苦训练和比赛的结果。

三、田径

在田径比赛中，战术是根据自己的特点和对手的情况而定的。例如，中长跑运动员的体力分配，速度安排，跟随跑、冲刺跑等；跳高运动员为节省体力或给对方心理施加压力采取的免跳或对起跳高度的掌握等。

总之，体育运动丰富多彩，帆船运动员在惊涛骇浪中搏击，击剑运动员敏捷灵活、快速多变的剑法，花样滑冰运动员在冰面上翩翩起舞……这些诗情画意的美，使人们萌发了对体育更高、更深层次的热爱。

思考

1．说明体育欣赏的意义和作用。
2．运动美的欣赏包括什么？
3．说明观赏体育比赛应具有的修养。

第十五章　健美操

导论

健美操是我国体育运动的一个新兴项目。它起源于生活，起源于人类对于人体健康与美的追求。它是体操、舞蹈、音乐有机结合的产物。

学习目标

1. 了解健美操运动的特点。
2. 知道健美操基础知识。
3. 掌握健美操基本技术。

第一节　健美操运动概述

一、健美操运动的起源与发展

健美操是在音乐的伴奏下，运用各种不同类型的体操化动作，以有氧运动为基础，融体操、舞蹈、音乐为一体的运动项目。健美操既是健身美体、陶冶情操的大众健身方式，又是竞技体育项目。

健美操作为一项独立的体育运动项目兴起于 20 世纪 70 年代末，其明显的标志就是“简・方达健美操”的出现。作为现代健美操运动的发起人之一，简・方达根据自己的体会和实践编写了《简・方达健美操》一书，并配有录像带。该书自 1981 年首次在美国出版以来，一直畅销不衰，并被译成 20 多种文字，在世界 30 多个国家出售，对健美操运动在世界范围内的流行与发展起了巨大的推动作用，也使简・方达成为 20 世纪 80 年代风靡世界的健美操杰出代表人物。

国际体操联合会于 1994 年接受健美操为其正式的比赛项目，从 1995 年开始每年举办世界健美操锦标赛。随着规则的修订，从 2000 年起，每逢双数年举办一次世界健美操锦标赛。

二、健美操运动的特点

（一）高度的艺术性

健美操是一个追求人体健与美的运动项目，因此健美操属于健美体育的范畴，具有高度的艺术性。健美操动作协调、流畅、有弹性，可使练习者不仅锻炼了身体、增强了体质，而且从中得到了美的享受，进而增强审美意识，提高艺术修养。

（二）鲜明的节奏感和韵律感

健美操必须在音乐的伴奏下进行练习，音乐是健美操的灵魂。健美操音乐多取材于迪斯科、爵士、摇滚等现代音乐和具有上述特点的民族乐曲，这也使健美操展现出一种鲜明的现代韵律感。健美操的音乐节奏鲜明清晰，既便于练习者随乐而舞，又能激发练习者的情绪，使之不仅不觉得疲劳，还能产生一种轻松愉悦感，从而既能得到美的享受，又能提高协调性、节奏感、韵律感和表现力。

第二节　健美操基础知识

一、健美操分类

根据当今世界和我国健美操运动的发展状况与未来的发展趋势，按照不同的目的和任务，健美操可分为健身性健美操和竞技性健美操两大类。

（一）健身性健美操

健身性健美操练习的主要目的是锻炼身体、保持健康。健身性健美操的动作简单，实用性强，音乐速度也较慢，且为了保证一定的运动负荷和锻炼的全面性，动作多有重复，并均以对称的形式出现。健身性健美操的练习时间可长可短，在具体要求上可以根据个体情况而变化，且严格遵循健康、安全的原则，防止运动中出现损伤，从而在保证安全的基础上达到锻炼身体的目的。

健身性健美操按练习形式可分为徒手健美操、轻器械健美操和特殊场地健美操三大类。

（二）竞技性健美操

竞技性健美操是在健身性健美操的基础上产生的，其主要目的是“竞赛”。目前国际上规模较大的竞技性健美操比赛有国际体操联合会组织的“世界健美操锦标赛”、国际健美操冠军联合会组织的“世界健美操冠军赛”、国际健美操联合会组织的“健美操世界杯赛”。我国正式的竞技性健美操比赛有“全国健美操锦标赛”“全国健美操冠军赛”“青少年健美操锦标赛”。竞技性健美操比赛的项目有男单、女单、混双、三人和六人项目。

二、健美操术语

健美操术语是用来专门表达健美操动作名称，以及描述动作、技术过程的专门语言和专有词汇。由于健美操运动源于国外，因此常见的健美操术语既有转义词，又有音译词。

（一）动作之间相互关系术语

1. 同时

同时：不同部位的动作要在同一时间内完成。

2. 依次

依次：肢体或不同个体相继做同样性质的动作。

3. 交替

交替：不同肢体或不同动作反复进行。

4. 同侧

同侧：与最初开始动作的肢体同一方向的上肢或下肢动作的配合。

5. 异侧

异侧：与最初开始动作的肢体不同方向的上肢及下肢动作的配合。

6. 对称

对称：左、右肢体做相同的动作，但方向相反。

7. 不对称

不对称：左、右肢体做互不相同的动作。

（二）动作中连接术语

连接术语是在描述一个连续动作的过程中，用于表达动作相互关系及先后顺序的术语。

1. 由

由：动作开始的方位。例如，由内向外。

2. 经

经：动作过程中经过的位置。例如，两臂经体前交叉。

3. 成

成：动作完成的结束姿势。例如，左脚侧迈一步成左弓步。

4. 至

至：动作必须到达某一指定位置。例如，提膝至水平位置。

5. 接

接：强调两个单独动作之间连续完成。例如，团身跳接屈体分腿跳。

（三）动作强度术语

动作强度术语用于划分以脚接触地面时，身体承受的冲击力大小。

1. 无冲击力动作

无冲击力动作：两脚始终接触地面，身体重心在两腿中间，没有腾空动作。一般在练习前的准备部分和结束部分使用。

2. 低冲击力动作

低冲击力动作：只有一脚始终接触地面。

3. 高冲击力动作

高冲击力动作：只有腾空阶段对身体有一定的冲击力。

（四）动作表现形式术语

1. 弹性

弹性：关节自然屈伸，给人一种轻松、自然的感觉。

2. 力度

力度：动作的用力强度，通常以动作的制动技术来体现力度。

3. 节奏

节奏：动作的用力强度交替出现，并合乎一定的规律。

4. 幅度

幅度：动作展开的大小，一般地，动作经过的轨迹越大，幅度越大。

5. 风格

风格：一套动作所表现的主要艺术特色和思想特点。

6. 激情

激情：充满健美操特点的强烈兴奋的情感表现。

第三节　健美操基本技术

一、健美操基本步法

（一）低冲击步法

1. 踏步类

踏步类有五种基本步法。
（1）踏步。
动作要点：两脚依次抬起，在落地时膝、踝关节弹性缓冲。
（2）走步。
动作要点：像走路一样自然迈步，但仍要注意膝关节、踝关节的弹性。退步时方法相同。

（3）一字步。

动作要点：脚尖朝前，两脚依次向前迈出一步后再依次收回，呈一字形。做后一字步时步法相同，但两脚依次向后退步。

（4）V 字步。

动作要点：两脚依次向前侧方迈步，当两脚平行时，双膝瞬间屈膝并依次退步呈 V 字形。

（5）右曼波步。

动作要点：右腿向左前侧迈步，右脚落地同时左脚跟微微抬起。

2. 点地类

点地类有四种基本步法。

（1）脚尖前点。

动作要点：两腿有弹性地屈伸，大脚趾趾脯着地。

（2）脚跟前点。

动作要点：一脚向前迈出，脚后跟着地，主力腿重心下压，膝盖微屈。

（3）脚尖侧点。

动作要点：直腿向侧点地，大脚趾内侧着地，主力腿微屈，重心下压。

（4）脚尖后点。

动作要点：直腿向后撤步，脚前掌点地，主力腿微屈，重心下压成弓步。

3. 迈步类

迈步类有六种基本步法。

（1）并步。

动作要点：一脚向侧迈出，同时移动重心，另一脚并脚点地。

（2）迈步点地。

动作要点：一脚向侧迈步，同时两腿半蹲，转移重心至迈步脚，另一脚侧点。

（3）迈步屈腿。

动作要点：一脚向侧迈出，同时两腿半蹲，转移重心至迈步腿，另一腿后屈。

（4）迈步吸腿。

动作要点：一脚向前或向侧迈步，另一腿屈膝抬腿至 90°。

（5）迈步弹踢。

动作要点：一脚向前迈一步，将重心也转移至此脚，另一脚擦地前踢。

（6）侧交叉步。

动作要点：一脚向侧迈出，同时转移重心，另一脚向后迈，交叉于重心脚，再将重心脚继续向侧迈步，另一脚跟并。

4. 单脚抬起类

单脚抬起类有四种基本步法。

（1）吸腿。

动作要点：主力腿有控制地稍屈膝弹动，另一腿以各种形式抬起，同时立腰收腹。

（2）踢腿。

动作要点：主力腿有控制地稍屈膝弹动，另一腿向前擦地踢出。

（3）弹腿。

动作要点：主力腿有控制地屈膝弹动，另一腿先屈腿接着向前踢出。

（4）后屈腿。

动作要点：主力腿有控制地屈膝弹动，另一腿向后屈腿。

（二）高冲击步法

1. 迈步跳起类

迈步跳起类有三种基本步法。

（1）并步跳。

动作要点：一脚迈出，移动重心，跳起，两脚一起落地。

（2）迈步吸腿跳。

动作要点：一脚蹬地迈出，起跳的同时吸腿。

（3）迈步后屈腿跳。

动作要点：一腿屈膝迈出，蹬地起跳的同时另一腿向后屈腿。

2. 双脚起跳类

双脚起跳类有五种基本步法。

（1）并腿纵跳。

动作要点：两脚并拢，双脚起跳，双脚落地。

（2）分腿半蹲跳。

动作要点：两脚分开稍宽于肩，屈膝半蹲，蹬地起跳并在空中打开两腿，怎样起就怎样落。

（3）开合跳。

动作要点：并脚屈膝，蹬地起跳，落地时两腿分开稍宽于肩。

（4）并腿滑雪跳。

动作要点：并腿屈膝起跳，左、右交替落地。

（5）弓步跳。

动作要点：屈膝并脚起跳，落地时两脚一前一后，前腿屈膝，后腿蹬直，成弓步。左、右弓步跳步法相同，方向改变。

3. 单腿起跳类

单腿起跳类有四种基本步法。

（1）吸腿跳。

动作要点：一腿抬起，与身体成 90°，同时另一腿起跳。

（2）后屈腿跳。

动作要点：一腿后屈，同时另一腿起跳。

（3）弹踢腿跳。

动作要点：一腿后屈，另一腿起跳，同时向前踢。

（4）摆腿跳。
动作要点：一腿向侧抬起，另一腿起跳，左右交替。

4. 后踢腿跑类

后踢腿跑类有两种基本步法。
（1）后踢腿跑。
动作要点：两脚依次离开地面，轻快地交替做后屈和跑跳运动。
（2）侧并小跳。
动作要点：双脚同时起跳，一脚作为主力脚起跳，另一脚用大脚趾跳点。

（三）无冲击步法

无冲击步法主要有四种基本步法。
（1）弹动。
动作要点：两脚始终接触地面，膝关节做有节奏的弹性屈伸。
（2）半蹲。
动作要点：两脚分开站立，稍宽于肩，膝关节做屈伸运动。
（3）弓步。
动作要点：一腿向侧或向前屈膝迈出，另一腿直腿蹬地，重心在两腿之间。
（4）提踵。
两脚并拢，重心上提、吸气、立腰，脚跟抬起。

二、健美操上肢动作

（一）常用手型

健美操的手型多种多样，是从爵士舞、芭蕾舞、西班牙舞、迪斯科、武术等吸收和发展的。手型的选用可使手臂动作更加丰富、生动。以下介绍几种常用手型。

1. 掌型

（1）五指并拢式。
动作要点：五指并拢伸直。
（2）五指分开式。
动作要点：五指分开用力伸直。
（3）屈指推掌式。
动作要点：手掌用力上翘，五指自然弯曲。
（4）西班牙舞手式。
动作要点：五指用力伸直，小指、无名指、中指、拇指稍内扣，食指伸直上翘。

2. 芭蕾舞手型

（1）圆手型。
动作要点：手臂成弧形，手腕和手指自然弯曲沿前臂成弧形；拇指向中指靠拢，食指稍分开，无名指和小指向中指靠拢并稍向内扣成弧形。

（2）伸展手型。

动作要点：近似于兰花指，中指与拇指相对，其余的三个手指稍靠拢并伸直，使手背在掌指关节处成反弓形。

3. 指型

（1）食指。

动作要点：握拳，食指伸直。

（2）剑指。

动作要点：握拳，食指和中指伸直。

（3）拇指。

动作要点：握拳，拇指伸直。

（4）弹指。

动作要点：拇指与中指摩擦打响，无名指、小指自然屈握。

（5）拳

动作要点：握拳，拇指扣在食指上。

（二）上肢动作

1. 举

动作要点：臂伸直向某方向抬起。

2. 屈臂

动作要点：前臂与上臂角度不断减小。

3. 伸臂

动作要点：前臂与上臂角度不断增大。

4. 屈臂摆动

动作要点：屈肘在体侧，自然摆动，两臂可依次或同时进行。

5. 上提

动作要点：直臂或屈臂由下至上抬起，如屈臂前提、直臂侧提。

6. 下拉

动作要点：臂由上举或侧上举拉至身体两侧。

7. 胸前推

动作要点：立掌，臂由肩部向前推。

8. 冲拳

动作要点：屈臂握拳，由腰间猛力向前冲拳。

9. 肩上推

动作要点：立掌，屈臂由肩部向上推。

10. 摆动

动作要点：以肩关节为轴，手臂在 180°以内运动。

11. 交叉

动作要点：两臂重叠成 X 形。

在进行上述上肢动作练习时，应注意肌肉的用力阶段，力求动作富有弹性，避免上肢动作过分僵硬。

第四节 健美操评分规则简介

一、总则

（一）竞赛性质与种类

1. 性质

按竞赛性质来分，健美操比赛有全国健美操锦标赛、全国健美操联赛、全国健美操冠军赛、全国体育大会健美操比赛及各类普及健美操比赛。

2. 种类

按竞争种类来分，健美操比赛有风采赛、组合赛、集体赛三种。

（二）竞赛内容

1. 徒手自编套路

徒手自编套路指各种符合规则及规程要求的成套健身动作。

2. 轻器械自编套路

轻器械自编套路指运动员利用个人能手持移动的器械所创编的符合规则及规程要求的成套动作。

（三）成套动作的时间

计时由第一个可听到的声音开始（不包括提示音），到最后一个可听到的声音结束。成套动作时间为 1 分 40 秒至 1 分 50 秒。

（四）场地

组合赛和集体赛的场地为 10 米×10 米、风采赛的场地为 7 米×7 米的健美操比赛地板或地毯，标记带为 5 厘米宽的红色带或黑色带，标记带为场地的一部分。

（五）着装与仪容

运动员须着适合运动的服装和鞋，且着装应整洁美观，不能戴任何首饰和手表。女运动员的头发必须梳系于后，发不遮脸，允许化淡妆。

（六）比赛程序

风采赛、组合赛和集体赛分为预赛与决赛。凡参赛队均须参加预赛，参加预赛的队数决定进决赛的数量。

二、成套动作评分

（一）评分方法

根据国际体操联合会关于健美操运动的评分方法和要求，考虑普及健美操的创编原则，并使之具有健身运动的特色，制定了普及健美操评分方法。

（二）艺术分

每名艺术裁判的分数是对艺术编排的每项内容进行评价的总分，满分为 10 分。去掉最高分与最低分，所剩分数的平均分为最后艺术分。艺术裁判的评分因素及分值如下。

1. 成套编排

成套编排是指成套动作的内容，满分为 4 分，包括操化动作、过渡与连接、配合与托举或器械的使用、队形空间的合理分布及独创性。

（1）操化动作。

① 操化动作或器械使用应均匀地分布在成套动作中并具有独创性。

② 徒手或轻器械的操化动作应包含表现健美操项目特色的步法组合。

（2）过渡与连接。

① 基本步法和动作组合的衔接应是动感、流畅和自然的。

② 灵活和流畅的空中与地面的互相转换。

③ 运动员可以同时或依次做动作，但在完成动作时，任何一名运动员停顿不允许超过 1×8 拍。

（3）配合与托举或器械的使用。

① 成套动作中的托举动作从准备到完成，再连接其他动作应流畅自然地与成套动作融为一体。

② 进行托举动作时不允许出现违例动作。

③ 成套轻器械自编套路应至少出现 2 次以上的器械传递。

④ 进行成套轻器械自编套路托举动作时，应与器械有一定的联系（包括开始和结束的造型）。

（4）队形空间的合理分布及独创性。

① 队形空间的分布要合理，根据具体内容编排适合的队形，与内容相呼应。

② 独创性也称原创性或初创性，是指一个作品经独立创作产生而具有的原创性。

2. 音乐

音乐的满分为 2 分。

（1）成套动作的音乐剪接应流畅、自然、完整。

（2）选择的音乐应与成套动作的风格协调一致，并有利于表现运动员的技术和个性特点。

（3）音乐制作应是高质量的，“效果音”应适量并与动作协调一致。

3. 表现力

表现力的满分为2分。

（1）成套动作的设计必须符合年龄特点，能使运动员通过成套动作展示出表演技巧和创造性。

（2）运动员必须通过高质量的动作给人留下干净、利落的印象。

（3）运动员必须表现出体能和动感，而非喊叫或歌唱；必须通过自然和欢乐的面部表情来表现自信，而非艺术化或夸张的面部表情。

（4）运动员必须表现出所借助器械在成套表演中的价值，做到人与器械的和谐、完美。

（三）完成分

1. 技术与技巧

（1）身体的姿态和技术规范：全部动作必须表现出正确的身体形态与标准位置。

（2）要注意器械使用的充分性与合理性。

2. 强度

强度是以最高质量完成动作的能力，展示通过完成提升创编的效果。其评分取决于下列因素。

（1）动作的频率。

动作停顿（单位时间内重复的次数少）是低强度的表现，如音乐节奏慢。

（2）动作的速度。

动作慢（单位时间内移动的距离短）是低强度的表现。

（3）动作的幅度。

动作小（单位时间内转动的度数少）是低强度的表现。

（4）动作的力度。

指爆发力与耐久力。

（四）裁判长职责

裁判长的职责主要是记录并评判成套动作，对违反规定的成套动作内容及运动员举止予以减分。

思考

1. 健美操运动有哪些特点？
2. 健美操运动分为哪几类？
3. 健美操的基本步法有哪些？

第十六章 瑜伽运动

导论

瑜伽源于古印度，是古印度六大哲学派别中的一系，旨在探寻“梵我合一”的道理与方法。而现代人所称的瑜伽则主要是一系列的修身养性方法。

学习目标

1. 了解瑜伽运动的含义。
2. 知道在瑜伽练习中怎样呼吸。
3. 明白瑜伽练习中的基本姿势。

第一节 瑜伽运动概述

一、瑜伽的起源

“瑜伽”一词来自梵文，意为自我和原始动因的结合，心灵、肉体、精神结合到最和谐的状态。它包含着“维持均衡就是生命和自然的本源，在生活中追求均衡就会感到幸福”的道理，这也正是瑜伽的精神所在。

二、瑜伽练习注意事项

（一）瑜伽练习前的准备

（1）练习场所要保持安静、温度适宜、通风良好，在地上铺一块垫子或毯子，以免造成损伤。

（2）穿着宽松的、天然面料的服装，尽量穿健身瑜伽专用服。夏天最好赤足，冬季可穿软底布鞋或瑜伽袜。

（3）摘掉首饰、手表。

（4）瑜伽练习最好是在空腹状态下，所以，练习瑜伽的最佳时间是清晨起床后或晚间就寝前、饭后 3～4 小时或饮用流体后半小时左右（部分体位另有规定的除外）。高校体育课的瑜伽练习前不宜有饱腹感，练习前尽量解完大、小便。

（5）患有某些疾病的人（如高血压、脊柱畸形等），应先征询医生的意见，经医生同意后方可进行练习。

（二）瑜伽练习中的原则

（1）进行瑜伽练习前要做充分热身，避免运动损伤。

（2）瑜伽体位没有标准动作，更没有“到位”一说，适合自己身体的姿势就是最健康的。在做各种瑜伽体位练习时，动作应缓慢而步骤分明，心随身动。

（3）要保持呼吸节奏和体位动作协调一致，遵循“开为吸、合为呼；上为吸、下为呼；始为吸、终为呼”的原则。

（4）要善于主动放松休息，在练习过程中出现体力不支、身体发生强烈震颤、感到痛苦时要停止练习，切忌硬撑坚持。

（5）要用心体会每个体位姿势对身体不同部位的刺激和自我体内产生的感觉。

（6）一般来说，瑜伽每天都可以练习，生理期也可以适当练习，但是要避免倒立动作，以及以腰腹部力量为主的练习。

（三）瑜伽练习后的注意事项

（1）练习后要注意保暖，不要马上淋浴。

（2）练习后如有任何不良感受或情绪应及时和老师沟通。

第二节　瑜伽呼吸

瑜伽的呼吸方法大概有十多种，基本的、较为简单的、容易为初学者所掌握的有胸式呼吸、腹式呼吸、完全呼吸等；还有稍复杂些的，也是程度较高的瑜伽研习者所常用的鸣声呼吸、语音呼吸、风箱式呼吸等。

下面简单介绍常用的几种瑜伽呼吸法。

一、胸式呼吸

胸式呼吸是指气息的吸入局限在胸的区域，气息较浅，适宜做针对性较强的动作，如上背部和胸部动作。

在进行胸式呼吸练习时，要选一个舒服的姿势，仰卧或伸直背坐着，双手放在胸部两侧靠肋骨处，呼吸时，意识集中于肺部。

二、腹式呼吸

腹式呼吸是指气息的吸入局限于腹部的区域，气息较深，横膈膜下降得较为充分。

在进行腹式呼吸练习时，须仰卧，手轻轻放在肚脐上，更多关注腹部；缓慢吸气，把空气直吸入腹部，感觉腹部被气息充分膨胀，向前推出，胸腔保持不动。吸气越深，腹部升起得就越高，横膈膜就越下降。接着缓慢呼气，腹部向内朝脊柱方向收，凭着尽量收缩腹部的动作把所有的废气从肺部全部呼出来，这样，横膈膜就自然而然地升起，腹部则慢慢向内瘪进。

三、完全呼吸（胸腹式呼吸）

在进行完全呼吸练习时，可以选择站立或仰卧，也可挺直背坐着。缓慢吸气，先填满肺的底部，这时由于横膈膜下降，腹部会鼓起，肋骨开始向外扩张；继续吸气，填满肺的中部、上部，感觉胸腔完全扩张，胸部上提；吸满气后，缓慢呼气，先放松胸腔，将胸部的气体呼出，感觉肺的上部、中部、下部依次放松；最后温和地收紧腹部，肚脐贴向后背，直到气体完全呼尽为止。

第三节　瑜伽练习的基本姿势

一、瑜伽基本坐姿

瑜伽基本坐姿包括简易坐、半莲花坐、全莲花坐、至善坐、金刚坐、英雄坐、狮子坐、吉祥坐、成就坐、散盘坐。下面介绍其中的几种。

（一）简易坐

简易坐是一种舒适安全的坐姿，适合瑜伽初学者。

坐在地上，双腿伸直；弯曲右小腿，把右小腿放在左大腿下；弯曲左小腿，把左小腿放在右小腿下；双手自然放在双膝上，掌心向下，头、颈、躯干保持在一条直线上。

提示：头、颈、躯干要保持在一条直线上。

功效：有利于膝盖、脚踝等关节的健康。它能增强两髋、两膝、两踝的灵活性，补养和加强腿部神经系统，减轻风湿和关节炎。

（二）半莲花坐

半莲花坐是瑜伽中最好的坐姿之一，是从简易坐向全莲花坐的过渡形式，适于柔韧性还不够好的练习者。从瑜伽的角度来看，这个坐姿适宜呼吸、调息练习和冥想。

坐在垫子上，双腿并拢，挺直腰背，先向前伸直双腿，屈右膝，右髋外旋，让右脚的脚跟抵放在会阴处；屈左膝，借助双手的帮助，尽量让左脚脚跟抵在脐下，脚心向上，放在右大腿上；尽量使双膝贴放在地面上，肩背正直，下颌内收，两手相叠，双手胸前合十。

功效：能放松脚踝、双膝和双腿肌肉，锻炼膝关节，防止老年脱臼、关节炎和风湿痛。

（三）全莲花坐

全莲花坐是瑜伽中非常重要和有用的体位法，是最佳冥想坐姿。莲花在梵文中象征着纯粹的美。这个姿势极为适宜做呼吸、调息练习和冥想。

坐在垫子上，两腿向前伸直，弯曲右小腿，把右腿放在左大腿上，脚底朝上；弯曲左小腿，把左腿放在右大腿上，脚底朝上；肩背正直，下颌内收，两手相叠，双手胸前合十。

提示：练习全莲花坐切忌膝盖上浮。

功效：增加对头部和胸部区域的血液供应，强化神经系统，祛除紧张和不安状态，使人身心平和、精神专注。除此之外，还能调整骨盆位置，防止内脏器官下垂，美化腿部线条，使双腿更加灵活、柔韧。

（四）至善坐

至善坐是瑜伽中重要的坐姿。

双腿并拢伸直，保持背部挺直；弯曲右小腿，双手抓住右脚，将右脚脚跟置于会阴处，右脚掌紧靠左大腿；弯曲左小腿，把左脚脚跟放在右脚脚踝上，左脚脚跟靠近耻骨，左脚脚掌放在右腿的大腿和小腿之间；双肩放松，双手放在双膝上，掌心向下。

提示：在整个过程中，背、颈、头保持直立。

功效：促进下半身的血液循环，增强脊柱的下半段和腹部器官；活化两膝和两踝，防止和消除两膝与两踝的僵硬感；能镇定安神和令人警醒。

（五）金刚坐

金刚坐，又称“正跪坐式”“钻石坐”“霹雳坐”，是瑜伽练习者要掌握的另一个重要姿势，也是唯一可以饭后练习的坐姿。

双膝并拢跪地，小腿和脚背贴在地面上；双脚大拇指相互交叉，脚跟向外；臀部后坐在双脚内侧；放松肩部，收紧下巴，挺直腰背；双手平放在大腿上。

提示：肩部放松，挺直脊背，这样可以减轻腿部的压力，防止腿部发麻。

功效：如果其他坐姿坐久了感到腿麻痛难忍，即可换成金刚坐，以缓解疼痛。此外，这个坐姿还能帮助肠胃系统及消化系统顺畅排气，强健脊柱周围核心肌群。

二、瑜伽基本手印

瑜伽基本手印是指瑜伽修炼时手的姿势，又称印契，象征特殊的愿力与因缘。

在进行瑜伽练习时，每个手指都有重要的象征意义，手的各个部位表现身体、大脑和心灵的状态。食指和拇指的位置象征瑜伽的终极目的，是个体心灵与宇宙本体的结合。

拇指代表无处不在的至高神意（自我意识）；食指代表个体的心灵（智慧智能）；中指代表纯洁、智慧和平等（挑战压力）；无名指代表活力、运动、激情等（生命力）；小指代表惰性、懒散、黑暗等（交流联系和沟通）。

（一）智慧手印

手掌向上，拇指与食指相扣，其他三指自然伸展。此手印代表把“小宇宙”的能量和“大宇宙”的能量融合在一起，即人与自然合一，可以让人很快进入平静的状态。

（二）能量手印

无名指、中指和拇指自然相扣，其他两指自然伸展。此手印可以排出体内的毒素，消除泌尿系统的疾病，帮助肝脏完好，调节大脑平衡，让人更有耐心，充满自信。

（三）生命手印

拇指、小指、无名指相扣，其他两指自然伸展。此手印可提高人的活力。

（四）流体手印

拇指和小指相扣，其他三指自然伸展。此手印可以帮助人们平衡流体，改善视力及嘴巴过干的现象。

（五）双手合十印

双手合十印即阴阳平衡手印。双手合十放在胸前做成瑜伽冥想的姿势，手掌之间要留下一些空间，意味着身体和心灵的合一、大自然和人类的合一。此手印可以提高人的专注力。

三、瑜伽姿势

瑜伽姿势，又称瑜伽体位法、体姿势、体式、形体功法、调身法、调身术等。古印度瑜伽修行者在大自然中仔细观察动、植物的习性，模仿动、植物的典型姿态，创造出了瑜伽体位法。所以，许多姿势都被冠以动物或植物的名称，如猫式、鱼式、眼镜蛇式、风吹树式等，意在获取动、植物身上的神秘力量——自然康复能力，以使人的精神和肉体保持在健康状态。

瑜伽体位通过身体的各种前弯后仰、扭转侧弯、俯卧、仰卧等身体姿势，对脊柱、中枢神经、骨骼、肌肉、内脏进行刺激与按摩，配合自身的呼吸、消化、体液的运转循环，激活身体潜能，提升体内的优良素质，弥补自身的不足和缺陷，增强人的免疫力。下面介绍一些基本的姿势。

（一）山式（站立）

山式是进化后的基本站立式，也叫柱式。这个姿势能让人产生力量和稳定的感觉。由于稳定性是所有基础的重要组成部分，所以山式几乎被当成所有站姿的起始姿势。

双脚并拢站立，两脚大拇指相触。为了舒服，双脚可稍分开，但要平行。上提并张开脚趾头，然后轻轻地回到地板上。体重均匀地分布在双脚，并轻轻压住地面，感觉双脚好像入地生根一般。经双腿向上伸展，膝盖保证向前。收腹，尾骨稍向前送，塌后腰，但不要过度弯曲，借着腰部的延伸和肋骨的上提拉长脊柱。肩膀向后下方转移，手臂、手掌和手指轻柔地向下延伸。下巴稍收，让后颈部放松。眼神柔和，面部松弛。慢慢调整呼吸，挺拔地站着，感觉身体在平衡中休息着。

提示：集中注意力，全身除双脚往下紧压外，其他部位全部往上提，从而感到轻盈挺拔。同时，所有的关节都对齐：膝盖在脚踝之上，髋部在膝盖之上，肩膀在髋部之上，双耳也在两肩的正上方。椎骨随着脊柱的自然弧度逐节排列，想象头顶正中有根绳子正往上轻拉着。

功效：让臀部和腿部肌肉健康有弹性；增强脚部力量；培养良好的体态；扩展肺部，从而强化深呼吸；带来轻盈均衡的感受，更好地控制平衡，同时增加注意力和毅力。

（二）山式（坐姿）

以莲花坐或至善坐的姿势坐在垫子上，双手放在体侧；肘关节外旋，掌心向外；吸气，气息带动手臂缓慢经体侧向上高举过头，十指相扣，翻转掌心向上；呼气，放松头部，下巴内收；吸气，背部挺直，手臂向上、向后伸展；呼气，放松；闭上眼睛，缓慢呼吸，感受胸骨远离肚脐；腹部稍收，锁骨打开，胸腔打开，肩胛骨展平；臀部完全坐在垫子上，膝盖下压，体会背部的伸展、脊柱的伸展。呼气，手指放松，缓慢经体侧还原。

提示：脊柱自然向上伸展，膝盖下压，臀部完全坐在垫子上。

功效：矫正不良体态，缓解肩背部疼痛；扩张、发展胸部，强壮腹部器官，安定神经。

（三）拜日式

拜日式又叫向太阳致敬式，是由一组瑜伽姿势组成的动作。它来源于一系列对初升太阳进行大拜的动作。对太阳的问候是为了感谢太阳带来的光明和温暖、带给大自然的活力，以及给人们的生活带来的影响。

拜日式是一个接一个连续的动作，以至于里面的任何一个伸展和打开胸部区域的姿势后面肯定紧接着一个收紧胸部的姿势。这会让呼吸系统更加自由地进行呼吸。呼吸和动作的协调对人们特别有帮助，而且当人们顺畅地完成所有动作时，会有一种平衡优雅的感觉。

拜日式里的每个姿势都是经过精心安排的，是伸展、调理和增强整个身体，尤其是脊柱的有效方式。它不仅能让身体的柔韧性更强，还能让人变得精力充沛、注意力更加集中。

提示：如果脊柱曾经受过伤，那么在练习过程中，务必让腿保持前倾，照顾好自己的后背。这个系列的动作不适合有高血压、心脏病的人练习。如果患有眼睛或耳朵方面的疾病，那么不要进行任何倒置的动作。这个系列的动作也不适合孕妇。

下面介绍拜日式的动作。

1. 祈祷式

以山式站姿站立于垫面的前端；轻轻合起双掌，手指并拢，手肘自然弯曲，置于胸前约成45°角，成合十礼；合双掌时，双眼下垂，目光注视合掌的指尖，能够凝聚心神，排除妄念；尽量放松，让气息往下沉，以达到逐渐安定的作用。

提示：通过深而长的呼吸让身心放松下来。

功效：集中和宁静思绪。

2. 脊柱后弯式

轻轻张开眼睛，调整呼吸。吸气时，双手向上伸直，高举过头，两手臂平行，紧贴双耳，眼睛注视手掌方向；呼气时，身体向后弯，手臂也跟着向后；抬头，目视上方；缓慢呼吸3～5次。

提示：髋部向前推，不要把力量只放在腰上，而是放在整条脊柱上。

功效：伸展腹部脏器，促进消化，消除多余的脂肪；加强脊神经，开阔肺叶。

3. 脊柱延展式

双掌打开，拇指相扣，掌心向前；吸气时，手臂带动上体缓慢还原成山式站姿；呼气，放松双肩，保持手臂伸直，高举过头，拇指相扣；调整呼吸，然后吸气，延展脊柱，气息带动手臂向上延伸；呼气时，以髋部为轴，保持身体在同一个平面上，上体向前、向下延伸，始终保持背部、手臂、头部在同一个平面上；腰椎下沉，伸展背部；重心稍前移，拇指松开，双手放在脚的两侧（或轻触双膝、脚趾头、地面），体会背部伸展的感觉；缓慢呼吸3～5次，感觉血液正缓慢流向头部、面部。

提示：双腿尽量不要弯曲，腹部、胸部、面部尽量贴近身体。

功效：预防胃病，促进消化，缓解便秘，增强脊柱的柔韧性。

4. 新月式

双臂上举过头顶，贴紧双耳，扩张肩部和胸部，手臂伸直带动身体向上，继续延伸脊柱，稳固双脚，下沉小腹；右腿膝盖着地，扩展左右髋部；自然呼吸，眼睛看向前方，保持身体稳定；继续吸气，双臂带动上身往后仰，髋部、腿部保持不动，体会脊柱后侧的挤压感。

提示：髋部下沉，让髋部得到充分的锻炼。

功效：按摩腹部器官，改善其活动功能；加强两腿肌肉，增强平衡能力。

5. 斜板式

保持上身不动，左脚向后迈出，双脚并拢，膝盖伸直，手臂伸直；肘关节外旋，手腕、肘关节、肩膀在同一条直线上；下巴微收，眼睛看向地面；收紧腹部，夹紧臀部肌肉；脊柱形成一条直线；缓慢呼吸 3～5 次；吸气时，感觉脊柱向头顶的方向延伸；呼气时，体会从尾骨向脚后跟方向伸展。

提示：重心放在臀部和膝盖之间的地面上，这样体重就会分散在双手和双脚四个点上；手臂伸直，不要让肩膀向上，避免拉伤肩膀和脖子；收紧腹部和臀部肌肉，不要塌腰，避免对脊柱的挤压。

功效：增强全身肌肉，特别是腹部和大腿肌肉，增强核心能力。

6. 毛毛虫式

屈双膝，双膝着地；屈双肘，胸部点地；双肘内收，额头点地（或下巴点地）；放松身体，缓慢呼吸 3～5 次。

提示：肩部下沉放松；额头（或下巴）点地；双臂尽量贴近身体，放松身体。

功效：促进内脏自我按摩和自愈，加强肠道蠕动；强化身体协调能力。

7. 眼镜蛇式

脚背贴地，膝盖触地；吸气时，手臂伸直，头部带动身体向上抬起，缓慢撑起上身；呼气时，脊柱向上、向后弯曲，头部后仰，面部放松，全身放松；肩部打开，锁骨打开，胸腔打开，肩胛骨下端向脊柱的方向靠拢，感觉耳朵远离双肩；腹部向下伸展，臀部放松，小腿内卷，双腿向下、向后伸展；感受腰部的延展，感觉从尾骨向脚后跟伸展。

提示：意识放在腰部，感受这个体位对腰部和双肾的挤压和按摩。有困难或者腰疼的可双腿稍分开，试着将手掌稍前移来降低难度。

功效：改善胃病、消化不良和便秘；锻炼脊柱，让脊柱神经焕发活力。

8. 顶峰式（下犬式）

双脚并拢，脚趾勾地；吸气时，臀部上抬，膝盖伸直，重心后移，脚跟触地；10 个手指从指腹开始压向地板，将这种力量从手指开始，均衡地通过手臂、肩部向上伸展，一直伸展到腰部；颈椎放松，双肩下压，腋窝展开，体会有一种力量从脚后跟向坐骨神经方向行进；膝盖伸展，保持脚后跟不动，大腿上提，感觉被人拉着大腿向后、向上伸展；缓慢呼吸 3～5 次。

提示：双肩下压，让上身充分伸展，脚后跟着地，大腿上提，不要塌腰下压。

功效：强化四肢神经和肌肉。反方向弯曲脊柱，有助于增强脊柱的柔韧性和改善脊神经的供血情况。

9. 增延脊柱式

吸气，左脚向前迈一步，向右脚并拢，膝盖伸直、并拢，双手置于脚的两侧（或轻触双膝、脚趾头、地面）；抬头，腰椎下沉，伸展背部；呼气，依次放松腹部、背部、头部，依次把腹部、背部、额头贴向小腿；缓慢呼吸 3～5 次。

10. 祈祷式

微微抬头，手臂向前伸展，贴向双耳，手腕伸直，掌心向下；借助腹部的力量缓慢抬起上身。这个过程始终保持背部挺直。尾骨内卷稍收腹，目视前方；调整呼吸；掌心相对，手指并拢，双手合十还原于胸前；手肘自然弯曲，肩胛骨内收，闭上眼睛。缓慢呼吸 3～5 次。

缓慢张开眼睛，双手放松，还原于体侧，继续完成另一边的拜日式动作。

（四）树式

基本站姿，双脚并拢或稍分开；提起右脚跟，脚趾着地，重心放在左脚上；眼睛注视固定的一点有助于稳定姿势；抬起右脚，握着脚踝，脚底贴着左大腿内侧，脚跟在舒适的范围内靠近腹股沟，脚趾朝下。保持髋部朝向正前方，右膝朝着右外侧动作。

双手于胸前合掌；站稳以后，双臂慢慢高举过头，保持肩膀下沉；手肘可以伸直或弯曲。躯干从腰往上延伸，轻轻收腹；平稳均匀地呼吸，保持 10～60 秒。

合掌回到胸前，右脚放回地上，放松，体重均匀地分布在双脚上；两臂还原体侧，换边重复。

提示：练习此式要循序渐进，千万不能操之过急。容易出现的问题是抬高的那条腿无法打开髋部，脊柱弯曲，从而增加身体失去平衡、受到伤害的风险。

功效：改善、强化平衡能力；强健脚踝和腿脚；紧实胸背的肌肉，矫正脊柱弯曲，消除腰痛；灵活髋部和肩膀。

（五）蝴蝶式

蝴蝶式又称吉祥式。以直角坐姿坐在垫子上，两腿伸直、并拢，挺直腰背，双臂置于体侧，掌心向下。吸气，弯曲双膝，将脚跟往内收，尽量贴近身体；呼气，双膝向两侧打开，双脚贴地，脚心相对。双手抓住两脚，将其拉近身体，两腿轻轻上下拍打地板，如蝴蝶展翅，轻拍双翼；动作中保持自然呼吸，也可用双手下压膝盖，辅助双腿拍打地板。

提示：背部挺直，整个臀部坐在地板上；缓慢拍打，配合呼吸。

功效：改善因久坐办公室、运动量少，或中年之后身体僵化，造成的血液循环不良、手脚经常冰冷的问题；女性勤练此式可以松弛骨关节，改善经期不顺。

（六）双腿背部伸展式

以直角坐姿坐在垫子上，双腿并拢，膝盖下压，腰部挺直；双手放在体侧，手肘伸直，翻转掌心向外；吸气，两臂高举过头，翻转掌心向前；呼气放松；再次吸气时，双手带动身体向上伸展；手臂贴双耳，呼气，以髋部为轴，保持上体在同一个平面上，向前向下伸展，双手抓住脚底；腰椎下沉，伸展背部（腰疼或腰椎间盘突出的，保持这个姿势，闭上眼睛缓慢呼吸）；借助手臂的力量，将整个上体向前伸展；小腿内裹，闭上眼睛，缓慢呼吸。

吸气时，腰椎继续下沉，伸展背部；呼气时，先放松腹部、头部，借助手肘的力量继续向前、向下伸展。

双手臂向前延伸，贴住双耳，保持背部在同一个平面上；吸气，借助腹部的力量，缓慢起身，掌心相对；呼气，双臂经体侧还原。

提示：脊柱保持在一条直线上，做到自己的极限即可。

功效：增进脊柱弹性，增强双臂、两腿肌肉群；改进消化与排泄系统功能，改善血液循环，放松心脏。

（七）战士第一式

以基本三角式站立，左脚尖指向左前方，右脚尖向内转大约 30°（刚开始也可以转 15°，熟练后可以慢慢调整角度）；屈左膝（脚和小腿成 90°角，小腿和大腿成 90°角），成左弓步；上身躯干转向左方，吸气，两手慢慢从旁上举，两手经体侧举至头顶上方，双手合十，保持肘部伸直；呼气，抬头，眼望指尖，自然呼吸 30～60 秒。

呼气，头部回正，目视前方；吸气，左膝伸直；呼气，两手分开，还原体侧；身体转向正前方，还原基本三角式站立。

调整呼吸，换左侧做同样练习。

提示：此体式需要双腿有良好的耐力。练习时，腿部会有微微酸胀的感觉。双腿间的距离以前腿的大、小腿成 90°角为最佳，调整好之后就不要频繁地移动双脚了。手臂向上延伸，带动身体往上，不要将身体的重量过多地放在髋部和腿部，双肩打开，胸腔扩张，脊柱向上保持伸直。

功效：增强足弓、脚腕、膝部和大腿的力量，增强身体肌肉耐力，增强意志力；舒缓髋部和肩部，扩张胸腔；改善消化系统和循环系统的功能；缓解坐骨神经痛等症状。

（八）战士第二式

以基本三角式站立，两脚分开较大距离，手臂放在体侧；左脚稍朝内，右脚向右转 90°，右脚跟对着左脚足弓；吸气时，两臂侧平举；呼气时，弯右膝，让小腿和躯干都与地面垂直；收下巴，同时轻轻地转头向右，注视手指；稍微收臀，双脚均匀地下压，左腿伸直，均匀缓慢地呼吸，保持 15～30 秒。

慢慢把头转回正中，吸气时伸直右腿，呼气时两脚转到前面，手臂还原体侧。

调整呼吸，换边重复相同的练习。

提示：若有心脏或血液循环问题，则不要练习此姿势，或在练习时双手扶胯。

（九）猫伸展式

四角板凳式跪在垫子上，双膝并拢，双脚并拢，脚背贴地，大腿垂直地面；手指并拢，肩与手腕在同一条直线上。

背部放平，意志力放在自己的身体上，吸气时，腰椎缓慢下沉，胸椎上提，颈椎拉长，耳朵带动肩膀向上提；呼气时，把腰椎一节一节向上拱起，胸椎一节一节向上拱起，颈椎自然放松，目视大腿方向，感觉脊柱的向上拱起，体会肩胛骨的打开；配合呼气，重复以上动作 3～6 次；继而呼气，背部放平，臀部缓慢落在脚后跟上，膝盖打开，大拜式放松。

提示：动作不要太快，不要猛将颈部前后摆动或把腰部拱后，也不要过分伸展颈部。

功效：伸展背部和肩部，改善血液循环，消除酸痛和疲劳；使椎骨得到适当的伸展，增加灵活性。

（十）骆驼式

跪立在垫子上，两膝分开、两腿分开，与肩同宽；脚背贴地，脚趾指向后方；大腿垂直于地面；尾骨内收，腰部向上延展；吸气时，两手放在两髋部，虎口向下；保持上身不动，轻轻将髋部向前推送，感受背部向上伸展；眼随手动，右手缓慢地经体前，向上、向后画一个圈，落在右脚脚后跟上；然后以同样的方式把左手放在左脚脚后跟上；伸展大腿的肌肉；保持两大腿垂直于地面，将头向后仰，髋部微微向前推送，借此轻轻将脊柱向大腿方向推；胸部上提，伸展腰部；不要将力量全部集中在双手；保持此式，把颈部向后方伸展，收缩臀部的肌肉，伸展脊柱；保持 30 秒之后，两手手臂依次向前伸展；吸气，头部带动身体，缓慢起身；呼气，放松双手，大拜式放松。

提示：头部放松，颈部不要过分向后伸展；臀部收紧前推，大腿尽量垂直地面；背部下段本就较上段灵活，为此可尽力提胸，使上背部弯拱；起身还原时别扭背；挺背上或下去坐在脚跟都行；结束后一定要做一个前弯动作休息。

（十一）大拜式放松

大拜式放松又称婴儿式、半龟式放松。跪坐，双腿并拢，脚背贴地，双脚大拇指轻触；两膝分开，臀部坐在脚后跟上，双手放于大腿上，脊柱挺直；手臂自两侧向上抬起，于头顶上方合掌，大拇指交叉，手臂触耳，脊柱伸直，深呼吸，尽可能向上伸直手臂；保持臀部始终在脚后跟上，从腰部开始向前弯曲；伸展脊柱向前，直到手外侧触地，手臂伸直；继续伸展向前，额头点地，放松肩和手臂，闭上眼睛，缓慢呼吸 20 秒；吸气，慢慢起身，上半身立直，手臂保持向上伸展；呼气，手臂从身体两侧还原。

提示：臀部始终坐在后脚跟上，动作舒缓。

功效：让身体充分放松，治疗消化不良，有益肺脏，促进血液流向大脑，强健腹部及大腿，促进髋部、三角肌、肩胛骨、肱二头肌、胸大肌的伸展。

（十二）蝗虫式

以鳄鱼式放松开始，俯卧，双肘打开，双手掌心向上，重叠置于下巴下；双腿分开，脚尖向外；闭上眼睛，缓慢呼吸。

双臂伸直，置于体侧，掌心向下，下巴点地；双腿并拢，脚背贴地，脚尖向后；缓慢吸气，气息带动上身、双臂、双腿同时抬离垫子；胸腔向上提起，锁骨打开，手臂向后伸展，胸骨向上提升，髋部下沉，颈椎有意识地放平；缓慢呼吸，感觉背部能量的增加。

呼气时，缓慢把上身、双臂、双腿放回垫子上，还原鳄鱼式放松。

提示：不要屏气，缓慢呼吸。

功效：强健腰腹部肌肉、上臂和大腿。蝗虫式还可减轻或消除失眠症、哮喘、支气管炎和肾功能失调的毛病。

（十三）弓式

以鳄鱼式放松开始，额头点地，颈椎放松，感觉上背部血液和腿部血液流向腰部；屈膝，自膝盖处弯曲双腿，脚跟接近臀部；双手分别抓住双脚脚踝或脚背；吸气时，大腿上抬，远离垫子；呼气时，放松；再次吸气，额头离开垫子，脊柱一节一节地抬起，缓慢呼吸，感受小腿远离臀部、脚趾指向天空；胸椎上提，颈椎放松，胸腔打开，锁骨打开，感觉整个腹部支撑着整个上身向上抬起，缓慢呼吸。

呼气时，缓慢将头部、上臂、大腿轻轻放回垫子。

提示：停留时，尽量保持好呼吸，有可能的话可慢慢加大上抬的程度。

功效：增强背部肌肉群，消除疲劳，改善肠胃失调、消化不良，加强肠道蠕动，治疗慢性便秘。

（十四）船式

以直角坐姿坐在垫子上，双腿伸直，小腿内旋，膝盖下压，脚背伸展，双臂自然垂直放于体侧，掌心向下，手指指向前方，背部挺直；双手后移，手指指向臀部；重心后移，躯干后倾，缓慢将大腿抬离地面约 30°，同时躯干缓慢向后倾斜约 60°；双手前平举，与地面平行，掌心相对；膝盖绷直，使腿笔直，脚趾向前，眼睛看向脚趾方向；背部放松，颈部放松，手臂向前延伸，脊柱的任何一个部位都不接触地面，脚的高度超过头部；肩部和手掌应该在同一条水平线上，手掌相对；体会腹部深层肌肉的颤抖，感觉腹部脂肪在燃烧，保持这个姿势 30 秒，正常呼吸。

呼气，放下手臂，双腿回到地面上，还原成直角坐姿。

提示：感觉吃力的动作可以借助瑜伽带或毛巾，帮助感受动作；有颈部损伤的练习者可以背部靠近墙，身体倾斜，使头部靠墙，以使背部得到放松。

功效：强健腹部、臀屈肌和脊柱；缓解腹部胀气，减轻胃部疾患；消除腰部脂肪，增强肾脏功能；缓解压力。

第四节　瑜伽考试内容与评分标准

一、拜日式整套动作测试

（一）考核方法

学生在音乐伴奏下完成拜日式整套动作。

（二）评分标准

20～50 分：动作有停顿，动作顺序有错误，稍紧张。

51～75 分：动作较流畅，动作顺序基本正确且舒展。

76～90 分：动作清晰、自如，动作顺序和节奏正确。

91～100 分：动作清晰、流畅、自如，动作顺序没错误，呼吸和动作协调结合。

二、套路设计与展示

（一）考核方法

学生根据所学动作自选音乐，分组进行 5 分钟动作组合创编与展示。

（二）评分标准

20～50 分：基本完成编排，动作编排没有规律，完成动作有停顿。

51～75 分：编排较为合理，动作编排规律不明显，完成动作较流畅。

76～90 分：编排合理，动作规律明显，动作完成清晰、流畅、自如。

91～100 分：编排具有一定特色，动作完成清晰、流畅、自如、优美、舒展，呼吸与动作协调结合。

思考

1．练习瑜伽的基本注意事项有哪些？

2．练习瑜伽常用的呼吸法有哪几种？

第十七章　体育舞蹈、街舞、排舞与交谊舞

导论

体育舞蹈是一项新兴的体育项目，是体育与舞蹈的结合，具有运动与艺术的双重性。因此体育舞蹈极富时代气息，具有健身价值、欣赏价值和社会价值。

学习目标

1. 了解体育舞蹈。
2. 知道体育舞蹈的分类。
3. 认识街舞、排舞、交谊舞。

第一节　体育舞蹈介绍

一、体育舞蹈的起源

体育舞蹈经历了原始舞蹈、公众舞、民间舞、宫廷舞、社交舞、新旧国际标准交际舞等发展阶段。20 世纪初，由英国皇家舞蹈教师协会召集了各国舞蹈专家，对当时流行的各个舞种、舞步、舞姿、步法进行分类并加以规范。此后相继制定了 7 种舞蹈为国际标准交谊舞，俗称老国标或老标准舞，即布鲁斯、慢华尔兹、慢狐步舞、快华尔兹、快步舞、伦巴、探戈，并由英国皇家舞蹈教师协会公布于众。

二、体育舞蹈的舞姿与握抱姿势

在国际体育舞蹈的现代舞中，华尔兹、狐步舞、快步舞和维也纳华尔兹的舞姿及握抱姿势相同，男、女舞伴双足并立，互相将自己的右脚尖对准对方的双脚中线，间距为 2～3 寸（1 寸≈3.33 厘米），女伴偏向男伴右旁约三分之一，男、女舞伴的头向左转，女伴转 45°并稍向左倾斜，胸腰微向后倾弯约 25°，从男士右边方向前看，要求身体肩平、背直、腰挺、膝放松、气舒缓。

舞伴之间握抱有五个接触点：①男伴左手与女伴右手相握，男伴左上臂平抬，肘略低于肩，小臂内弯与上臂成 90°角（也可略大于 90°），腕部上抬，与女伴相握的手高度齐女伴右耳峰，相握的手在两人身体中间要向前推或向后拉，使女伴手臂自然变成圆弧状；②男伴右上臂平抬，小臂内弯，右手五指合拢扶在女伴左肩胛骨下半部，用掌部轻托女伴；③女伴左手虎口张开，放在男伴右上臂三角肌下部，拇指在其内侧，其他四指放在外侧；④男伴的右小臂与女伴的上臂相触，用手臂托住女伴的手臂，使之自然架起；⑤男女舞伴右腰胯部相互轻贴住，以此作为引导女伴的重要部分。通过以上五个点的接触，男女舞伴形成了挺拔、舒展与自然优美的握抱姿势。

三、体育舞蹈的服饰

现代舞及拉丁舞都有各自专用的服饰，用以体现不同的舞种风格和衬托体现舞蹈的美。

在体育舞蹈的现代舞中，男士必须穿燕尾服，一般选手都穿礼服，显示握抱姿势高贵、庄重的气质，以及优美的身体线条；色彩以黑色为主，也可根据选手自身的特点和风格选用白色、蓝色、深灰色等。男士舞鞋一般是黑色软底平跟缚带皮鞋。女士穿夜礼服或露背式长裙，但裙长不能超过脚踝，以免妨碍动作和遮住脚部动作；鞋面色彩应与衣裙同色，样式是高跟船鞋或丁字鞋（高 5～8 厘米），鞋面可镶嵌亮饰物。

拉丁舞的比赛服饰要有拉美风格。男士穿紧身衣裤，上衣应是宽松长袖；女士要穿露腿的草裙式短裙，以便展示背、腰、臀、胯、腿部动作的优美线条，增加风格性。男、女选手的服装必须协调，男士不得戴头饰，男士的舞鞋和现代舞的要求差不多，女士要求穿高跟凉鞋，服装的颜色要求多样化，要鲜艳夺目，可在大的原则不变的前提下不断改进和变化，以适应时代的潮流。

四、体育舞蹈比赛的欣赏

体育舞蹈已成为人们陶冶情操、锻炼身体的极好形式，它兼有文化娱乐和体育竞技的双重特点，以及很强的表演观赏性和技术性。评委和观众根据什么标准来评审与欣赏优胜选手呢？归纳起来，大致可分为以下几条。

（一）规范正确的基本技术

要想夺得冠军，重要的是基本动作要扎实，就如同一栋大楼最重要的是根基一样。

（二）音乐韵律的表现

舞者如何运用音乐节奏演绎一套舞蹈动作是衡量其能力大小、艺术水平高低的尺度。例如，跳伦巴时要能按伦巴音乐的 4/4 拍准确地跳出 2、3、4、1 的时值分配、跳出重音 4。又如，牛仔舞的 4/4 拍的重音是在第二拍和第四拍，通常在多数动作中运用。

（三）舞蹈特点的表现

体育舞蹈的十个舞种风采特点各异。例如，摩登舞具有端庄、含蓄、稳重、典雅的风格和绅士风度。优美的舞姿、流畅起伏有序的舞步、清晰的音乐节奏，都是舞者应表现的舞蹈特性。在表演伦巴舞时要充分地运用躯体、髋部富有魅力的扭摆，体现舞蹈特点。

第二节　体育舞蹈的分类、基本技术及竞赛规则

一、体育舞蹈的分类

根据体育舞蹈练习的目的和任务，可将体育舞蹈分为两类：社交舞（娱乐健身体育舞蹈）和国际标准交谊舞（竞技性体育舞蹈）。社交舞的形式和种类多样，动作简单，是人们文化生活中广泛流传、具有普及性的一类舞蹈。社交舞、交谊舞和舞厅舞是不同历史时期对同一个概念的不同讲法。社交舞的目的就是进行社会交流、增进友谊、联络感情、强身健体。因此，参

加社交舞活动的人数最多、场面最大、气氛也最热烈。在社区广场文化中，社交舞已经成为重要组成部分。国际标准交谊舞也称竞技性体育舞蹈，是在社交舞的基础上派生出来的、动作极为规范的一种舞蹈，分摩登舞、拉丁舞两类，摩登舞分为华尔兹、探戈、狐步舞、快步舞和维也纳华尔兹；拉丁舞有伦巴舞、恰恰舞、桑巴舞、牛仔舞和斗牛舞（不具体介绍）。

（一）摩登舞

1. 华尔兹

现今华尔兹已经过改良，放慢了音乐速度，要求足部运动正确，在前进或后退中能突出主动腿的推动。男女舞伴的身体必须保持重叠 2/3，并在运动过程中始终保持身体的接触。在移动过程中必须强调身体的移动要流畅、连贯，在运动中身体起伏，表现出华尔兹的雍容华贵、荡漾起伏的风格。音乐节拍是 3/4 拍，速度为每分钟 30～32 小节。每小节 3 拍为一组舞步，重拍在音乐的第 1 拍上。基本步形有左脚并换步、右脚并换步、左转步、右转步、右旋转、拂步、侧行追步等。

2. 探戈

英国式探戈的音乐抑扬顿挫、刚劲有力。舞步怪异，如摆头顿足、欲进还退等，舞蹈风格充满豪迈精神，即为现今之标准式探戈。探戈是摩登舞家族中的“异类”，无论握持、音乐风格、移动、舞步等都无法与其他摩登舞种融合。要求两个舞伴相握手臂屈肘的夹角应小于 90°，身体重叠 1/2，男女舞伴的接触从横膈膜到膝盖，即使在做难度动作时也不能分开。运动时应走弧线，动作强调顿感、挫感及内在的力度，体现探戈豪放潇洒的风格。

3. 狐步舞

20 世纪初，狐步舞的舞步具有悠闲、轻松、流畅及优美等特性，音乐恬静柔美，行云流水。而竞技所延伸出的一些高难度动作，已经与美式简单轻松的狐步舞背道而驰。一般选手皆认为狐步舞是很难把握的一项舞种，要诠释狐步舞的流畅特性须有深厚的基础。握持及身体的接触同华尔兹，狐步舞的舞步起伏要平缓，跳出悠闲、轻松和流动感。音乐节拍是 4/4 拍，重拍在 1 和 3（1 强烈些）。速度为每分钟 28～30 小节，动作节奏为“慢慢快快”，一个慢拍等于 2 拍，一个快拍等于 1 拍。基本步形有羽毛步、左转步、三步、右转步、换向步等。

4. 快步舞

快步舞音乐节奏较快，只有恰如其分地掌握音乐节奏，快慢有序，才能淋漓尽致地展现快步舞的魅力。握持及身体的接触与华尔兹相同，动作要协调一致，跳步时流动要轻快、流畅。

5. 维也纳华尔兹

维也纳华尔兹是社交历史最悠久的舞种之一，又称为圆舞曲或宫廷舞，因其具有欢愉及自由气氛，故极受欢迎。握持及身体的接触与华尔兹相同，运动中身体应出现倾斜、升降和摆荡的特点，在左转退步时必须有锁步，动作轻快、流畅。音乐为 3/4 拍，每分钟 58～60 小节。第 1 拍为重拍，第 2 拍和第 3 拍为弱拍，6 拍完成一组动作，前 3 拍注重发力，后 3 拍较为舒缓。

（二）拉丁舞

拉丁舞又称拉丁风情舞或自由社交舞，具有随意、休闲、放松的特点，有较大的自由发展空间。

1. 伦巴舞

伦巴舞起源于古巴，是最具有代表性的拉丁舞之一，被誉为“拉丁之魂”，是表现男女之间爱情故事的舞蹈，音乐柔美缠绵，节拍为 4/4 拍，速度为每分钟 27～31 小节，音乐的第 2 拍为脚步的第 1 拍，重拍在第 4 拍。伦巴舞是 4 拍走 3 步的舞蹈，要“先出胯，后出步”，节拍是“2，3，4～1”，第 2 拍和第 3 拍各走一步，第 4 拍和第 1 拍共走一步。

2. 恰恰舞

恰恰舞起源于墨西哥，与伦巴舞有很多相通的地方，但与伦巴舞的俏皮欢快风格不同。恰恰舞的舞态花俏，舞步利落紧凑，动作潇洒帅气，充满活力；音乐有趣，节奏感强，音乐节拍为 4/4 拍，速度为每分钟 29～32 小节，4 拍跳 5 步（包括两个慢步和 3 个快步，慢步占 1 拍，快步占半拍）。步法应利落、紧凑，舞蹈要求风趣、俏皮。基本步形有追步、锁步、基本动作、扇开步、阿列曼娜、曲棍步、定点转、手接手、纽约步、右陀螺转步、闭式扭胯转步、开式扭胯转步、右分展步、左分展步、交叉基本步、古巴断步等。

3. 桑巴舞

桑巴舞起源于巴西，音乐节拍为 4/4 拍或 2/4 拍，速度为每分钟 40～56 小节。桑巴舞的音乐热烈，舞态富有动感，舞步摇曳多变。桑巴舞注重音乐的切分，步法要有弹性，并准确地运用髋关节前后左右的自然摇摆，体现欢快、奔放的风格。

4. 牛仔舞

牛仔舞起源于美国，是由一种叫“古特巴”的舞蹈发展而来的，牛仔舞剔除了原有的难度动作，增加了一些技巧。牛仔舞要求手脚关节放松，自由地舞蹈，身体自然晃动，脚步轻松地踏着，且不断地与舞伴换位，转圈旋转。其音乐节拍为 4/4 拍，速度为每分钟 43 小节左右。做动作时脚下要有符点，胯的运动为左右摇摆并与脚的重心相反，舞蹈要求活泼、自由。

二、体育舞蹈的基本技术

（一）重心移动技术

身体的重心靠胯部以下的肌肉、关节支撑着用力，准确地运用髋关节、膝关节、踝关节、趾关节的承受力是保证身体的稳定性和身体控制能力的基础。在现代舞中，除探戈在移动时重心在后脚，前脚先迈出外，其他舞蹈在重心移动时都是由身体移动带动腿部移动的，用全部身体去摆才能显示出舒展挺拔、优雅大方的姿态。

重心移动技术有三个要点。第一，要尽量缩短双脚同时承担重心的时间。并式脚位时不同的舞种重心交替的时机和方法都有所不同，如华尔兹是在收回脚到位的最后一刻进行交替的，而探戈是在并脚的最初一瞬间完成交替的。第二，当我们在跳前进步时，要注意上半身首先要超过受力那只脚，这样重心就分为两个——一个在脚尖，另一个在上半身在跳后退步时，正好相反，把脚尖换成脚跟。第三，在重心移动中，一定学会利用自己的身体，想要向后先向前，想要向左先向右，要能够通过身体重心移动身体。

（二）平衡技术

在现代舞中，由于男女舞伴是在同步同位中运动，因此特别要求两者在运动中保持力量平衡，尤其在转动或超过180°的旋转动作中显得更为重要。旋转会产生一种离心力，这种离心力要用男女舞伴的平衡感觉加以控制才能稳定。而在做轴转步动作时，如右推转、双左旋转和女伴在狐步舞中的多次轴转都以足跟为轴做力点，所运用的力量是旋转时的离心力。在做以上这些平衡动作时，双方的力量中心是在右胯至上腹部的接触点上，如果这个接触点上下错位、左右扭曲或离开距离和压挤，则说明力量平衡遭到了破坏。

（三）升降技术

升降是指在舞步的行进中身体在纵轴上做波浪形起伏变化的动作状态，它是摩登舞不可缺少的动作表现形式。在现代舞中，除探戈没有升降动作外，其他几种都有升降动作。升降动作是在膝、踝、趾关节的屈和伸的转换动作中完成的。升降技术的难度相当大，完美的升降必须将膝、踝和掌的用力进行特殊的处理，使之交叉协调地屈伸，同时还应将上身和间隔（指骨盆与横膈膜之间的部位）打开才能达到升降。正确的升降技术是上升运动时应先把重心转移到脚掌，使脚跟微微离地，然后在脚跟上升的过程中逐渐伸直膝盖，配合整个身体的上升动作，使上升动作达到理想的高度；下降运动时则应首先使用膝盖放松的技术，让膝盖的弯曲先于脚跟的落地。假如还须继续下降，则应进一步弯曲膝关节，退让性用力以降重心。

（四）摇荡技术

从字义上看，摇荡是指像摇船和荡秋千一样，把身体摇荡起来。这是一种很重要的技术，也是区别一般选手和优秀选手的标志。一般舞者把动作和步法跳对就可以了，而优秀选手就必须掌握摇荡技术，只有运用这个技术才能称之为舞动，否则为走舞或跑舞，而不是跳舞。只有运用以胯部为中心点，在身体的升降中把整体摇荡起来，美感才会出现，尤其在跳华尔兹时，这个动作形态更要强调，因为只有这样才能跳出华尔兹的特性。

（五）摆动技术

这个技术只有在做一些特殊动作时才运用，如右推转、双左旋转、电纹步（转折步），以及各种轴转步。由于需要在转动中保持平衡，因此不用脚的升降动作调节平衡，而是用身体平稳的摆动来完成这些特殊动作。虽然这个技法比较难掌握，但必须学会运用，否则是跳不好那些轴转步（足跟转或向心力旋转）动作的。

（六）倾斜技术

倾斜是指身体不弯曲地向某一特定方向出现纵轴偏离垂直轴的状态。重心移动以胯部为中心，当身体向上摇荡时，腰和胯先向前移动，而肩和头部在后，在终止重心移动的瞬间，肩的后拖力就形成了身体的倾斜角度。人体大幅度向前流动、旋转和造型动作，一般都离不开倾斜技术。

倾斜技术有三个方面的作用。

一是促进流动，这种倾斜是由腰部强有力的推进形成的（而不是故意地抬高或降低某一侧的肩），其形态特征表现为下体运动先于头部，引导前进方向一侧的肩高于另一侧的肩，这种倾斜是在自然状态下完成的，是狐步舞和探戈风格展现的重要技巧。二是作用于对抗离心力的倾斜，主要在旋转动作中运用，其特征是人体纵轴向圆心方向偏移，即左转前进时向左（后退则向右）倾斜，右转前进时向右（后退则左）倾斜。人体这种盘旋状或旋涡状运动有效地抵抗和减缓了离心力带来的阻碍。三是保持平衡、启动、加速。与移动本身反方向的倾斜适用于减速和改善平衡，而与移动本身同方向的倾斜则是为了提升加速的速率，从而呈现出更快的速度。

三、体育舞蹈的竞赛规则

（一）竞赛内容及特点

1. 内容

体育舞蹈比赛分两个系列：标准舞系列和拉丁舞系列。除此之外，还有团体舞比赛。

2. 特点

每类舞包括五种比赛，自始至终是在主持人的控制下进行的，由主持人把握整个比赛的节奏。赛中、赛后可穿插国内外优秀选手表演，这样既丰富比赛内容、增加比赛亮点，又可给选手、裁判员、记分组充足的准备时间和休息时间。

（二）竞赛组别及舞种

1. 国际比赛分组

（1）世界舞蹈与体育舞蹈理事会组织的比赛分为职业组和职业新星组；其他按年龄分成壮年组、青年组，以及青少年 A、B、C 组。

（2）国际体育舞蹈联合会组织的比赛分为职业组和职业新星组；其他按年龄分为成人组、壮年组、青年组，以及青少年 A、B、C 组。

2. 国内比赛分组

国内比赛主要分职业组、业余组及专业组三大组别，主要以年龄分组设项、根据国际通行设项。

职业组所有选手都可以参加国内各种比赛，专业组指体育舞蹈或国标舞专业招生的院校学生，参加过职业组、专业组比赛的选手不得参加业余组的比赛。

（三）裁判工作方法和要求

国际体育舞蹈联合会比赛的初赛、复赛、半决赛均采用淘汰法，决赛采用顺位法（名次法）。入围选手用马克表示，即用“V”或“O”表示。决赛时，用数字表示名次（1～6 名），然后用顺位法评出名次。

具体的裁判工作方法和要求如下。

（1）从下往上看，先看脚下基本节奏，再看身体整体效果，最后看面部表情即艺术表现力。

（2）根据去少的原则（淘汰法）进入下一轮比赛，采取先挑选少数好的方法。

（3）均值（淘汰法）。

（4）抓两头，评中间。

（5）裁判过程（在 2 分 30 秒内完成）。

（6）注意事项：裁判员拿到表格，首先看清楚内容，然后决定自己采用的方法；淘汰赛时应尽量打满进入下一轮选手的马克，如有困难，起码打 80%，但绝不多打，否则此票作废。

第三节　街舞介绍

一、街舞文化的组成部分

（一）Graffiti（涂鸦）

Graffiti 就是街头涂鸦艺术。涂鸦艺术作为视觉语汇，一直和 Hip-Hop 同栖连枝。曾几何时，没有任何场地及途径可让涂鸦爱好者练习或一显身手，直到近年，合法的场地及公开比赛才应运而生，获得认同及得奖的作品被广泛运用。从高档名牌、小型街舞派对宣传单，到大型户外广告，都不难看到涂鸦作品的踪影。

（二）DJ（打碟）

DJ（Disc Jockey）简单来说就是在派对上放音乐的人。在 Hip-Hop 领域中，DJ 毋庸置疑是极重要的角色。

（三）MC（说唱）

MC 的原意为 Microphone Controller，也就是控制麦克风的人。MC 需要具备多个方面的能力，如要能带动气氛、能主持。MC 不只是表演者，还要传达 Hip-Hop 文化讯息，其表演内容和形式可分不同区域及派别的表演形态。

二、街舞比赛的评分规则

流行街舞设集体、单人、斗舞，健身街舞只设集体项目。流行街舞的参赛内容应为纯正的 Hip-Hop 类型的舞蹈。其中，斗舞应运用正确的技术完成高难度的技巧动作和组合。健身街舞成套动作的编排应充满活力，有创造性，动作设计必须展示街舞舞蹈特色内容。成套动作设计中的舞蹈、造型和队形变化应始终保持完整性，并与音乐的风格和特点相吻合，要充分体现集体项目的配合与交流，队形变化丰富，连接流畅。

音乐可以使用一首或多首乐曲混合的音乐，可使用原创音乐或剪辑音乐，可加入特殊音响效果，但不得有任何反映暴力、色情、反动等不健康因素的音乐内容。选手的服饰应着街舞风格的服装，服装不得过分暴露，也不得有反映暴力、色情、反动的内容，不得有不健康内容的图案、文字、饰物和道具，否则视具体情况扣分或取消参赛资格。

三、街舞的音乐与服饰

街舞音乐主要是通过节奏、旋律与和声这三大要素来表达人的内在情感的。街舞音乐的特点是节奏明显、重拍强劲，节奏为每分钟 90～110 拍。街舞音乐的选择范围很广，如爵士乐、摇滚乐等。爵士乐是强有力的打击乐，其旋律由连续不断的切分节奏组成，有和声丰富与节奏变化多等特点；摇滚乐的节奏有快有慢，是一种有摇摆感觉和节奏模式反复出现的激情音乐。街舞是一种自由不受束缚、节奏感强的舞蹈类型，因此，街舞的服装要以随意、宽松、舒适为宜。宽大的 T 恤、拖地的多兜裤、牛仔裤、棒球帽、篮球鞋、休闲鞋，以及民族花样的包头巾等，都是街舞服饰，但在强调个性的同时，注意不要让服装过分怪异。

第四节　街舞的分类与基本技术

一、街舞的分类

（一）国际上街舞的分类

1. 以动作类别为标准划分

以动作类别为标准划分成两大类：Breaking（霹雳舞）和 Hip-Hop（嘻哈街舞）。Breaking 属于技巧性较高的体育舞蹈，要求舞者具有较好的力量、柔韧性和协调性。Hip-Hop 为舞蹈型街舞，包括 Locking（锁舞）、Popping（机械舞）等多种风格。Hip-Hop 不需要有 Breaking 那样较高的技巧，但需要舞者有更好的协调性、舞感及肢体的控制力。

2. 按年代的发展顺序来划分

按年代的发展顺序可划分为两大类：Old School 和 New School。

（二）我国街舞的分类

1. 流行街舞

流行街舞包括集体、单人、斗舞，融入了技巧性较高的舞蹈动作，对练习者的体能要求也较高，要求动作轻松流畅、感觉细腻、技术到位。

2. 健身街舞

健身街舞通常指健身房里的街舞，包括轻器械（踏板、健身球、篮球、滑轮等）街舞，动作要求体现出对器械充分合理的运用，并能够正确地表现出器械的特点。健身街舞在 Hip-Hop 的音乐伴奏下，以街舞的基本动作为表现形式，充分展示身体的协调性和动作的均衡性，包括上、下肢及身体左、右两侧的平衡发展。动作设计要求包含一种或多种类型的街舞舞蹈动作，避免重复；设计要以健身为主要目的，以肢体的大幅度动作和步法移动为“语言”，体现一定的运动强度，避免长时间的停顿；要遵循健康和安全的原则，动作中不得出现技巧性难度动作和对身体易造成伤害的动作。

二、街舞的基本技术

（一）弹动技术

街舞的弹动技术主要表现在膝关节的弹动、踝关节的缓冲，以及髋关节的屈伸。在街舞练习中，膝关节几乎很少伸得很直，多是在微屈或弹动的状态下完成动作的。例如，在最基本的点地和提膝动作中，踝关节的缓冲和髋关节的屈伸动作往往与之协调配合，使动作律动感很强且松弛自然，同时对关节也起到了保护的作用。弹动技术是街舞最具代表性、最具特色的动作之一，而且也是保证街舞的健康与安全之所在。

（二）重心的移动和转换技术

街舞的重心移动技术主要表现在动作的方向变化上，通过前、后、左、右的移动使身体运动的路线有丰富的变化。街舞的重心转换技术主要靠两脚左、右支撑的变化来实现，除上肢和躯干的动作外，这一技术动作占据了很大的比例，它使街舞动作具有律动感和技巧性，从而展现街舞的特色。

三、街舞的风格特点

（一）Popping

Popping 模仿机器人的动作形态，加上一些喜剧和卡通影片里的滑稽动作，具有相当好的幽默效果。Popping 要求肢体各部分做动作时肌肉的震动大，震动方法正确，利用肌肉的紧绷与放松来产生身体的震动与“骤停”定格。动作要配合音乐的节拍点“卡住”，卡拍时肌肉瞬间收紧，在不卡拍时相对放松，在肌肉紧张和放松之间把握好度。由于动作要求细腻，因此对基本功的要求特别高。

（二）Locking

Locking 的动作灵感来自被线控制着的小木偶，有许多手臂架空并使关节定位不动的点顿动作、手臂大幅度的甩动动作及手转等。Locking 的动作特点是干净利落、舒展、有力，强调手部的旋转与定位，配合整个肢体的律动及极具爆发力的手臂转变动作，在短时间内的发力与对力量的控制，从而形成身体运动之间的动与静的鲜明对比。

（三）House

House 的特色在于音乐节奏强，运用了很多轻盈潇洒的舞步，强调脚步变化。每一拍都有脚步变化，其较少规定手臂的动作。House 是 New School 舞蹈的一部分。House 与 Hip-Hop 的区别在于 House 的音乐控制身体，而 Hip-Hop 要求通过控制身体去迎合音乐节奏。

四、街舞的基础动作及技术要求

（一）街舞的基础动作

1. 上肢动作

街舞的上肢动作主要有举、屈伸、绕环、手臂波浪等。举是两臂由低到高抬起，并停在某一部位的动作；屈伸是使肘关节角度缩小或伸直的动作；绕环是上肢关节运动范围在 360°以上的动作；手臂波浪是上肢临近关节按顺序做柔和的屈伸动作（关节屈伸的顺序是指、腕、肘、肩）。

2. 下肢动作

下肢的原地动作有弹动、点地（前点地和侧点地）、提腿（前提腿和侧提腿）、踢腿等动作，以及这些动作的串联，如踢腿加点地。此外，转动动作也是下肢的常见动作，转动的方式有以脚尖为轴转动脚跟、以脚跟为轴转动脚尖，以及双脚同时向内（外）转动。

3. 躯干动作

躯干动作包括提肩动作、胸部含（展）动作及髋部的顶（点）动作。

（二）街舞的技术要求

街舞最突出的动作技术就是身体的弹动技术。身体的弹动主要体现在各个关节上。其中，对整体动作影响最大、运动频率最高的是膝关节的弹动及上体含、展、移、波浪等动作。街舞上体动作的要求主要是指躯干的律动。躯干的律动是指身体的起伏，即人体胸、腰腹协调收缩与舒张的能力，这也是街舞的基本特征。在练习中要注意动作之间的合理配合，如在做含（展）胸时，在含胸之前要先挺胸，然后做含（展）动作。街舞的膝关节的弹动要做到有韧性、弹性和力度，要求大腿股四头肌及大腿侧股二头肌有节律地交替收缩，同时，始终使膝关节保持一定的弯曲度，以便于变化动作时能快速改变身体位置。例如，两腿做弹动时，屈膝后马上弹起，膝盖每屈弹一次为 1 拍。

五、街舞典型技巧动作的练习方法

（一）风车

预备姿势：左手撑于身体左侧，双脚张开成大字形，左脚抬高。

动作要领：在左脚往斜下方用力扫的同时放开左手，左手沿着手臂至背部的顺序让身体着地（身体的着地点在背的上方二分之一处，身体下地时腰要适当抬起），身体下地后双手撑起身体成开始姿势（脚尽量不碰地）。随后按照同样的要领进行重复练习。

练习风车时常出现起步时摔倒、接圈时脚会碰到地板等情况，练习时要注意腰要抬高，起步时脚要用力扫，起步放手的时机要合适，切记腿要分得很开，不能并腿。

（二）托马斯

预备姿势：双腿张开成大字形，左臂伸直撑地。

动作要领：左脚用力往右脚跟方向摆，右脚往头的方向用力踢高，同时左脚往头的方向用力踢高，使两只手撑着地面，双脚腾空，腰往前挺直，然后左脚继续保持在空中，右脚往斜后方拉回原来右脚起步的方向，左手离地，右手支撑。

练习托马斯时注意臂力、脚摆动的力量及腰腹力要足够大，脚要有画圆的感觉，换手时机要合适。

（三）无限头转

预备姿势：固定腰部，保持身体的重心，为身体以垂直轴转动做准备。

动作要领：利用腰部扭转转动，保持身体重心平衡；转完一圈后用双手稳定重心，在不断增加回转圈数的同时，注意控制旋转速度；随着转速的加快，放开双手，以腰和腿控制重心；弓腰，作用力在颈部，慢慢往下拉腿，手抱住腿控制重心。

（四）1990 双手转

预备姿势：扭转身体。

动作要领：右手靠近左脚，左脚向上，倒立身体；左手在适当的时候调整位置，右腿向后上方提起，两腿分开；收回双腿，左肩支撑身体，转动身体。

第五节　排舞介绍

一、排舞概述

排舞是根据一段完整的歌曲或音乐，以有氧运动为基础，以身体练习和多变的步法为基本手段而编排的一套完整动作，可使练习者达到塑造形体、舒缓压力、改善气质、增强身体协调性、提高健康素质的一项运动。排舞对增强团队精神、促进和谐关系和反映健康向上的精神面貌具有特殊意义。

“排舞”一词由 Linedance 直译而来，其字面理解即排成一排跳集体舞，其作为一种国际性的健身舞蹈，日益受到现代都市男女老少的青睐。排舞兼具热情奔放和优雅，集舞蹈、体育、艺术于一体，具有广泛的健身性、娱乐性和大众性。近年来，排舞风靡世界，受到不同国籍、性别及年龄的人们的参与和喜爱，已成为一种“国际健身语言”。

二、排舞的起源与发展

排舞自传入我国，受到人们的广泛喜爱，并在一些大中城市迅速开展起来。一些地方体育主管部门还将排舞作为全民健身项目在本地区进行推广和普及，全国部分高等院校还将排舞纳入体育课教学中。从 2004 年至今，北京市每年都在全民健身节和奥林匹克文化节活动期间进行排舞表演和竞赛活动。我国的广州、香港和澳门每年都要举办三地间的排舞交流活动，促进了地区之间的体育文化交流。

排舞作为一项新型大众健身项目被引入奥运会，即风靡我国。我国已经把排舞列为未来几年重点推广的大众健身项目。

第六节　排舞的特点、分类、基本技术及竞赛裁判法

一、排舞的特点

（一）音乐题材的丰富性

排舞音乐有美国西部乡村歌曲，有经典的西洋老歌，也有许多包含现代元素的音乐，其中不乏世界名曲和歌剧主题曲。丰富的音乐元素是排舞创编的资源库。多元的舞曲可满足不同

性别、不同年龄层次人群的需求。青年人可以选择拉丁舞、爵士舞、街舞等舞曲，中老年人则可以选择舒缓优美的曲目。

（二）动作元素的多元性

排舞是拉丁舞、爵士舞、街舞、舞厅舞等的“大集成”，有恰恰舞、伦巴舞、牛仔舞、华尔兹等舞蹈的基本步，也有诸多民间舞步。动作、舞步及曲目的多元化，体现出整体舞蹈的多元性。排舞除了步法的统一，对躯干和上肢动作并无具体规定。每个舞者都可以有自己的风格，展现完全属于自己心灵的诠释，这更增添了排舞的魅力。

（三）舞步与音乐的高度结合性

排舞的每一支舞曲都有世界共同的舞序，每一支舞曲对应独特、完整节奏的舞步。在现有舞曲中，排舞的舞步无一雷同。随着新舞曲的出现，新的舞步也相应产生，所有成套动作皆由世界知名排舞老师依照舞曲的歌词意境及节奏风格编排。音乐与动作的一致性不仅体现出艺术美感，也让舞者体验到二者融合的愉悦感。

（四）参与形式的灵活性

排舞不受场地、器材的限制，参与性极强。城市、乡镇、学校、社区、商场等都可以开展。只需放音设备和音乐，人们就可以随时随地享受排舞带来的乐趣。排舞动作注重步法，对躯干和手臂无统一要求，身体可以随着音乐自然摆动，也可以随着感觉增加一些手势。每首舞曲的舞步以 32 拍、48 拍或 64 拍组成完整小节，在 2 个或 4 个方向重复跳，动作简单，适应各年龄阶层参与。

（五）不断创新性

排舞的包容性强，任何排舞爱好者都可以根据自己的喜好创编作品。每年国际排舞协会也会聘请专业人员创编舞蹈。这些作品在经过国际排舞协会的认证后，才正式在全球进行推广。因此，会不断有新的排舞问世，这正是排舞日益受到广大人群青睐的重要因素。

二、排舞的分类

（一）按照音乐旋律和舞蹈段落划分

1. 常规型排舞

常规型排舞有固定的舞步组合，并跟随音乐从开始到结束反复重复这个固定的舞步组合，动作难度较低、变化较少。

2. 分段型排舞

分段型排舞指在两段舞步当中加入间舞舞步，或者某一段落的舞步未跳完，接着又从头开始跳。这个类型的排舞在学习时较难记忆。

3. 组合型排舞

组合型排舞由 3 个或 3 个以上段落组合而成，不按照一定的规律循环，有些段落重复，有些段落不重复。段落划分主要源于作者对不同舞曲旋律的诠释。

4. 表演型排舞

这种排舞舞步组合较为复杂，没有规律性，适于表演。

（二）按照舞蹈段落重复时身体方向的变化划分

1. 没有方向变化

这种类型的排舞指在整个舞蹈段落当中，无论舞步动作的方向怎样变化，在段落结束时都应该保持段落开始时的方向。

2. 有两个方向变化

这种类型的排舞在段落与段落之间有一次方向的变化，在通常情况下，方向的变化是相反的方向。

3. 有两个以上方向的变化

这种类型的排舞指每重复一次舞蹈段落，都在一个新的方向上开始。

三、排舞的基本技术

（一）索步

索步指在两拍中夹有间拍的段落完成，主要分为两种：Ladin chas 节奏为“1，2，3，4&5，6，7，8&1”；Country chas 节奏为“1，2，3&4，5，6，7&8”，以恰恰舞为代表，属于初级技术动作。

（二）摇摆步、曼波步

其节奏为“1&2，3&4”，以曼波为代表，属于中级技术动作。

（三）桑巴步、交叉步

其节奏为“1-2&3-4”或“1&2，3&4”，以桑巴为代表，属于中、高级技术动作。

（四）伦巴盒步、水手步

节奏为“1，hold2，3，4”或“1，2，3hold4”，以伦巴为代表，属于中、高级技术动作。

（五）摇摆步、三联步、点踏步

其节奏有一个非常明显的重拍或间拍，如“1，2，3&4，5&6”或“1，2，3&4，5，6，7&8”，具有摇摆风格，属于初、中级技术动作。

（六）并步及跳步

其节奏为“1&2，3&4”（Q-Q-S，Q-Q-S），以波尔卡为代表，属于中级技术动作。

（七）基本步、盒步、平衡步

其节奏为“1，2，3，4，5，6”，第 1 拍为强拍，第 2 拍为次强拍，第 3 拍为弱拍，以华尔兹为代表，属于初级技术动作。

（八）点踏

其节奏为“1，2，3，4，5，6，7，8”或“1&2&3&4&5&6&7&8”，具有爱尔兰风格，属于中、高级技术动作。

（九）行进步、交叉步

其节奏为“1，2，3，4，5”（Q-Q-S，S，Q-Q-S，S，），以两步为代表，属于中、高级技术动作。

四、排舞运动竞赛裁判方法

（一）成套动作评分（10 分制）

动作的完成，3 分；编排设计部分，3 分；舞曲风格及表现力，2 分；服装、服饰及妆容，1 分；总体完整性，1 分。

（二）评分因素解释

动作的完成：动作与标准舞码的一致性，动作与音乐节拍的吻合；编排设计部分：创新性、流畅性、队形变化及音乐风格的把握；舞曲风格及表现力：把握风格，面部表情自然、自信，融入音乐的感染力；服装、服饰及妆容：风格吻合、色彩及整体视觉效果协调；总体完整性：整齐度、团队精神、视觉效果、全部表演的整体性评价。

（三）裁判长减分

裁判长对以下情况进行减分，每项减 0.2 分。

参赛人数不符合规定；出现超过安全规定的动作；出现违规广告标贴；暴露隐私部位、腋毛等；比赛中服装、服饰、头饰散落，道具掉落等；佩戴眼镜、珠宝、首饰、手表等私用物品。

第七节　交谊舞介绍

一、交谊舞概述

交谊舞起源于欧洲，是在古老民间舞蹈的基础上发展演变而成的。长期以来，交谊舞以自娱性、社交性为主要功能特征，后经过舞蹈家对一部分内容进行整理，加以系统化和规范化，立名为国际标准舞，简称国标舞，并制定了比赛规则。国标舞的诞生与发展丰富了交谊舞的内容与表现形式，打破了自娱自乐的局限性。

二、交谊舞的起源与发展

14 世纪末，民间舞蹈进入了王公贵族的城堡中，发展成为舞会舞和宫廷舞蹈，有了庄重和严肃的特点。17 世纪中叶，交谊舞逐渐由庄严、华丽趋向尊贵、轻快、活泼的格调。随着西方工业化的迅速发展和工人阶层的出现，交谊舞从宫廷和贵族阶层逐渐向平民阶层过渡，成为平民家庭生活中必不可少的娱乐形式，同时也出现在公共场所的营业性舞厅中。

随着工业革命和文艺浪漫主义运动的兴起，男女衣着样式从长裙逐步转向方便行走的步裙式，这促进了英国的布鲁斯、快步舞，美国的狐步舞、华尔兹等舞种的流行。

第八节　交谊舞技术特点与分类

一、交谊舞技术特点

（一）锻炼性

交谊舞是一项具有锻炼价值的全民性健身、健心的活动。经常参加锻炼的益处可归结为三点：首先，可以改善体态，使人体更加健美和协调；其次，经常跳交谊舞，可以提高心脏储备功能，提高人体活动能力；最后，通过跳舞能使人调整心态，消除负面情绪，保持乐观心情。

（二）教育性

交谊舞在发展过程中，汲取了各民族的优秀文化成果。交谊舞追求的是美的极致，目的是促进人的交往、沟通心灵。因此，交谊舞可以教育人们去追求崇高的思想境界，提高民族的精神素质。

（三）竞技性

交谊舞训练能够挖掘人的潜力，充分发挥人的体质力量，创造新的纪录。

（四）国际性与社交性

交谊舞是一种有效的国际通用的形体语言。每种舞蹈都与各国的文化、民俗和地域风情等相结合，有着特有的地域文化特色，因此，通过跳交谊舞，各国可以互相了解其文化内涵、民族特色等，促进国家间的交流。

（五）娱乐性与观赏性

交谊舞是集音乐、舞蹈、服装、风度、体态和造型美为一体的综合体，是体育美和艺术美的集合体。人们通过参与或观赏，不仅能从中获取体育艺术的美感，还能看到比赛中所表现出的健美形体、优雅动作及精湛技术，在观赏和参与的同时，达到娱乐身心的效果。

（六）广泛性

交谊舞包括十种不同风格的舞种，内容丰富，形式多样。同时，不受场地器械的限制，人们可以根据自身条件选择练习方式和舞种，因此深受广大群众的喜爱。

二、交谊舞分类

（一）传统交谊舞

传统交谊舞包括华尔兹、布鲁斯、探戈和快步，其中华尔兹从节奏上分为慢三、中三和快三，布鲁斯主要为慢四，而快步为快四。

（二）流行舞

流行舞主要包括吉特巴、水兵舞、并步舞、四方舞、街舞、迪斯科、北京平四舞等。

思考

1. 体育舞蹈分为哪两类？
2. 体育舞蹈中的基本技术是什么？

参 考 文 献

[1] 宋艳红，林家润，孙国强．大学生体育与健康教程[M]．天津：天津科学技术出版社，2019．

[2] 李晨．大学体育选项教程[M]．天津：天津科学技术出版社，2019．

[3] 匡志兵，高慧琳．大学体育与健康教程[M]．上海：上海三联书店，2019．

[4] 王文成．普通高校体育与健康教程[M]．北京：科学出版社，2019．

[5] 卢志兴，赵玉华．大学体育与身心健康互动实践教程[M]．北京：化学工业出版社，2019．

[6] 姚鑫．大学生体育与健康教程[M]．2 版．北京：北京师范大学出版社，2018．

[7] 易招华，王斌，吴美美．大学体育与健康教程[M]．2 版．西安：西安电子科技大学出版社，2018．

[8] 陈善喜．大学生健康与疾病防治教程[M]．北京：北京理工大学出版社，2018．

[9] 李平．大学体育与健康教程[M]．西安：西安电子科技大学出版社，2018．

[10]王庆贤，东芬．大学体育教程[M]．苏州：苏州大学出版社，2018．

[11]王湛卿．新编大学体育健康教程[M]．上海：上海交通大学出版社，2018．

[12]夏春风，谢飞飞．大学生体育活动安全教程[M]．北京：航空工业出版社，2018．

[13]赵晓玲．大学体育与健康教程[M]．重庆：重庆出版社，2018．

[14]王勇．大学体育教程[M]．大连：大连海事大学出版社，2018．

[15]周玉成，台盼盼，韩守江，等．大学体育综合教程[M]．哈尔滨：黑龙江美术出版社，2018．

[16]许彩明．大学体育进阶教程[M]．徐州：中国矿业大学出版社，2018．

[17]彭俊峰．高等学校公共体育课教程[M]．广州：广东高等教育出版社，2018．

[18]连远斌，张乐为．大学体育与健康信息化教程[M]．北京：北京理工大学出版社，2018．

[19]张勇．大学体育选项课教程[M]．2 版．合肥：安徽大学出版社，2018．

[20]何小军．大学体育与健康篮球选项教程[M]．成都：西南交通大学出版社，2018．

[21]白晋湘，谭志刚，唐吉平，等．大学体育与健康教程[M]．长沙：中南大学出版社，2018．

[22]常生．大学体育健康教程[M]．北京：高等教育出版社，2018．

[23]华宝元．大学生体育与健康教程[M]．成都：电子科技大学出版社，2017．

[24]孙强．大学生体育与健康高职体育新教程[M]．成都：电子科技大学出版社，2017．

[25]项建民．大学生体育与卫生健康教育教程[M]．上海：复旦大学出版社，2017．

[26]黄正喜．大学体育与健康教程[M]．武汉：华中科技大学出版社，2017．

[27]王培芳，吴鹤群．高职体育与健康教程[M]．上海：上海交通大学出版社，2017．

[28]胡锐．新编大学体育与健康教程[M]．上海：上海交通大学出版社，2017．

[29]曾德明，谭俊，周伟平．大学体育与健康教程[M]．成都：电子科技大学出版社，2017．

[30]秦虎．高职体育教程[M]．4版．重庆：重庆大学出版社，2017．

[31]金凯，张惠红．大学体育理论教程[M]．南京：东南大学出版社，2017．

[32]曾庆华．新编大学生安全教程[M]．西安：西安电子科技大学出版社，2017．

[33]华宝元，李铎，王海波．体育理论知识教程[M]．成都：电子科技大学出版社，2017．

[34]朱岩，刘涛，赵玉珩．大学体育教程[M]．上海：上海交通大学出版社，2017．

[35]李杰．大学体育教程[M]．长春：东北师范大学出版社，2017．